인공지능 '**나는 한다**' 시리즈

나는 파이썬으로 머신러닝한다 2

장병철
이지항
박지훈
최정원

인공지능 초보 탈출 나는 한다!

인공지능 자신감 UP **인공지능 약간 매운맛**

씨마스

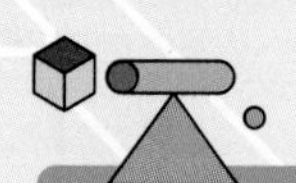

이 책은 누가 쓰셨나요?

머리가 크다고 공부를 잘하는 건 아님!
책이 두껍다고 알찬 것도 아님!

쉽게 설명할 수 없으면 제대로 아는 것이 아니라는 대과학자의 말을 새겨, 어렵기만 한 머신러닝의 개념들을 쉽게 담아냈습니다. 단순히 따라 하는 머신러닝 공부가 아니라 이해하는 머신러닝 공부를 시작해 보시기 바랍니다.

장병철

- 한양대학교 컴퓨테이셔널 사회과학 연구센터 연구부교수 / 한양대학교 컴퓨터공학 박사
- 이화여자대학교 AI 융합교육대학원 초빙교수
- 2015개정 고등학교 『인공지능 기초』, 『프로그래밍』, 『인공지능과 미래 사회』 교과서 집필
- 『나는 파이썬으로 피지컬 컴퓨팅한다』, 『안녕! 엔트리 반가워! 인공지능』, 『AI, 나랑 친구할래?』, 『나는 오렌지로 데이터 분석한다』 등 집필
- EBS 이솦 자율 주행 자동차 강사

AI 실전으로 이론을 설명하는
이 책과 함께하면 AI(아이)~ 쉬워!

우리가 익숙하게 사용했던 기계학습 코드와 데이터들을 활용하여 그 중심을 이루는 이론과 알고리즘을 설명해 보려고 했습니다. 이 책이 조력자라 생각하고 천천히 함께하다 보면 AI(아이) 쉬워! 외치시리라 믿습니다.

이지항

- 상명대학교 휴먼지능정보공학 전공 교수 / Univ. of Bath, AI 박사
- 상명대학교 SW 중심대학 AI 인증센터장
- 상명대학교 창의예술영재교육원장
- (전) KAIST 바이오 및 뇌공학과 연구조교수
- (전) University of Bath, Research Associate
- (전) 삼성전자 DMC연구소 책임연구원
- (전) 한글과컴퓨터 SW 개발연구소 주임연구원
- 2015개정 고등학교 『인공지능 수학』 교과서 집필
- 2020 산업통상자원부 장관 표창(스마트가전 & 빅데이터)

인공지능, 쉬운 줄 알고 덤볐다간 큰코다쳐! 그래도 그렇게 매운 건 아님!

인공지능의 세계는 처음엔 낯설고 어려울 수 있어요. 하지만 그런 느낌에 겁먹지 말고 도전하세요. 처음의 어려움을 넘기면 그 안에 숨겨진 흥미와 즐거움을 발견하게 될 겁니다.

박지훈

- 대전과학고등학교 정보 교사 / 컴퓨터공학과 박사 수료
- 2022 대한민국 정보교육상 수상
- 2015개정 고등학교 『인공지능 기초』, 『인공지능 수학』, 『인공지능 프로그래밍 기초(파이썬)』 교과서 집필
- 『선생님이 먼저 배우는 챗GPT』, 『나는 파이썬으로 머신러닝 한다 1권』, 『수학과 함께하는 고교 AI 입문』 등 집필

머신러닝도 약간 매운맛이 제일! 입맛에 맞춰 한 스푼만 더 넣었어요.

머신러닝의 기초를 배우고 자신감이 생겼다면 이 책과 함께 지식을 확장하면서 머신러닝의 매력에 빠져 보세요.

최정원

- 상인천중학교 정보 교사 / 한국교원대학교 교육학 박사
- 한국정보교사연합회 부회장, 한국컴퓨터교육학회 부회장
- AICE 자격시험 검수 위원
- 2023 대한민국 SW교육 페스티벌 추진 위원
- 2022개정 교육과정 및 2015개정 교육과정 연구진
- 2015개정 고등학교 『정보』, 『인공지능 기초』 교과서 / 중학교 『정보』, 『인공지능과 미래 사회』, 『문제 해결과 프로그래밍』 교과서 집필
- 『나는 파이썬으로 머신러닝한다 1권』, 『나는 파이썬으로 피지컬 컴퓨팅한다』, KISDI 『중학교 인공지능 윤리』, 『EBS 쉽게 배우는 중학 AI』, 『학교에서 만나는 인공지능』, 『구리테이프로 꾸미는 디지털 아트』 등 집필

이 책의 구성과 특징

이 책은 3개의 Part로 구성되어 있으며 각 Part에서는 지도학습의 분류, 비지도학습, 지도학습의 회귀를 소개하고 있습니다.

개념 학습

| 개념 학습 |

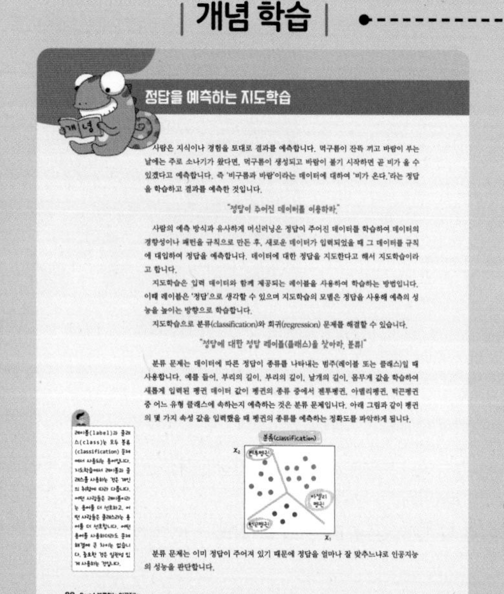

정답을 예측하는 지도학습

사람은 지식이나 경험을 토대로 결과를 예측합니다. 먹구름이 잔뜩 끼고 바람이 부는 날에는 주로 소나기가 왔다면, 먹구름이 생성되고 바람이 불기 시작하면 곧 비가 올 수 있겠다고 예측합니다. 즉 '비구름과 바람'이라는 데이터에 대하여 '비가 온다.'라는 정답을 학습하고 결과를 예측한 것입니다.

"정답이 주어진 데이터를 이용하라."

사람의 예측 방식과 유사하게 머신러닝은 정답이 주어진 데이터를 학습하여 데이터의 경향성이나 패턴을 규칙으로 만든 후, 새로운 데이터가 입력되었을 때 그 데이터를 규칙에 대입하여 정답을 예측합니다. 데이터에 대한 정답을 지도한다고 해서 지도학습이라고 합니다.

지도학습은 입력 데이터와 함께 제공되는 레이블을 사용하여 학습하는 방법입니다. 이때 레이블은 '정답'으로 생각할 수 있으며 지도학습의 모델은 정답을 사용해 예측의 성능을 높이는 방향으로 학습합니다.

지도학습으로 분류(classification)와 회귀(regression) 문제를 해결할 수 있습니다.

"정답에 대한 정답 레이블(클래스)을 찾아라, 분류!"

분류 문제는 데이터에 따른 정답이 종류를 나타내는 범주(레이블 또는 클래스)일 때 사용합니다. 예를 들어, 부리의 길이, 부리의 깊이, 날개의 길이, 몸무게 값을 학습하여 새롭게 입력된 펭귄 데이터 값이 펭귄의 종류 중에서 젠투펭귄, 아델리펭귄, 턱끈펭귄 중 어느 유형 클래스에 속하는지 예측하는 것은 분류 문제입니다. 아래 그림과 같이 펭귄의 몇 가지 속성 값을 입력했을 때 펭귄의 종류를 예측하는 정확도를 파악하게 됩니다.

분류 문제는 이미 정답이 주어져 있기 때문에 정답을 얼마나 잘 맞추느냐로 인공지능의 성능을 판단합니다.

20 Part 1 분류하는 인공지능

개념 학습

각 PART의 머신러닝의 유형과 알고리즘에 대한 전반적인 이해를 도울 수 있는 개념을 알아봅니다.

맛보기

활동에 제시된 문제를 해결하기 위하여 머신러닝 모델 학습에서 등장하는 알고리즘의 주요 용어, 특징 등을 미리 살펴봅니다.

실습 학습

| 문제 해결 과정 미리보기 |

k-NN (k-Nearest Neighbors) 초록동색 실습활동

1 어떤 종류의 펭귄일까?

이번 활동에서는 머신러닝 분류 방법 중 k-NN을 이용하여 '펭귄' 데이터를 분류해 봅니다.

남극에 사는 펭귄은 여러 가지가 있습니다. 이 중 턱끈펭귄(Chinstrap), 젠투펭귄(Gentoo), 아델리펭귄(Adelie), 이렇게 세 종류의 데이터가 있습니다. 살고 있는 섬, 부리의 길이, 부리의 깊이, 날개의 길이, 몸무게, 성별이 주어지면 세 종류의 펭귄을 분류할 수 있을까요?

| 맛보기 |

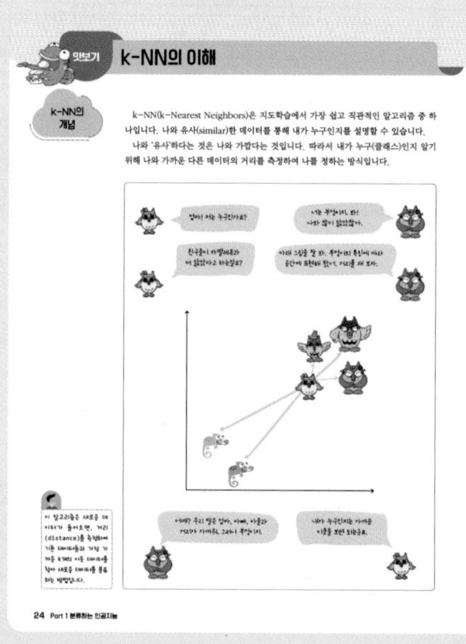

맛보기 k-NN의 이해

k-NN의 개념

k-NN(k-Nearest Neighbors)은 지도학습에서 가장 쉽고 직관적인 알고리즘 중 하나입니다. 나와 유사(similar)한 데이터를 통해 내가 누구인지를 설명할 수 있습니다.

나와 '유사'하다는 것은 나와 가깝다는 것입니다. 따라서 내가 누구(클래스)인지 알기 위해 나와 가까운 다른 데이터의 거리를 측정하여 나를 정하는 방식입니다.

24 Part 1 분류하는 인공지능

배운 내용 정리하기

더 자세히

모델 학습에 사용한 머신러닝 알고리즘의 핵심 원리를 자세히, 깊이 있게 탐구합니다.

문제 해결하기

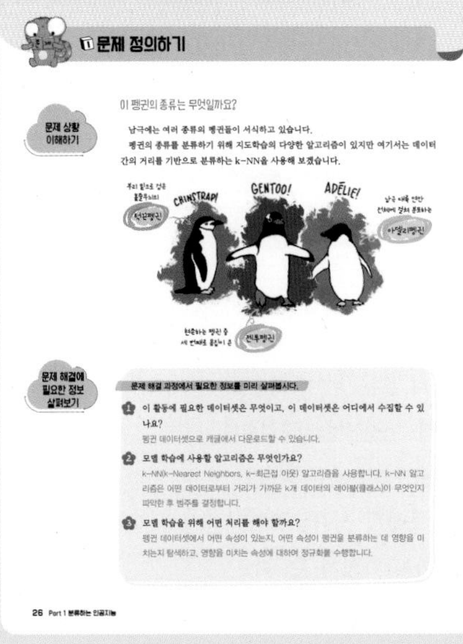

더 자세히

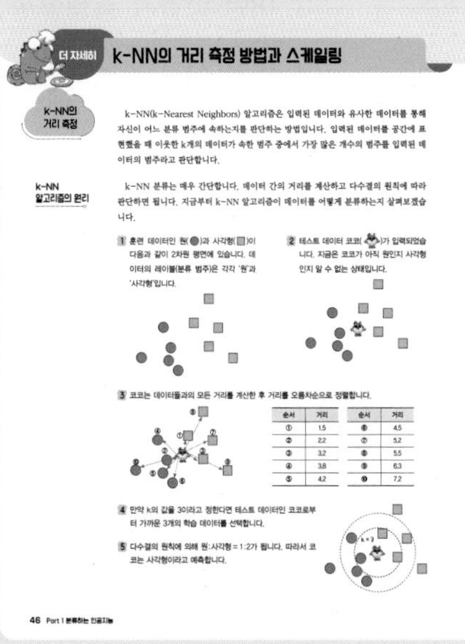

차례

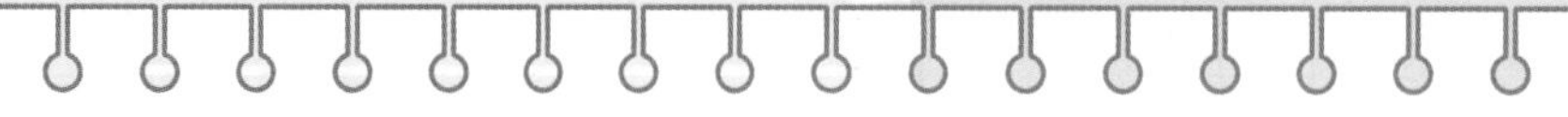

준비 학습

Part 1. 분류하는 인공지능

PART 1, 2에서 각각 지도학습의 분류, 비지도학습의 군집과 차원 축소에 대한 다양한 머신러닝 알고리즘의 원리를 학습한 후, PART 3에서 지도학습의 회귀로 마무리합니다. 이를 통해 이후 등장할 딥러닝 모델 학습 방식에 대한 준비 학습까지 마치게 됩니다.

Part 2. 묶어 주는 인공지능

Part 3. 예측하는 인공지능

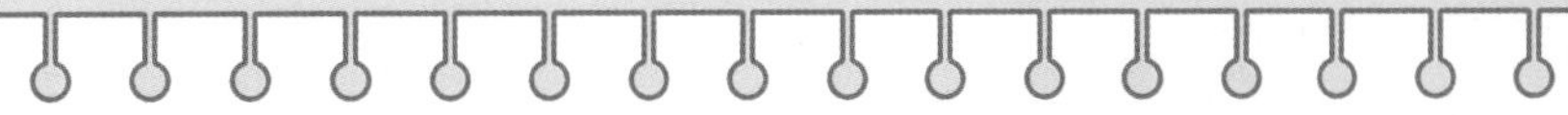

부록

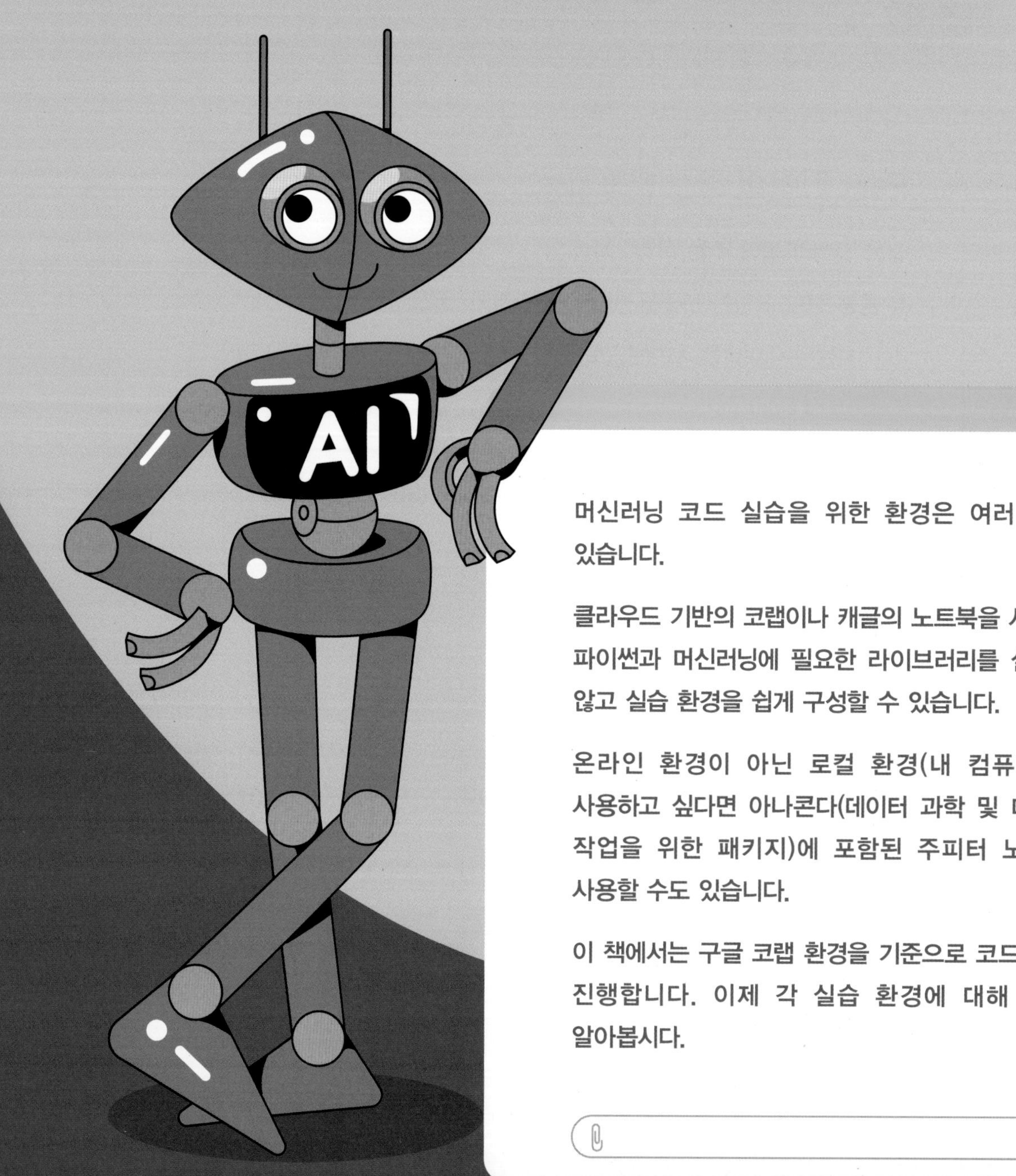

머신러닝 코드 실습을 위한 환경은 여러 가지가 있습니다.

클라우드 기반의 코랩이나 캐글의 노트북을 사용하면 파이썬과 머신러닝에 필요한 라이브러리를 설치하지 않고 실습 환경을 쉽게 구성할 수 있습니다.

온라인 환경이 아닌 로컬 환경(내 컴퓨터)에서 사용하고 싶다면 아나콘다(데이터 과학 및 머신러닝 작업을 위한 패키지)에 포함된 주피터 노트북을 사용할 수도 있습니다.

이 책에서는 구글 코랩 환경을 기준으로 코드 실습을 진행합니다. 이제 각 실습 환경에 대해 간단히 알아봅시다.

준비 학습

- 하루 1시간 한 달 완성 머신러닝 학습 플래너
- 실습 환경 소개

(1) 구글 코랩

(2) 주피터 노트북

(3) 캐글 노트북

하루 1시간 한 달 완성 머신러닝 학습 플래너

기간	영역	주제	목표
1일	실습 준비	실습 환경 익히기, 목차 살펴보기	• 다양한 실습 환경에서 코드를 작성하여 실행할 수 있다.
2일	Part 1 분류하는 인공지능	정답을 예측하는 지도학습	• 지도학습의 분류와 회귀의 개념을 설명할 수 있다.
3일 4일		1. 어떤 종류의 펭귄일까?	• k-NN 알고리즘의 분류 원리와 데이터 정규화의 필요성을 설명할 수 있다. • 데이터 결측치 처리와 정규화를 할 수 있다.
5일 6일 7일		2. 너는 어느 별이야?	• 의사결정트리에 분류 원리에 대해 설명할 수 있다. • 의사결정트리의 특징에 대해 설명할 수 있다.
8일 9일 10일		3. 어떤 영화가 흥행할까?	• 앙상블 모델의 학습 방법을 설명할 수 있다. • 대표적인 랜덤 포레스트 모델을 생성하고 데이터를 분류할 수 있다.
11일 12일 13일		4. 어떤 장르의 음악일까?	• 서포트 벡터 머신 알고리즘의 분류 원리와 특징에 대해 설명할 수 있다. • 힌지 손실함수와 다양한 커널 방법에 대해 설명할 수 있다.
14일	Part 2 묶어 주는 인공지능	같은 것끼리 묶어 주는 비지도학습	• 비지도학습의 개념을 설명할 수 있다.
15일 16일		1. 품종 정보가 없는 붓꽃을 어떻게 분할할까?	• k-means를 이용해 정답이 없는 데이터를 군집화할 수 있다. • k-means의 성능을 높이는 방법을 설명할 수 있다.
17일 18일 19일		2. 고차원의 데이터를 저차원으로 줄일 수 있을까?	• 차원 축소가 필요한 이유와 PCA의 원리를 설명할 수 있다. • PCA를 이용해 데이터를 군집화하고 시각화할 수 있다.
20일	Part 3 예측하는 인공지능	값을 예측하는 회귀	• 연속형 데이터를 예측하는 선형 회귀와 범주형 데이터를 예측하는 로지스틱 회귀의 개념을 설명할 수 있다.
21일 22일 23일 24일		1. 광고 플랫폼에 따른 판매량을 예측해 볼까?	• 선형 회귀 알고리즘의 방법을 이해하고, 단순 선형 회귀와 다중 선형 회귀의 성능 평가 후 최적의 회귀식을 구하여 예측할 수 있다.
25일 26일		2. 스팸일까 아닐까?	• 로지스틱 회귀 알고리즘의 방법을 이해하고, 혼동행렬 평가 지표를 이용하여 성능을 평가할 수 있다.
27일	실습 노트	유방암 분류	• k-NN 알고리즘을 적용하여 문제를 해결할 수 있다.
28일		호텔 예약 취소 여부 분류	• 의사결정트리 알고리즘을 적용하여 문제를 해결할 수 있다.
29일		고객 세그멘테이션 클러스터링	• k-means 회귀 알고리즘을 적용하여 문제를 해결할 수 있다.
30일		자전거 대여 수 예측	• 선형 회귀 알고리즘을 적용하여 문제를 해결할 수 있다.

주제별 학습 플래너 예시

30일 주제별 학습 플래너는 씨마스에듀 홈페이지에서 제공합니다.

기간 2일차

영역	[Part 1] 분류하는 인공지능	주제	정답을 예측하는 지도학습
목표	지도학습의 분류와 회귀의 개념을 설명할 수 있다.		

학습 전 학습 순서에 따른 학습 내용을 확인하고, 학습 후 스스로 점검해 봅시다.

학습 단계	학습 순서	학습 내용	활동	체크
도입	지도학습의 개념	지도학습의 의미 알기	주어진 데이터를 학습하여 정답을 예측하는 지도학습의 원리를 안다.	☐
전개	분류	분류 문제 유형 이해하기	분류는 데이터에 따른 정답이 종류를 나타내는 범주(클래스, 레이블)일 때 사용함을 안다.	☐
	회귀	회귀 문제 유형 이해하기	회귀는 데이터에 따른 정답이 수치일 때 사용함을 안다.	☐
	분류 모델의 종류	분류 방법에 따른 모델의 종류 알기	거리, 트리, 오찻값, 확률, 인공 신경망을 이용한 분류 방법에 따른 모델의 종류를 확인한다.	☐
정리	활동 정리하기	• 지도학습에는 분류와 회귀가 있음을 기억한다. • 분류와 회귀 문제를 구별한다. • 분류 모델의 종류를 나열한다.		☐

실습 환경 소개

(1) 구글 코랩

코랩(Colaboratory)은 주피터 노트북의 클라우드 버전입니다. 구글 클라우드 플랫폼(Google Cloud Platform)의 GPU, TPU 등의 컴퓨팅 자원을 활용하여 머신러닝 모델 학습 등의 계산 작업을 수행할 수 있으며, 구글 드라이브와 연동하여 파일을 저장하고 불러올 수도 있습니다.

또한 코랩은 구글 코랩에서 제공하는 예제 코드와 라이브러리를 활용하여 빠르게 학습할 수 있는 장점이 있습니다.

1 구글 코랩 접속하기

코랩은 별도의 설치 없이 구글 계정에 로그인하면 웹 브라우저에서 실행할 수 있습니다. 주소창에 'https://colab.research.google.com'를 입력하여 실행합니다.

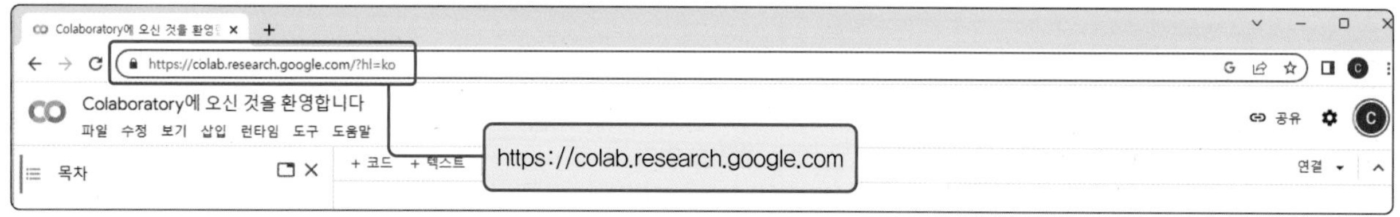

2 구글 코랩 사용 방법

코랩은 코드 셀과 텍스트 셀을 추가하여 코드와 설명을 추가할 수 있습니다.

• **코드 작성**

① 코랩에서 '파일-새 노트'를 선택합니다.

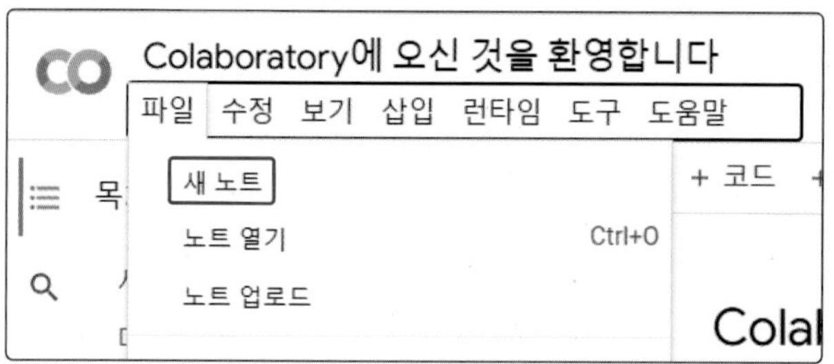

② 코드 셀에 코드를 입력하고 실행 버튼을 클릭합니다.

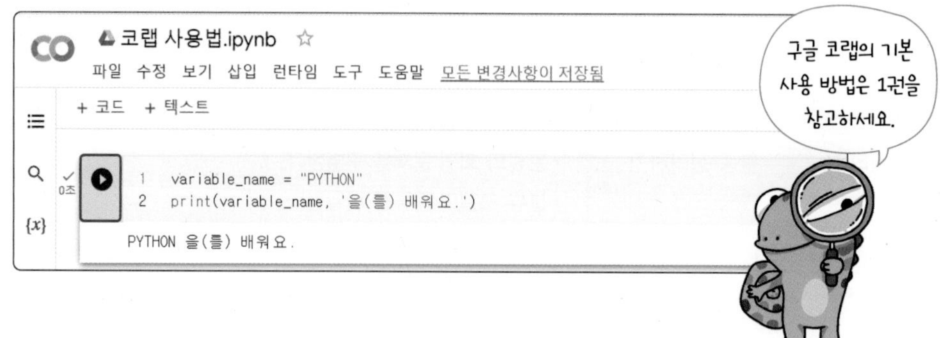

• **양식 추가**

앞에서 작성한 문자열을 출력하는 코드에 양식을 추가해서 코드의 파라미터값을 변경해 보도록 하겠습니다.

① 앞에서 작성한 코드 셀에서 마우스 우클릭 후, '양식 추가'를 클릭하고 '양식 입력란 추가'를 클릭합니다.

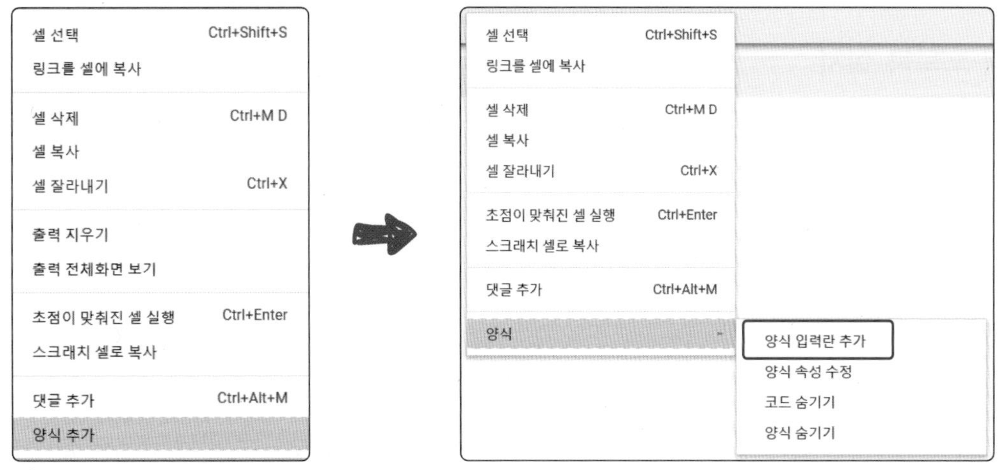

② 새 양식 입력란의 유형을 'dropdown'으로 설정하고 드롭다운의 항목을 추가하고 저장을 클릭합니다.

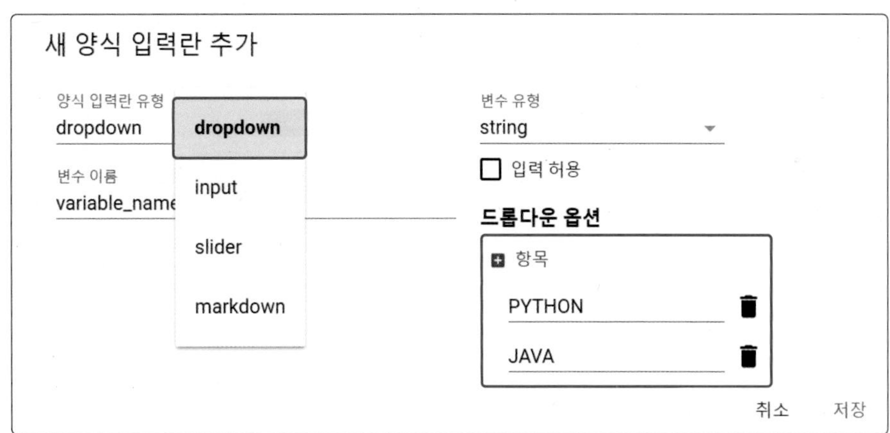

③ 드롭다운의 항목을 선택할 때마다 변수의 값에 따른 실행 결과를 확인할 수 있습니다.

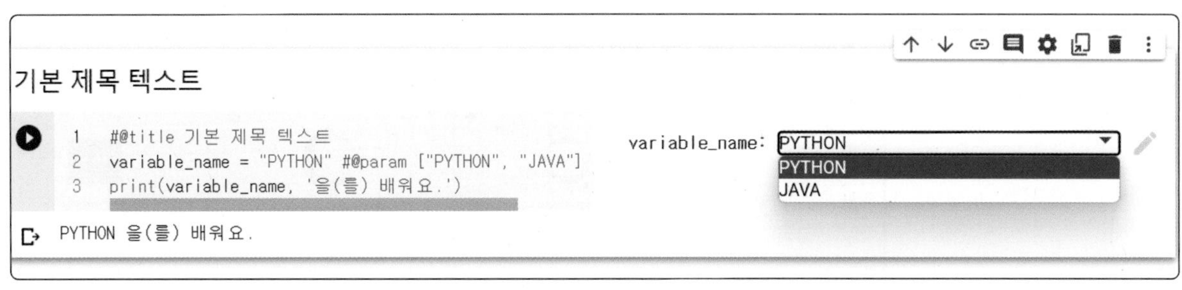

(2) 주피터 노트북

주피터 노트북(Jupyter Notebook)은 오픈 소스 웹 애플리케이션으로, 코드와 실행 결과 확인, 텍스트 문서를 하나의 문서로 관리할 수 있는 대화형 컴퓨팅 환경입니다. 코드의 흐름과 결과를 한눈에 확인할 수 있어 개발과 디버깅에 편리하며 데이터 분석, 머신러닝, 딥러닝 등 다양한 분야에서 사용되며, 개인 프로젝트, 연구, 교육 등 다양한 용도로 활용됩니다.

1 주피터 노트북 설치

주피터 노트북은 윈도 cmd 창에서 설치하는 방법과 아나콘다(데이터 과학 및 머신러닝 작업을 위한 패키지)를 설치하는 방법이 있습니다.

- **윈도 cmd 창에서 주피터 노트북 설치**

파이썬을 설치한 다음 명령어로 주피터 노트북을 설치합니다.

```
>> pip install jupyter
```

- **아나콘다 설치**

① 아나콘다 공식 웹 사이트에서 운영체제에 맞는 아나콘드 설치 파일을 다운로드하고 설치를 진행합니다.

② 다운로드한 설치 파일은 기본적으로 "C:\Program Files\Anaconda3"에 설치됩니다.

③ 설치 완료 후 Anaconda Navigator를 실행하면 주피터 노트북이 설치된 것을 확인할 수 있습니다.

2 주피터 노트북 사용 방법

주피터 노트북을 실행하면 검은색 창이 열린 상태에서 웹 브라우저에 주피터 노트북이 나타납니다.

• **주피터 노트북 실행**

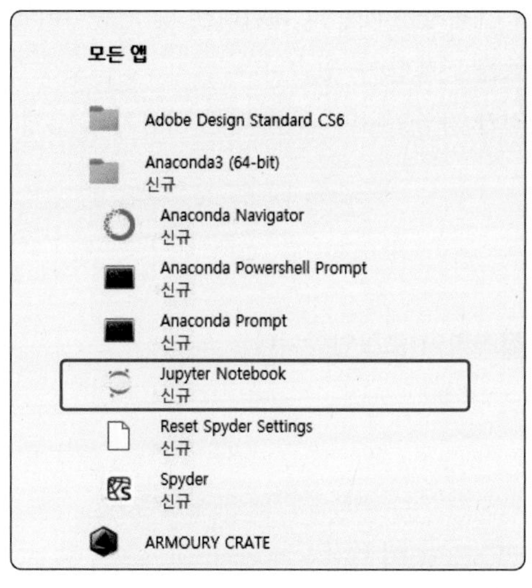

• **코드 작성**

① New를 클릭하고 작성할 언어인 Python3를 클릭합니다.

② 새 노트북에서 코드 셀에 코드를 입력하고 'Run' 버튼을 클릭하면 실행 결과를 확인할 수 있습니다.

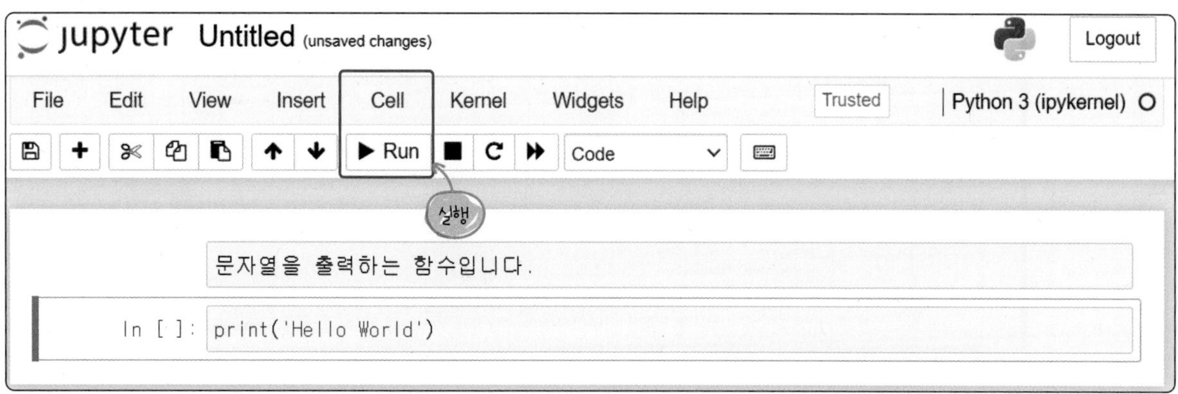

k값 결정 방법

아직 '원'인지 '사각형'인지 정해지지 않은 '코코'는 어디로 분류될까요?

k-NN 알고리즘에서 k값은 분류 성능을 결정하는 핵심 요소입니다. k값에 따라 성능이 변하기 때문입니다. k는 하이퍼파라미터(Hyper parameter)이므로 코드를 구현하는 사람이 결정해야 합니다.

하이퍼파라미터는 모델의 동작을 조절하는 변수로 모델의 성능에 영향을 미치는 매개 변수입니다.

k값은 일반적으로 홀수로 정합니다. 다수결의 원칙으로 분류할 범주를 정하는데 일부러 동점이 되는 상황을 만들 필요는 없기 때문입니다. 예를 들어, 아래 그림의 '코코'가 속할 범주가 k = 3이면, 원 vs 사각형 = 1 vs 2이므로 다수결의 원칙에 의해 '사각형'으로 분류되고, k = 7이면, 원 vs 사각형 = 4 vs 3이므로 다수결의 원칙에 의해 '원'으로 분류됩니다. 그런데 k = 10이면, 원 vs 사각형 = 5 vs 5이므로 어떤 범주로 분류해야 할지 결정할 수 없습니다.

'코코'는 k값에 따라 '원' 또는 '사각형'으로 분류되어야 할 것입니다. 따라서 '코코'는 테스트 데이터입니다.

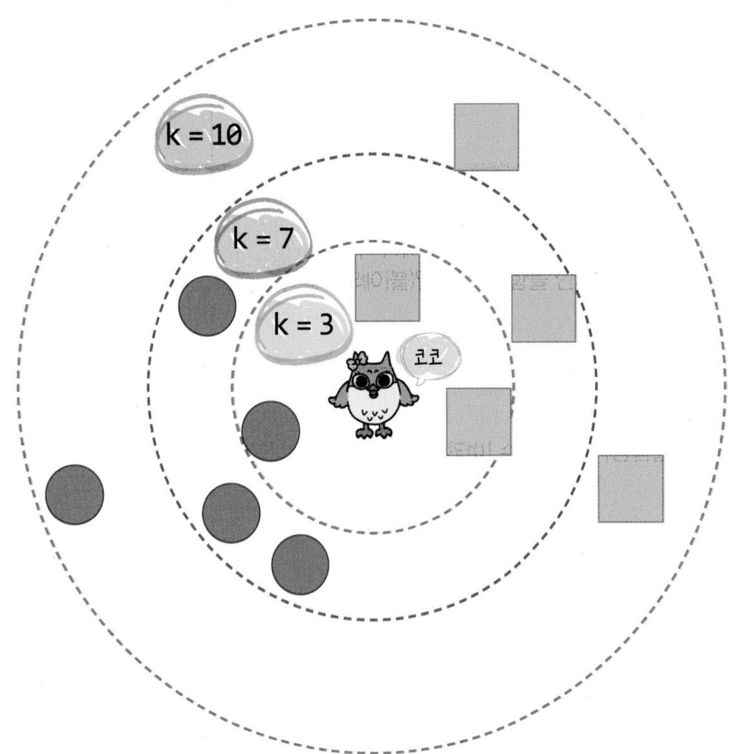

k값 결정

k값은 데이터의 개수를 고려하여 k = 1부터 k값을 1씩 더해가며 어느 값에서 가장 성능이 좋은지 추적한다면 최적의 k값을 결정할 수 있습니다.

'어떤 종류의 펭귄일까?' 활동에서 데이터를 시각화하여 성능이 우수한 k값을 구해 봅시다.

1 문제 정의하기

문제 상황 이해하기

이 펭귄의 종류는 무엇일까요?

남극에는 여러 종류의 펭귄들이 서식하고 있습니다.

펭귄의 종류를 분류하기 위해 지도학습의 다양한 알고리즘이 있지만 여기서는 데이터 간의 거리를 기반으로 분류하는 k-NN을 사용해 보겠습니다.

문제 해결에 필요한 정보 살펴보기

문제 해결 과정에서 필요한 정보를 미리 살펴봅시다.

1. 이 활동에 필요한 데이터셋은 무엇이고, 이 데이터셋은 어디에서 수집할 수 있나요?

   펭귄 데이터셋으로 캐글에서 다운로드할 수 있습니다.

2. 모델 학습에 사용할 알고리즘은 무엇인가요?

   k-NN(k-Nearest Neighbors, k-최근접 이웃) 알고리즘을 사용합니다. k-NN 알고리즘은 어떤 데이터로부터 거리가 가까운 k개 데이터의 레이블(클래스)이 무엇인지 파악한 후 범주를 결정합니다.

3. 모델 학습을 위해 어떤 처리를 해야 할까요?

   펭귄 데이터셋에서 어떤 속성이 있는지, 어떤 속성이 펭귄을 분류하는 데 영향을 미치는지 탐색하고, 영향을 미치는 속성에 대하여 정규화를 수행합니다.

2 데이터 불러오기

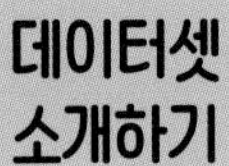

데이터셋 소개하기

펭귄 데이터셋은 장기 생태 연구 네트워크(Long Term Ecological Research Network)의 회원인 Dr. Kristen Gorman과 Palmer Station, Antarctica LTER가 수집하여 제공하였습니다.

펭귄 데이터셋 다운로드하기

캐글(Kaggle.com)에서 검색어 'penguin'을 입력하여 'Palmer Archipelago (Antarctica) penguin data' 데이터셋을 선택합니다.

우측 Data Explorer에서 penguins_size.csv를 선택한 후, 다운로드(⭳) 아이콘을 클릭해서 내 컴퓨터에 데이터셋을 다운로드합니다.

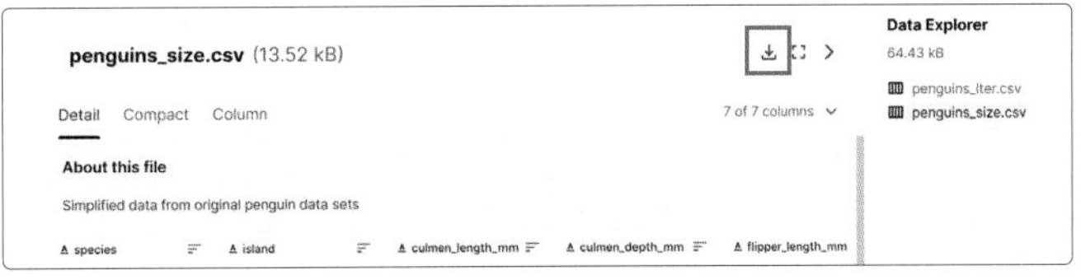

데이터셋 불러오기

코렙의 파일 업로드 기능을 이용하여 다운로드한 'penguin_size.csv' 파일을 업로드하겠습니다.

파일 업로드하기

```
from google.colab import files
filename = list(files.upload().keys())[0]
```

```
파일 선택 선택된 파일 없음 Cancel upload
```

1 위의 코드를 실행한 후 파일 선택 메뉴가 활성화되면 파일 선택 버튼을 클릭하여 다운로드한 'penguins_size.csv' 파일을 업로드합니다.

2 업로드가 완료되면 파일이 'penguins_size.csv'로 저장되었다는 메시지가 표시됩니다.

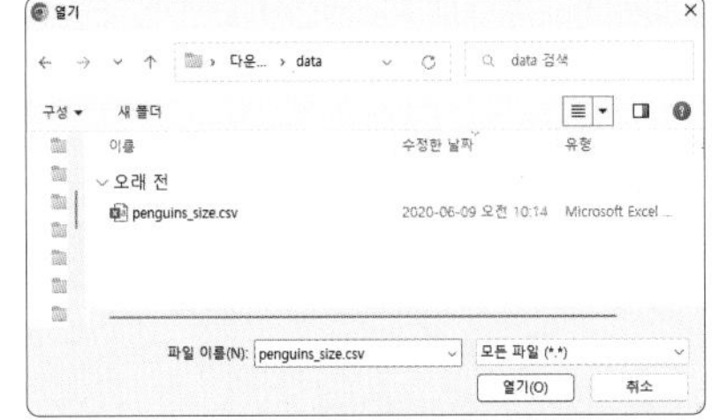

```
파일 선택 penguins_size.csv
•penguins_size.csv(text/csv)-13519 bytes, last modified: 2020. 6. 9.-100% done
Saving penguins_size.csv to penguins_size.csv
```

2 데이터 불러오기

만약 파일이 안 보이면 새로고침 아이콘( )을 누르면 확인할 수 있습니다.

3 코랩 왼쪽의 파일 아이콘( )을 클릭하면 업로드한 'penguins_size.csv' 파일을 확인할 수 있습니다.

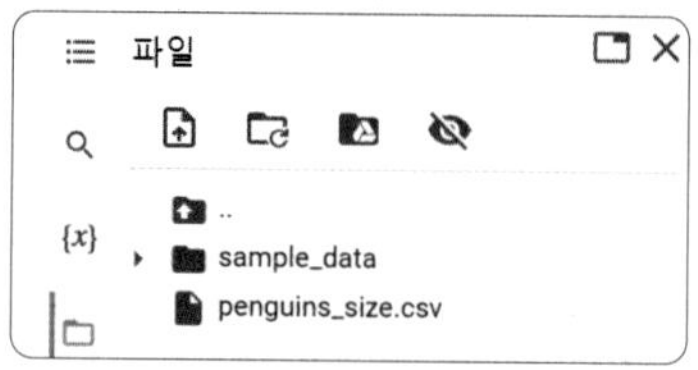

파일 읽어 들이기

판다스 라이브러리를 불러온 후, read_csv()로 업로드한 파일을 읽어 들입니다.

```
데이터프레임 객체 = 판다스 객체.read_csv('파일명.csv') # 데이터프레임 형태로 보여 줌.
```

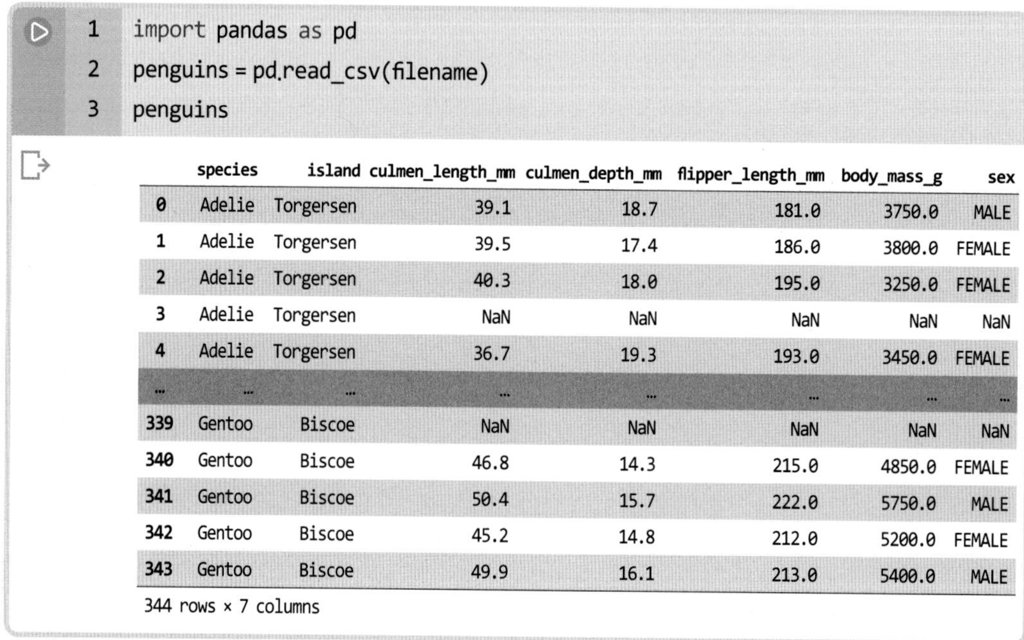

```
import pandas as pd
penguins = pd.read_csv(filename)
penguins
```

	species	island	culmen_length_mm	culmen_depth_mm	flipper_length_mm	body_mass_g	sex
0	Adelie	Torgersen	39.1	18.7	181.0	3750.0	MALE
1	Adelie	Torgersen	39.5	17.4	186.0	3800.0	FEMALE
2	Adelie	Torgersen	40.3	18.0	195.0	3250.0	FEMALE
3	Adelie	Torgersen	NaN	NaN	NaN	NaN	NaN
4	Adelie	Torgersen	36.7	19.3	193.0	3450.0	FEMALE
...	...	...	...	...	...	...	...
339	Gentoo	Biscoe	NaN	NaN	NaN	NaN	NaN
340	Gentoo	Biscoe	46.8	14.3	215.0	4850.0	FEMALE
341	Gentoo	Biscoe	50.4	15.7	222.0	5750.0	MALE
342	Gentoo	Biscoe	45.2	14.8	212.0	5200.0	FEMALE
343	Gentoo	Biscoe	49.9	16.1	213.0	5400.0	MALE

344 rows × 7 columns

읽어 들인 데이터에서 sample() 메소드로 랜덤하게 특정 개수만큼 임의의 샘플을 추출합니다.

```
데이터프레임 객체.sample() # 임의의 데이터 샘플을 보여 줌.
```

sample() 메소드의 괄호 안에 숫자를 생략하면 1개만 샘플링합니다.

```
penguins.sample(5) # 임의의 5개 데이터 추출
```

	species	island	culmen_length_mm	culmen_depth_mm	flipper_length_mm	body_mass_g	sex
272	Gentoo	Biscoe	45.1	14.4	210.0	4400.0	FEMALE
339	Gentoo	Biscoe	NaN	NaN	NaN	NaN	NaN
196	Chinstrap	Dream	50.9	17.9	196.0	3675.0	FEMALE
101	Adelie	Biscoe	41.0	20.0	203.0	4725.0	MALE
328	Gentoo	Biscoe	43.3	14.0	208.0	4575.0	FEMALE

3 데이터 처리하기

데이터셋을 불러온 후, 어떤 속성과 값들이 포함되어 있는지 살펴보고 펭귄을 분류하도록 학습하려면 다음과 같은 작업들이 필요합니다.

데이터 살펴보기
- 데이터 기초 정보
- 데이터 통계량
- 잘못된 데이터 삭제
- 결측치 처리

데이터 시각화하기
- 클래스 파악 그래프
- 상관관계 분석

모델 학습을 위한 전처리하기
- 원-핫 인코딩
- 독립변수와 종속변수 구분
- 훈련 데이터와 테스트 데이터 분리

데이터 살펴보기

데이터 기초 정보 확인하기

판다스 라이브러리의 info() 메소드로 저장된 펭귄 데이터셋의 기초 정보를 확인해 보겠습니다.

```
데이터프레임 객체.info()
# 데이터 개수, 속성 개수, 속성명, 결측치 개수, 속성의 데이터 유형 등 확인
```

info()를 통해 속성명, 데이터 개수, 결측치 개수, 데이터 유형 등을 파악할 수 있습니다.

```
1 penguins.info()
```

```
<class 'pandas.core.frame.DataFrame'>
RangeIndex: 344 entries, 0 to 343
Data columns (total 7 columns):
 #  Column              Non-Null Count  Dtype
--- ------              --------------  -----
 0  species             344 non-null    object
 1  island              344 non-null    object
 2  culmen_length_mm    342 non-null    float64
 3  culmen_depth_mm     342 non-null    float64
 4  flipper_length_mm   342 non-null    float64
 5  body_mass_g         342 non-null    float64
 6  sex                 334 non-null    object
dtypes: float64(4), object(3)
memory usage: 18.9+ KB
```

결측치

속성명	설명
species	펭귄 종류(target): Adelie, Gentoo, Chinstrap
island	팔머 군도(남극) 섬 이름: Dream, Torgersen, Biscoe
culmen_lengh_mm	부리의 길이 mm
culmen_depth_mm	부리의 깊이 mm
flipper_lengh_mm	날개의 길이 mm
body_mass_g	몸무게 g
sex	성별: MALE, FEMALE

해석

이 데이터셋에는 총 344개의 데이터로 구성되어 있으며, 속성은 7개입니다.
속성의 개수가 344개가 안 되는 데이터가 있으므로 결측치가 있다는 것을 확인할 수 있습니다.
속성별 데이터 유형은 실수형(float64) 4개, 문자열(object) 3개로 구성되어 있습니다.

데이터 통계량 살펴보기

describe() 메소드에 include = 'all' 옵션을 추가하여 데이터 속성에 대한 통계량을 확인해 보겠습니다. include = 'all'을 생략하면 수치형 데이터 속성만 나옵니다.

```
데이터프레임 객체.describe(include = 'all').T
# 데이터들의 통계량을 파악하는 메소드로 끝에 T(Transpose) 속성을 추가하면 행과 열의 위치 변경 가능
```

범주형 데이터는 통계량을 계산할 수 없고 수치형 데이터는 빈도수 계산을 할 수 없으므로 NaN(Not a Number)으로 표시되었습니다.

```
1 penguins.describe(include = 'all').T
```

	count	unique	top	freq	mean	std	min	25%	50%	75%	max
species	344	3	Adelie	152	NaN	NaN	NaN	NaN	NaN	NaN	NaN
island	344	3	Biscoe	148	NaN	NaN	NaN	NaN	NaN	NaN	NaN
culmen_length_mm	342.0	NaN	NaN	NaN	43.92193	5.459584	32.1	39.225	44.45	48.5	59.6
culmen_depth_mm	342.0	NaN	NaN	NaN	17.15117	1.974793	13.1	15.6	17.3	18.7	21.5
flipper_length_mm	342.0	NaN	NaN	NaN	200.915205	14.061714	172.0	190.0	197.0	213.0	231.0
body_mass_g	342.0	NaN	NaN	NaN	4201.754386	801.954536	2700.0	3550.0	4750.0	4750.0	6300.0
sex	334	3	MALE	168	NaN	NaN	NaN	NaN	NaN	NaN	NaN

해석

성별(sex)의 unique가 3인 것에 주목해야 합니다. 성별에 숫컷, 암컷 외에 다른 종류의 잘못된 값이 포함되어 있다는 것을 알 수 있습니다.

성별(sex) 속성의 유형별 고유한 값을 unique()를 사용해 확인해 보겠습니다.

```
데이터프레임 객체['속성명'].unique()
# 지정한 속성의 유형별 고윳값 출력
```

```
1 penguins['sex'].unique()
```

```
array(['MALE', 'FEMALE', nan, '.'], dtype = object)
```

'MALE', 'FEMALE' 외에 결측치와 마침표(.)가 있는 것을 확인할 수 있습니다.

```
1 penguins[penguins['sex'] == '.']
```

	species	island	culmen_length_mm	culmen_depth_mm	flipper_length_mm	body_mass_g	sex
336	Gentoo	Biscoe	44.5	15.7	217.0	4875.0	.

마침표가 있는 행을 출력해 보니 336번째 행임을 확인할 수 있습니다.

잘못된 데이터 삭제하기

성별에 마침표가 있는 336번째 행을 drop()으로 삭제해 보겠습니다.

```
데이터프레임 객체.drop(삭제할 행 번호 또는 열 번호, inplace = False/True)
# inplace는 생략하면 기본값이 False이므로 기존 데이터프레임에 변경된 설정으로 덮어쓰기 되지 않고,
inplace = True를 명시하면 기존 데이터프레임에 변경된 설정으로 덮어쓰기를 함.
```

inplace = True를 생략하고 penguins = penguins.drop(336)으로 작성해도 됩니다.

drop(336) 코드를 두 번 실행하면 오류가 납니다. 이유는 이미 삭제된 행이므로 데이터가 존재하지 않기 때문입니다.

```
penguins.drop(336, inplace = True)  # penguins = penguins.drop(336)
penguins['sex'].unique()
```

```
array(['MALE', 'FEMALE', nan], dtype = object)
```

마침표(.)가 삭제된 것을 확인할 수 있습니다. 또한 전체 데이터프레임을 확인해 보면 다음과 같이 343개의 데이터임을 확인할 수 있습니다.

```
penguins
```

	species	island	culmen_length_mm	culmen_depth_mm	flipper_length_mm	body_mass_g	sex
0	Adelie	Torgersen	39.1	18.7	181.0	3750.0	MALE
1	Adelie	Torgersen	39.5	17.4	186.0	3800.0	FEMALE
2	Adelie	Torgersen	40.3	18.0	195.0	3250.0	FEMALE
3	Adelie	Torgersen	NaN	NaN	NaN	NaN	NaN
4	Adelie	Torgersen	36.7	19.3	193.0	3450.0	FEMALE
...	...	...	...	...	...	...	...
339	Gentoo	Biscoe	NaN	NaN	NaN	NaN	NaN
340	Gentoo	Biscoe	46.8	14.3	215.0	4850.0	FEMALE
341	Gentoo	Biscoe	50.4	15.7	222.0	5750.0	MALE
342	Gentoo	Biscoe	45.2	14.8	212.0	5200.0	FEMALE
343	Gentoo	Biscoe	49.9	16.1	213.0	5400.0	MALE

343 rows × 7 columns

이제 결측값을 처리하기 위해 데이터프레임의 속성별 결측치의 개수를 구해 보겠습니다.

```
데이터프레임 객체.isna().sum()
# isna() 메소드: 데이터프레임에서 결측치를 확인하여 그 결과를 True 또는 False로 반환
# sum() 메소드: True를 반환한 결과의 합을 반환
```

insa() 메소드를 사용하여 결측치를 확인하고, sum() 메소드를 사용하여 속성별 합계를 출력합니다.

```
penguins.isna().sum()
```

```
species              0
island               0
culmen_length_mm     2
culmen_depth_mm      2
flipper_length_mm    2
body_mass_g          2
sex                 10
dtype: int64
```

해석

species와 island 속성에는 결측치가 없고 나머지 속성별 결측치의 총개수는 18개입니다.

3 데이터 처리하기

결측치 처리하기

결측치를 처리하려면 직접 삭제(방법1)하거나 fillna() 메소드를 사용하여 적당한 값으로 채웁니다(방법2). 수치형으로 이루어진 4가지 속성은 전체의 평균으로 채우고, dropna() 메소드를 사용하여 범주형 속성의 성별(sex)은 직접 삭제해 보겠습니다.

> 데이터프레임 객체.fillna(value = None, inplace = False)
> # fillna( ) 메소드는 결측치를 특정값으로 채움.
> 매개 변수 value에는 스칼라, 딕셔너리, 시리즈, 데이터프레임이 올 수 있음.

방법1 실숫값으로 이루어진 속성에 속성 평균값을 구하여 결측치를 채워 넣습니다.

```
penguins['culmen_length_mm'].fillna(value = penguins['culmen_length_mm'].mean(),
                                    inplace = True )
penguins['culmen_depth_mm'].fillna(value = penguins['culmen_depth_mm'].mean(),
                                   inplace = True )
penguins['flipper_length_mm'].fillna(value = penguins['flipper_length_mm'].mean(),
                                     inplace = True )
penguins['body_mass_g'].fillna(value = penguins['body_mass_g'].mean(), inplace = True)
penguins.isna().sum()
```

```
species              0
island               0
culmen_length_mm     0
culmen_depth_mm      0
flipper_length_mm    0
body_mass_g          0
sex                 10
dtype: int64
```

해석

실수형 속성에는 결측치가 없고 범주형 속성인 'sex' 결측치의 개수는 10개입니다.

drop()은 데이터프레임에서 행 또는 열을 직접적으로 삭제하고, dropna()는 데이터프레임에서 결측치 값을 가지는 행 또는 열을 삭제합니다.

방법2 결측치를 삭제하는 dropna() 메소드를 사용하여 결측치가 포함된 행을 삭제해 보겠습니다.

```
penguins = penguins.dropna()
penguins.isna().sum()
```

```
species              0
island               0
culmen_length_mm     0
culmen_depth_mm      0
flipper_length_mm    0
body_mass_g          0
sex                  0
dtype: int64
```

dropna()의 axis 속성을 생략하면 axis = 0으로 설정합니다. axis = 0이면 결측치가 포함된 행을 삭제하고 axis = 1이면 결측치가 포함된 열을 삭제합니다.

데이터 시각화하기

데이터를 학습하여 결과를 예측할 때는 어떤 속성이 예측할 속성과 관련 있는지 파악한 후, 관련 있는 속성을 중심으로 학습시켜야 보다 정확한 예측 결과를 얻을 수 있습니다. 따라서 펭귄 데이터의 종류(species)와 관련 있는 속성을 파악하기 위해 데이터를 시각화해 보겠습니다.

```
countplot(x = '카테고리 데이터 속성명', data = 데이터프레임)
# x축에 카테고리 데이터 속성을 넣으면 y축은 카테고리별 개수를 출력
# 속성별 개수(데이터 속성.value_counts())를 시각화
```

클래스 파악 그래프 그리기

데이터를 분류하는 인공지능 모델을 훈련할 때는 각 클래스의 개수가 비슷해야 보다 정확하게 분류할 수 있습니다. 클래스의 개수가 비슷한지 확인해 보겠습니다.

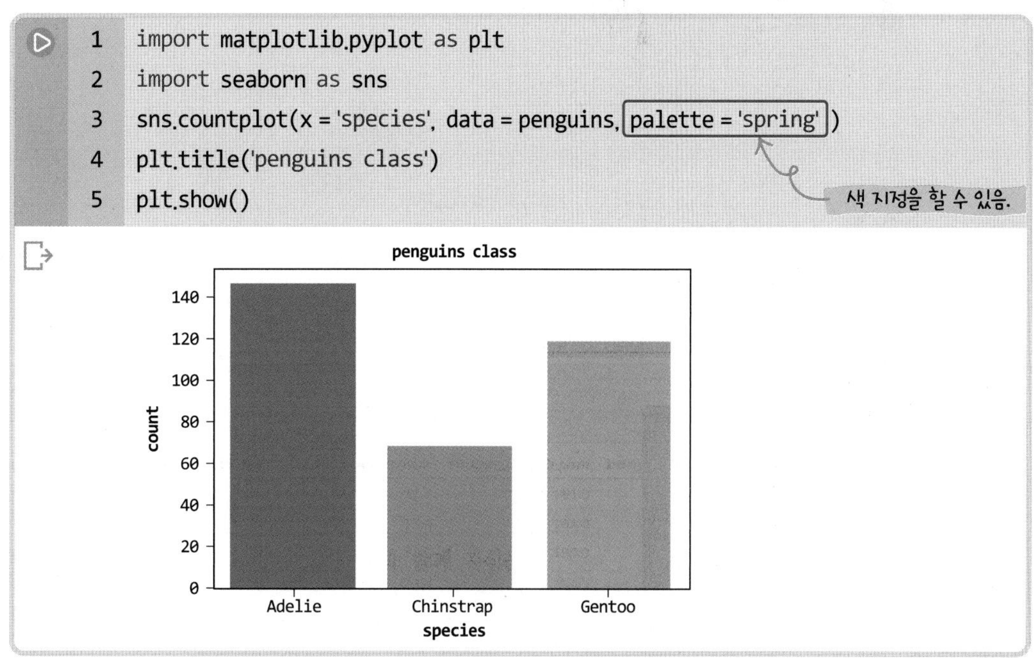

클래스 개수 파악하기

위 그래프에서 'species' 속성의 고윳값을 출력해 보겠습니다.

```
데이터 속성.value_counts()  # 속성의 고윳값별 개수를 구하는 함수
```

```
penguins['species'].value_counts()
```

```
Adelie       146
Gentoo       119
Chinstrap     68
Name: species, dtype: int64
```

해석

펭귄은 아델리펭귄(Adelie)의 개수가 146개로 가장 많고, 턱끈펭귄(Chinstrap)이 68개로 가장 적습니다. 속성의 고윳값의 개수가 다르면 성능에 영향을 미칠 수 있습니다.

간단한 해결 방법으로는 가장 개수가 적은 턱끈펭귄의 개수에 맞춰 나머지 데이터를 삭제하는 방법이 있지만 여기서는 자세하게 다루지 않습니다.

속성별 상관관계 분석하기

시본(seaborn) 라이브러리를 불러온 후, 여러 개의 작은 그래프로 이루어진 pairplot을 그립니다.

pairplot은 각 데이터 속성의 조합을 이용하여 산점도를 그리는 함수로, 같은 데이터를 만나는 대각선 영역에는 해당 데이터의 히스토그램을 그립니다.

만약 pairplot에서 클래스별 색상을 다르게 표현하고 싶다면 hue 인수를 사용하면 됩니다. hue 인수를 사용하면 대각선이 히스토그램에서 밀도함수로 변경됩니다.

```
시본 객체.pairplot(data = 데이터프레임, hue = 카테고리 데이터 속성명)
# 속성이 3개 이상인 데이터를 한눈에 살펴보려면 pairplot 사용
```

```
sns.pairplot(data = penguins, hue = 'species')
```

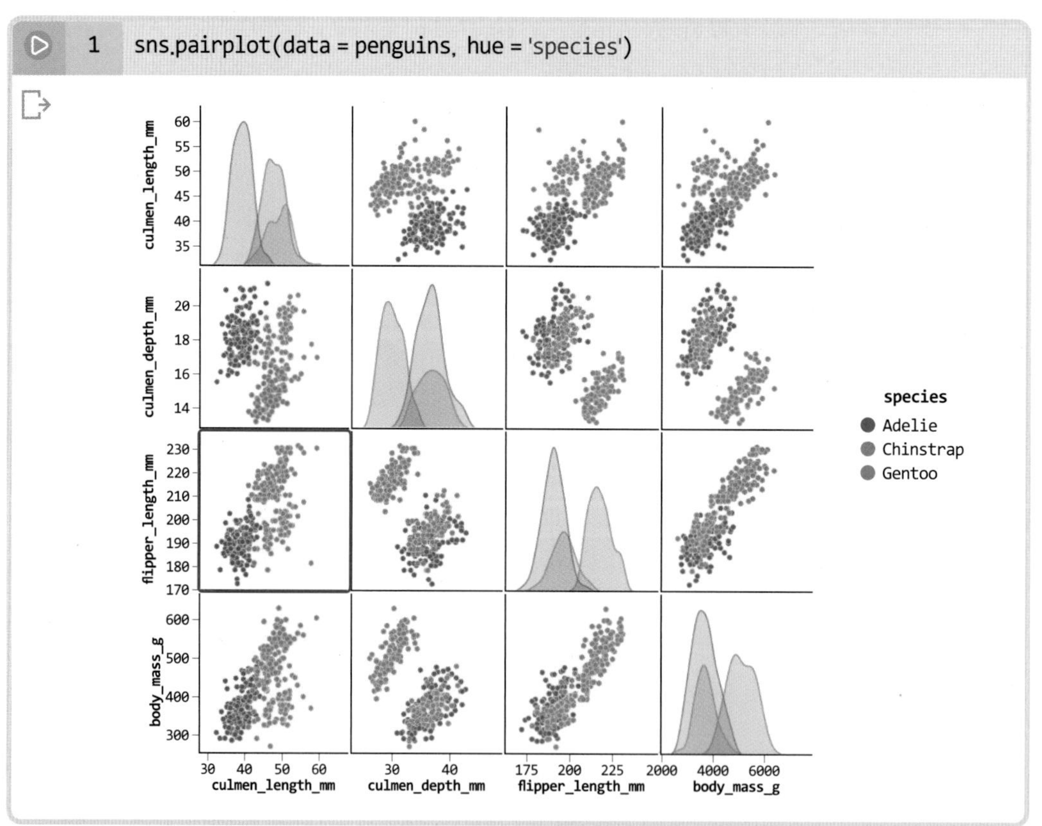

해석

빨간색 사각형으로 표시한 그래프(flipper_length_mm, culmen_depth_mm)를 보면 품종(species)을 다른 속성보다 잘 분류하고 있음을 확인할 수 있습니다. 잘 분류한다는 것은 같은 클래스는 거리가 가깝고, 다른 클래스 간의 거리는 먼 것을 의미합니다. 빨간색 사각형으로 표시한 그래프의 위와 아래도 클래스를 잘 분류하지만, 서로 다른 클래스 간의 거리가 빨간색 사각형보다 가까우므로 빨간색 사각형이 가장 좋습니다.

앞의 빨간색 사각형으로 표시한 그래프를 좀 더 자세히 그려 보겠습니다.
시본의 jointplot은 두 개의 실수형 데이터 속성을 비교하여 산점도로 출력해 줍니다.

```
시본 객체.jointplot(data = 데이터프레임, hue = 카테고리 데이터 속성명)
# 3차원 이상의 데이터(속성이 3개 이상인 데이터)이면 pairplot을 사용
```

X, Y축명과 그래프 형태로 산점도를 설정했습니다.

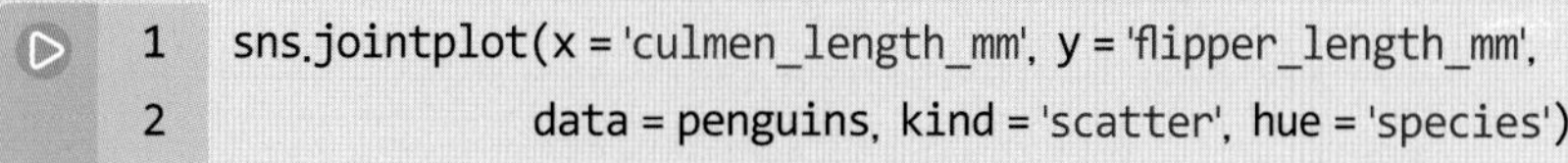

```
sns.jointplot(x = 'culmen_length_mm', y = 'flipper_length_mm',
              data = penguins, kind = 'scatter', hue = 'species')
```

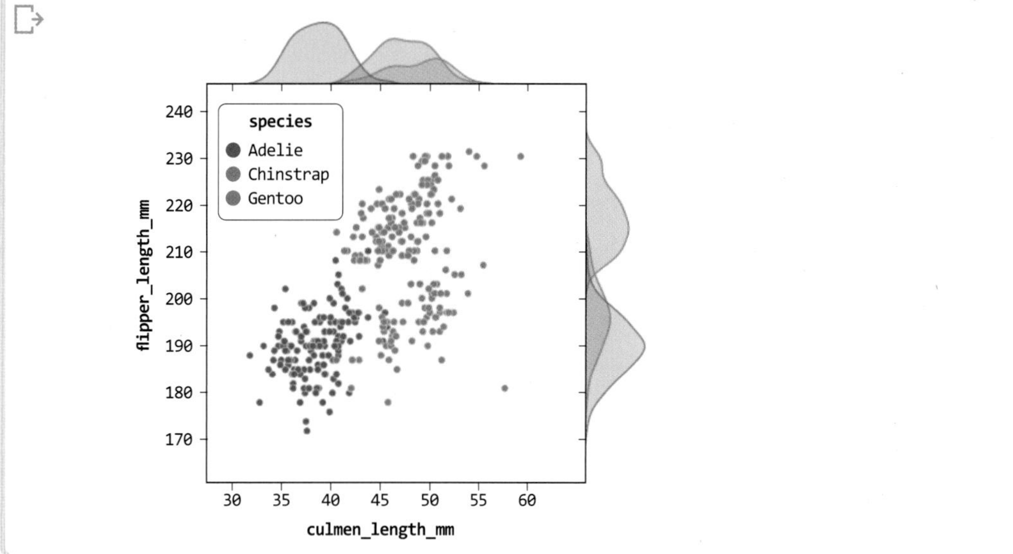

여기에 제시된 독립변수 2개만 이용해 k-NN을 학습하고 성능을 평가해 보면 매우 좋은 결과를 얻을 수 있습니다.

해석

두 개의 속성(culmen_length_mm, flipper_length_mm)을 자세히 살펴보니 몇 개를 제외하고 대부분의 클래스를 잘 분류하고 있음을 확인할 수 있습니다.

다음은 사이킷런에서 제공하는 붓꽃 데이터셋을 데이터프레임으로 불러오는 코드입니다. 붓꽃 데이터셋의 네 가지 속성별 관계를 분석하도록 시각화해 봅시다.

```
from sklearn.datasets import load_iris
iris = load_iris()
import pandas as pd
df = pd.DataFrame(data = iris.data, columns = iris.feature_names)
df['species'] = iris.target
```

3 데이터 처리하기

모델 학습을 위한 전처리하기

이제 모델 학습을 위한 전처리 방법을 알아보겠습니다.

펭귄 데이터의 island(Dream, Torgersen, Biscoe), sex(MALE, FEMALE)는 연속적이지 않고 구분되는 값을 가진 범주형입니다. 이 범주형 데이터를 원-핫 인코딩해 보겠습니다.

원-핫 인코딩하기

판다스 객체.get_dummies(데이터프레임 객체, columns = ['인코딩할 속성명'])
column명을 제시하지 않으면 데이터프레임의 모든 범주형 데이터를 원-핫 인코딩으로 처리함.

```
penguins_encoding = pd.get_dummies(penguins, columns = ['island', 'sex'])
penguins_encoding.head()
```

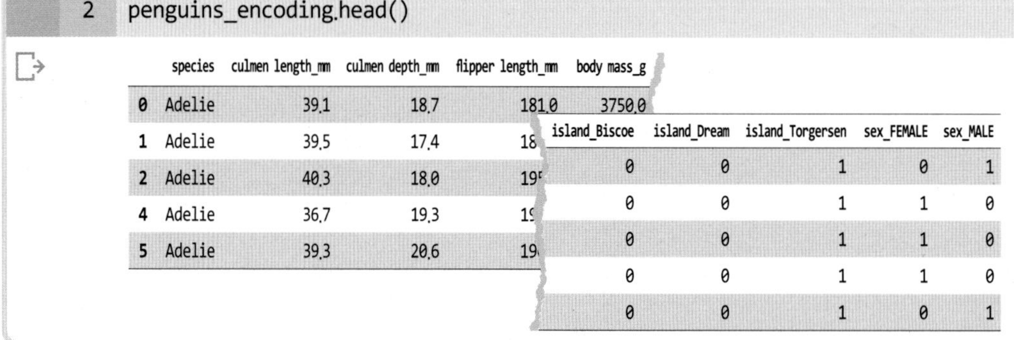

	species	culmen length_mm	culmen depth_mm	flipper length_mm	body mass_g	island_Biscoe	island_Dream	island_Torgersen	sex_FEMALE	sex_MALE
0	Adelie	39.1	18.7	181.0	3750.0	0	0	1	0	1
1	Adelie	39.5	17.4	18		0	0	1	1	0
2	Adelie	40.3	18.0	19		0	0	1	1	0
4	Adelie	36.7	19.3	19		0	0	1	1	0
5	Adelie	39.3	20.6	19		0	0	1	0	1

모델 학습을 위해 입력 속성을 모두 숫자로 변경해줘야 합니다. 범주형 속성은 보통 원-핫 인코딩 방식으로 변경합니다.

해석

실행 결과에서 확인된 것과 같이 범주형인 island, sex 속성을 원-핫 인코딩했더니 실수형인 5개의 속성이 새롭게 생성되었음을 확인할 수 있습니다.

독립변수와 종속변수 구분하기

위 데이터셋에서 독립변수와 종속변수는 다음과 같습니다.

독립변수(9개)	종속변수(1개)
culmen_length_mm, culmen_depth_mm, flipper_length_mm, body_mass_g, island_Biscoe, island_Dream, island_Torgersen, sex_FEMALE, sex_MALE	species

원-핫 인코딩한 데이터셋을 독립변수와 종속변수로 나누어 각각 X, y에 저장합니다.

독립변수는 열(column), 속성(attribute), 피쳐(feature)와 동일한 의미이고, 종속변수는 정답(label), 타깃(target), 클래스(class)와 동일한 의미입니다.

```
X = penguins_encoding.drop(['species'], axis = 1)
y = penguins_encoding['species']
```

해석

원-핫 인코딩한 데이터셋(penguins_encoding)에서 종속변수인 'species' 속성만 열 방향으로 삭제하고 나머지를 X에 저장합니다. 종속변수인 'species' 속성을 y에 저장합니다.

훈련 데이터와 테스트 데이터로 분리하기

훈련과 테스트를 위해 4종류의 데이터가 필요합니다.

독립변수(문제 데이터)와 종속변수(레이블)로 구분하고 나면 이를 훈련에 사용할 훈련 데이터와 테스트에 사용할 테스트 데이터 총 4개로 분할합니다. 사이킷런 라이브러리에서는 데이터를 분리하기 위한 함수를 제공합니다.

```
훈련용 독립변수 객체, 테스트용 독립변수 객체, 훈련용 종속변수 객체 객체, 테스트용 종속변수 =
train_test_split(독립변수, 종속변수, test_size = 테스트 데이터 비율, random_state = 숫자)
# 테스트 데이터 비중은 0.0~1.0 사이의 실숫값이며,
  0.3으로 설정할 경우, 전체 데이터의 30%가 테스트 데이터로 할당됨.
# random_state 값을 지정하지 않으면 코드를 실행할 때마다 훈련 데이터와 테스트 데이터가
  랜덤하게 분할되기 때문에 평가 시 값이 변경되어 혼란을 줄 수 있으므로 지정하는 것이 좋음.
```

데이터를 분리한 후 데이터의 형태를 확인해 보겠습니다.

```
훈련용 또는 테스트용 데이터명.shape
```

```python
from sklearn.model_selection import train_test_split
X_train, X_test, y_train, y_test = train_test_split(X, y,
                                                    test_size = 0.3, random_state = 11)
print(X_train.shape, X_test.shape, y_train.shape, y_test.shape)
```

```
(233, 9) (100, 9) (233, ) (100, )
```

해석

데이터를 쉽게 분할할 수 있는 사이킷런 라이브러리의 train_test_split( ) 함수를 불러옵니다. 앞서 나눈 독립변수와 종속변수를 각 훈련 데이터와 테스트 데이터로(7:3의 비율) 분할합니다.

각 데이터의 형태를 출력한 결과는 다음과 같습니다.

데이터	독립변수	종속변수
훈련 데이터	X_train (233, 9)	y_train (233,)
테스트 데이터	X_test (100, 9)	y_test (100,)

Q random_state로 항상 동일하게 데이터를 분할하는 이유는?

A 모델의 성능에 영향을 미치는 다양한 옵션이 있는데 그중 하나가 임의 추출입니다. 데이터의 영향을 받지 않고 정확한 성능을 평가하려면 데이터가 고정되도록 하는 것이 필요합니다.

4 모델 학습하기

인공지능 모델을 학습시키기 위해 k-NN 알고리즘을 사용하는 이유는 간단하고 이해하기 쉽기 때문입니다. k-NN은 어떤 데이터가 주어지면 그 주변(이웃)의 데이터를 살펴본 후, 더 많은 데이터가 포함되어 있는 범주로 분류하는 방식으로, k-최근접 이웃이라고도 합니다. 이처럼 k-NN 알고리즘은 어떤 데이터로부터 거리가 가까운 k개 데이터의 레이블(정답)이 무엇인지 파악한 후 범주를 결정하는 알고리즘입니다. 사이킷런을 이용하여 라이브러리를 불러오고 KNeighborsClassifier( ) 함수를 통해 모델을 생성합니다.

모델 생성하기

```
from sklearn.neighbors import KNeighborsClassifier
k = 3 # hyper parameter
knn = KNeighborsClassifier(n_neighbors = k) # 모델 생성
```

k-NN 모델 학습하기

훈련용 데이터를 사용하여 fit( ) 함수로 학습시킵니다.

```
knn.fit(X_train, y_train) # 모델 학습
```

```
KNeighborsClassifier(n_neighbors = 3)
```

해석

k값은 사람이 지정해야 하는 값입니다. k값은 모델의 성능에 중요한 영향을 미치므로 잘 선택해야 합니다. 지금은 임의로 3으로 설정하였습니다. fit( )은 학습하는 함수이며, 독립변수(X_train, 문제)로 학습시키고 종속변수(X_train, 정답)와 맞추어 보면서 성능을 높이게 됩니다.

훈련용 독립변수로 훈련시킨 후 훈련용 종속변수로 얼마나 학습을 잘했는지 확인해 보겠습니다.

```
knn 모델 객체.score(독립변수, 종속변수)
# 독립변수로 종속변수를 예측하는 정확도를 0.0 ~ 1.0 사이의 실숫값으로 산출
```

훈련 데이터로 학습한 결과 확인하기

```
print(knn.score(X_train, y_train))
```

```
0.9055793991416309
```

해석

훈련용 독립변수인 X_train을 이용하여 모델을 학습시키고 훈련 데이터 레이블인 종속변수 y_train과 비교한 결과가 약 0.91인 것을 알 수 있습니다. 이는 모든 훈련용 독립변수에 대해 약 91% 예측했다는 것을 의미합니다.

5 모델 테스트 및 평가하기

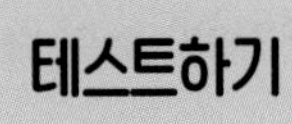

테스트하기

학습을 완료한 후, 학습이 잘되었는지 성능을 테스트합니다. 테스트할 때는 훈련에 사용하지 않은 테스트용 독립변수(X_test)를 이용합니다.

```
y_pred = knn.predict(X_test)
y_pred[:20] # 20개까지만 출력
```

```
array(['Adelie', 'Gentoo', 'Adelie', 'Chinstrap', 'Gentoo', 'Adelie',
       'Gentoo', 'Gentoo', 'Adelie', 'Gentoo', 'Adelie', 'Gentoo',
       'Gentoo', 'Gentoo', 'Adelie', 'Adelie', 'Adelie', 'Gentoo'
       'Chinstrap', 'Adelie'], dtype = object)
```

해석

학습을 완료한 모델이 테스트용 독립변수(X_test)를 사용하여 예측한 결괏값을 출력하였습니다. 단, 예측 결과는 수행할 때마다 약간씩 다를 수 있습니다. 왜냐하면 데이터를 분할할 때(train_test_split( ) 메소드 사용 시) 데이터가 랜덤하게 분할되기 때문입니다.

평가하기

만약 X_test 대신에 훈련에 사용된 X_train을 사용하여 테스트를 한다면 올바른 성능 평가를 할 수 없습니다. 훈련에 사용된 X_train 데이터는 정답을 알고 있으므로 '예측' 능력이 아닌 '기억' 능력을 평가할 것이기 때문입니다.

인공지능은 '기억' 능력이 중요하지 않고, 새로운 데이터가 들어왔을 때 '얼마나 잘 예측하는가!'에 초점이 맞춰져 있음을 알아야 합니다.

분류의 성능 평가로 정확도(accuracy)를 이용해 보겠습니다. 결과는 소수점 이하 셋째자리까지 출력해 보겠습니다.

```
print('knn accuracy:{:.3f}'.format(knn.score(X_test, y_test)))
```

```
knn accuracy:0.760
```

해석

실행 결과에서 모델이 예측한 결과, 즉 정확도가 0.76인 것을 확인할 수 있습니다. 이는 모델이 약 76%의 정확도를 보인다는 것을 의미합니다.

출력할 소수점 이하 자리수를 '.자리수f' 표현으로 지정하였습니다.

모델이 예측한 결과, k값이 3일 때 성능이 약 76%인 것을 확인하였습니다. 그렇다면 k값이 얼마일 때 최적의 성능을 보이는지 확인해 보겠습니다.

5 모델 테스트 및 평가하기

k값 정하기

k값을 1부터 1씩 증가시켜 k값에 따라 성능이 어떻게 변화하는지 시각화해 보겠습니다.

k값에 따라 성능을 모두 측정하여 어떤 k값이 좋은지 결정해야 합니다.

```
import numpy as np
import matplotlib.pyplot as plt
k_range = range(1, 31) # k값을 1부터 30까지 수로 설정
scores = [] # k값에 따른 정확도를 저장할 리스트 생성(빈 리스트)
# k값 1~30까지 정확도를 산출하여 scores 리스트에 저장
for k in k_range: # k값 1~30까지 다음의 내용을 반복
    knn = KNeighborsClassifier(n_neighbors = k)
    # 훈련용 독립변수(X_train)와 훈련용 종속변수(y_train)로 학습
    knn.fit(X_train, y_train)
    # scores 리스트에 테스트 데이터로 정확도를 산출한 결과 추가
    scores.append(knn.score(X_test, y_test))

# x축은 k_range값, y축은 scores 값으로 그래프 작성
plt.plot(k_range, scores)
plt.xlabel('value of K') # x축 이름: 'value of k'로 설정
plt.ylabel('Accuracy Score') # y축 이름: 'Accuracy Score' 설정
plt.xticks(np.arange(0, 31, 5)) # x축에 5단위로 눈금 표시
plt.grid() # 그래프에 격자(그리드) 표시
plt.title('k-NN Accuracy score') # 그래프의 제목 설정
plt.show() # 그래프 출력
```

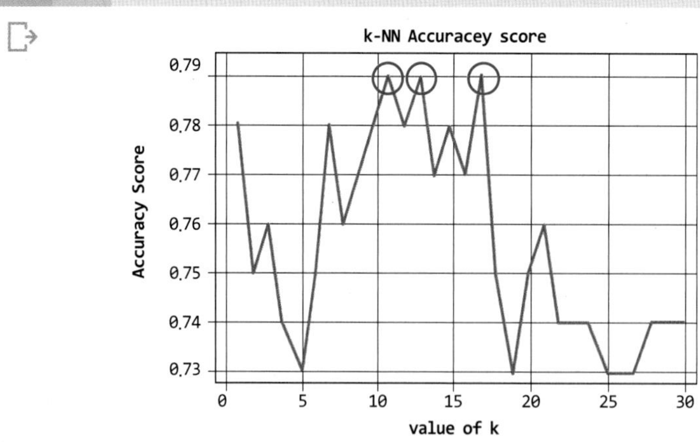

해석

실행 결과 그래프에서 빨간색 동그라미로 표시한 부분을 보면 정확도가 높아진 것을 확인할 수 있습니다. 그래프만으로 k값을 확인하기에 어려움이 있으므로 정확도와 k값을 출력해 볼 필요가 있습니다.

k값이 1부터 30까지 변할 때마다 모델의 정확도가 어떻게 변했는지 알아볼까요? scores 변수의 값을 출력해 보면 k값 변화에 따른 성능(정확도 값)을 확인할 수 있습니다. 실행 결과를 확인해 보면 k가 11, 13, 17일 때 79% 정도의 성능을 보입니다.

k는 11일 때 성능이 좋다는 것을 확인했으므로 이전의 학습하기 부분으로 돌아가 k = 11을 입력하고 다시 학습해 보세요.

```
for value, score in enumerate(scores):
    print('k = {}일 때: accuracy{:.3f}'.format(value + 1, score))
```

```
k = 1일 때: accuracy:0.780
k = 2일 때: accuracy:0.750
k = 3일 때: accuracy:0.760
…
k = 9일 때: accuracy:0.770
k = 10일 때: accuracy:0.780
k = 11일 때: accuracy:0.790
k = 12일 때: accuracy:0.780
k = 13일 때: accuracy:0.790
k = 14일 때: accuracy:0.770
k = 15일 때: accuracy:0.780
k = 16일 때: accuracy:0.770
k = 17일 때: accuracy:0.790
…
k = 29일 때: accuracy:0.740
k = 30일 때: accuracy:0.740
```

펭귄 데이터셋의 4개의 수치형 독립변수 중에서 2개의 속성(culmen_length_mm, flipper_length_mm)만 이용하여 펭귄 종류를 예측해 봅시다.

보충 enumerate() 함수

리스트에 저장된 요소의 순서와 값을 확인합니다. 리스트의 요소가 몇 번째인지 알려 주는 (순서, 요소)로 이루어진 튜플 형태로 결괏값을 반환합니다. 시작하는 숫자를 생략하면 0부터 시작합니다.

```
enumerate(리스트 이름, 시작하는 숫자)
```

```
fruits = ['apple', 'banana', 'orange']

for i in enumerate(fruits):
    print(i)
```

```
(0, 'apple')
(1, 'banana')
(2, 'orange')
```

6 모델 성능 개선하기

스케일링 (scaling)

데이터셋의 속성은 단위와 범위(scale)의 차이가 있을 수 있습니다. 이 차이를 아래의 경우와 같이 단순히 수치만 가지고 비교하는 것은 잘못된 것으로, 단위와 범위를 잘 맞추어 비교해야 합니다. 머신러닝에서 데이터셋의 단위와 범위를 일정 수준으로 맞추는 작업을 스케일링(scaling)이라고 합니다.

스케일링의 필요성

스케일링에는 정규화와 표준화 방법이 있습니다.

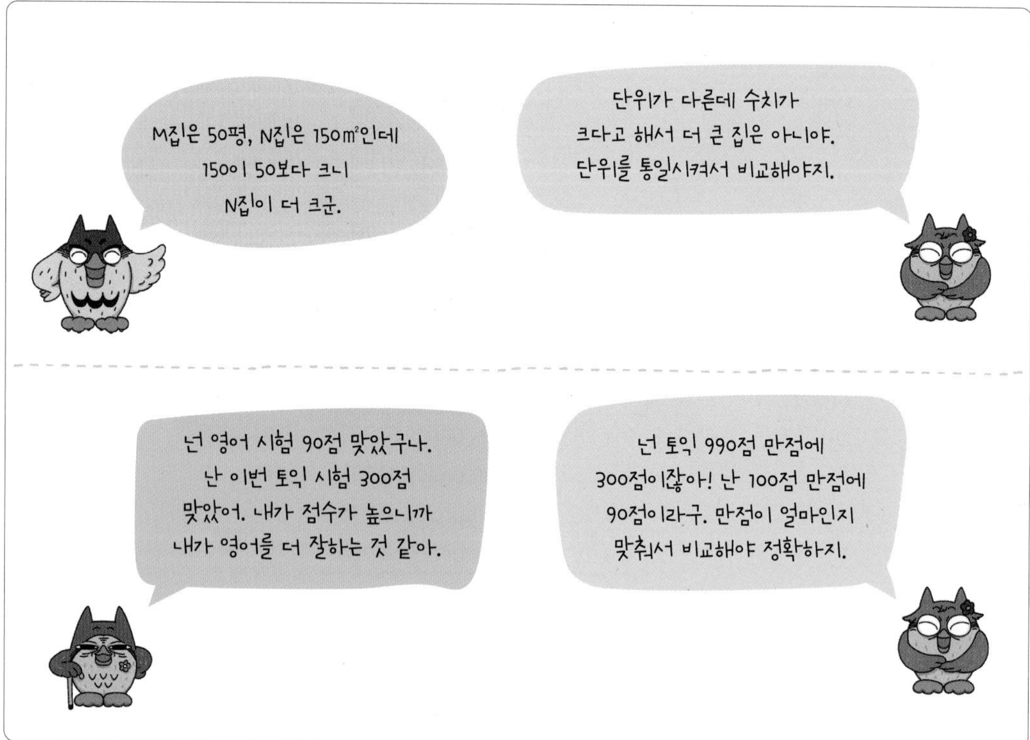

▲ 스케일링을 하지 않았을 때의 상황

k-NN은 거리 기반으로 분류하므로 범위의 차이에 매우 민감합니다. k-NN처럼 거리를 기반으로 작동하는 알고리즘에는 스케일링이 반드시 필요합니다.

스케일링 방법

스케일링에는 정규화와 표준화 방법이 있습니다.

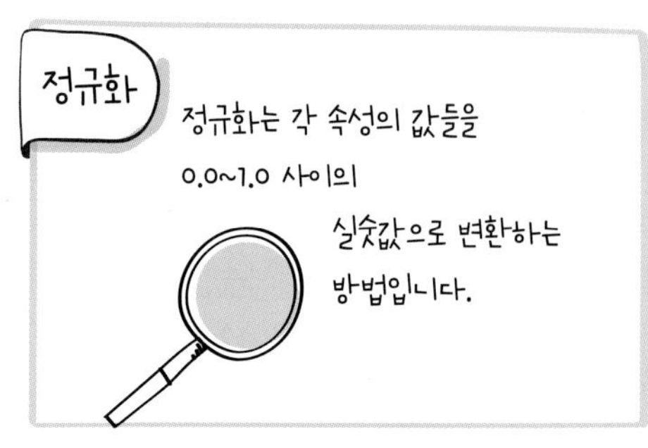

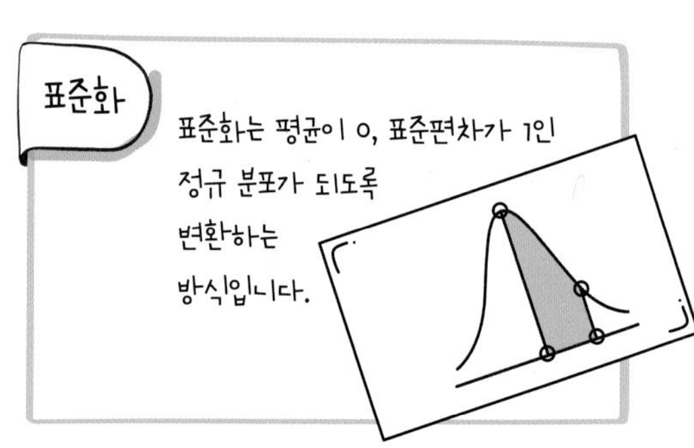

훈련 데이터 정규화하기

여기서는 스케일링의 정규화, 표준화 방법 중 정규화를 이용해 보겠습니다. 사이킷런의 전처리 라이브러리에서 정규화를 위해 MinMaxScaler를 불러옵니다.

```
# 정규화
from sklearn.preprocessing import MinMaxScaler
scaler = MinMaxScaler()
scaler.fit(X)  # [0, 1] X의 최솟값을 0, 최댓값을 1로 셋팅
scaled = scaler.transform(X)
round(pd.DataFrame(scaled).describe(), 2)
```

	0	1	2	3	4	5	6	7	8
count	333.00	333.00	333.00	333.00	333.00	333.00	333.00	333.00	333.00
mean	0.43	0.48	0.49	0.42	0.49	0.37	0.14	0.5	0.5
std	0.20	0.23	0.24	0.22	0.50	0.48	0.35	0.5	0.5
min	0.00	0.00	0.00	0.00	0.00	0.00	0.00	0.0	0.0
25%	0.27	0.30	0.31	0.24	0.00	0.00	0.00	0.0	0.0
50%	0.45	0.50	0.42	0.38	0.00	0.00	0.00	0.0	1.0
75%	0.60	0.67	0.69	0.58	1.00	1.00	0.00	1.0	1.0
max	1.00	1.00	1.00	1.00	1.00	1.00	1.00	1.0	1.0

해석

정규화를 위한 객체를 생성하여 scaler 변수로 사용합니다. 훈련용 독립변수 정규화를 위해 0.0~1.0 사이로 계산하는 fit( ) 메소드를 사용하고, transform( ) 메소드를 통해 정규화 과정을 수행합니다. 정규화가 완료된 데이터는 판다스의 describe( ) 메소드를 사용하기 위해 데이터프레임으로 변경해서 출력해 봅니다.

훈련 데이터와 테스트 데이터로 분리하기

정규화 작업 이후 이전의 데이터 탐색 및 전처리 과정에서 한 train_test_split( ) 함수부터 다시 반복해 보겠습니다.

위에서 정규화한 scaled 변수를 독립변수로 사용합니다.

```
from sklearn.model_selection import train_test_split
X_train, X_test, y_train, y_test = train_test_split(scaled, y,
                                                    test_size = 0.3, random_state = 11)
print(X_train.shape, X_test.shape, y_train.shape, y_test.shape)
```

```
(233, 9) (100, 9) (233,) (100,)
```

6 모델 성능 개선하기

모델 생성 및 학습하기

다시 모델 생성 및 학습하기를 실행한 후, 얼마나 학습을 잘했는지 확인해 보겠습니다.

모델 생성하기

```
from sklearn.neighbors import KNeighborsClassifier
k = 3 # hyper parameter
knn = KNeighborsClassifier(n_neighbors = k) # 모델 생성
```

모델 학습하기

```
knn.fit(X_train, y_train)
```

```
KNeighborsClassifier(n_neighbors = 3)
```

```
print(knn.score(X_train, y_train))
```

```
0.9957081545064378
```

테스트 및 평가하기

이전과 동일하게 학습을 완료한 후, 학습이 잘되었는지 테스트용 데이터의 독립변수(X_test)로 성능을 테스트합니다.

테스트하기

```
y_pred = knn.predict(X_test)
y_pred[:20]
```

```
array(['Chinstrap', 'Gentoo', 'Adelie', 'Chinstrap', 'Gentoo', 'Adelie',
       'Gentoo', 'Gentoo', 'Chinstrap', 'Adelie', 'Chinstrap', 'Gentoo',
       'Gentoo', 'Gentoo', 'Chinstrap', 'Chinstrap', 'Chinstrap',
       'Gentoo', 'Chinstrap', 'Adelie'], dtype = object)
```

평가하기

```
print('knn accuracy:{:.3f}'.format(knn.score(X_test, y_test)))
```

```
knn accuracy:0.980
```

해석

이전에는 정확도가 0.76이었지만 정규화를 한 다음에는 0.98로 성능이 많이 개선된 것을 확인할 수 있습니다.

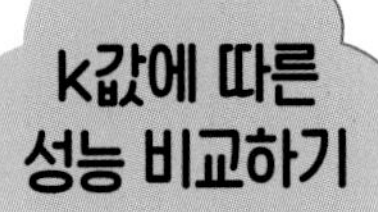

k값을 1부터 1씩 증가시켜 k값에 따라 성능이 어떻게 변화하는지 시각화해 보겠습니다.

```
import numpy as np
import matplotlib.pyplot as plt
k_range = range(1, 31)
scores = []

for k in k_range:
    knn = KNeighborsClassifier(n_neighbors = k)
    knn.fit(X_train, y_train)
    scores.append(knn.score(X_test, y_test))

plt.plot(k_range, scores)
plt.xlabel('value of K')
plt.ylabel('Accuracy Score')
plt.xticks(np.arange(0, 31, 5))
plt.grid()
plt.title('k-NN Accuracy score')
plt.show()
```

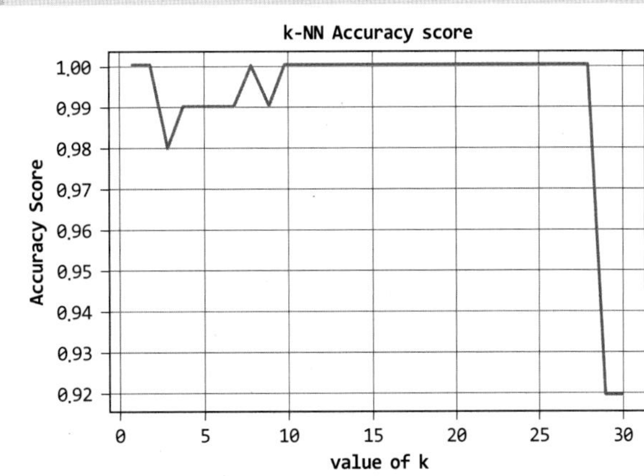

40쪽의 정규화하기 전 k값에 따른 정확도 변화 그래프와 비교해 보세요.

해석

정규화를 하기 전보다 전체적으로 정확도가 높아졌음을 확인할 수 있습니다.

k값 변화에 따른 성능(정확도)을 출력해 봅시다.

더 자세히 k-NN의 거리 측정 방법과 스케일링

k-NN의 거리 측정

k-NN(k-Nearest Neighbors) 알고리즘은 입력된 데이터와 유사한 데이터를 통해 자신이 어느 분류 범주에 속하는지를 판단하는 방법입니다. 입력된 데이터를 공간에 표현했을 때 이웃한 k개의 데이터가 속한 범주 중에서 가장 많은 개수의 범주를 입력된 데이터의 범주라고 판단합니다.

k-NN 알고리즘의 원리

k-NN 분류는 매우 간단합니다. 데이터 간의 거리를 계산하고 다수결의 원칙에 따라 판단하면 됩니다. 지금부터 k-NN 알고리즘이 데이터를 어떻게 분류하는지 살펴보겠습니다.

1 훈련 데이터인 원(●)과 사각형(■)이 다음과 같이 2차원 평면에 있습니다. 데이터의 레이블(분류 범주)은 각각 '원'과 '사각형'입니다.

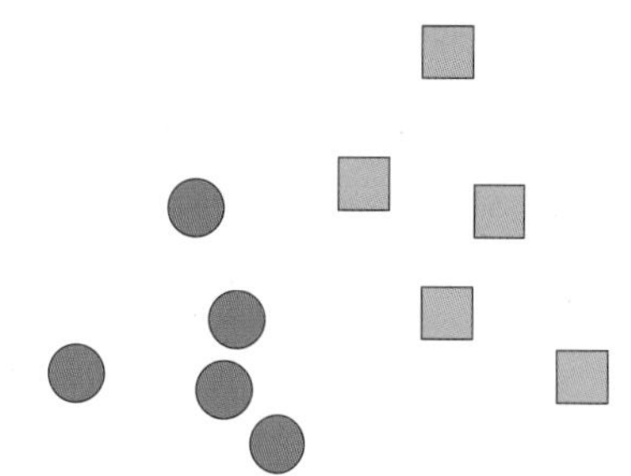

2 테스트 데이터 코코( )가 입력되었습니다. 지금은 코코가 아직 원인지 사각형인지 알 수 없는 상태입니다.

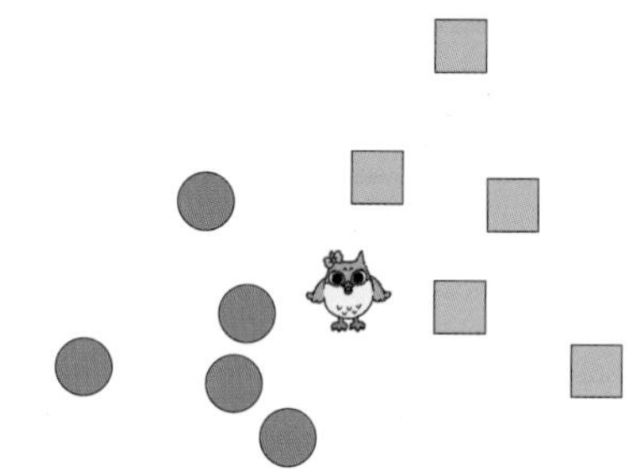

3 코코는 데이터들과의 모든 거리를 계산한 후 거리를 오름차순으로 정렬합니다.

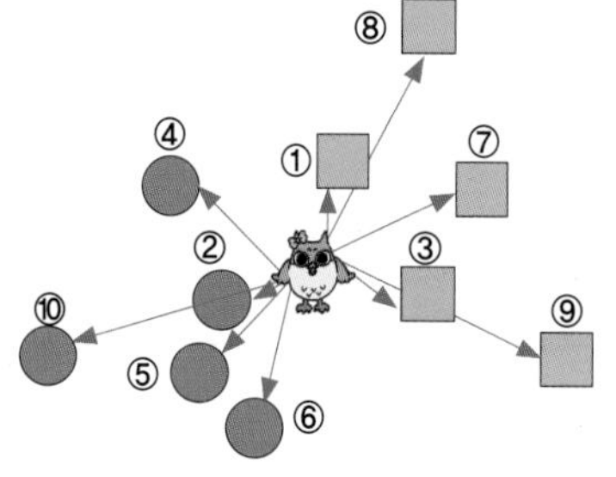

순서	거리
①	1.5
②	2.2
③	3.2
④	3.8
⑤	4.2

순서	거리
⑥	4.5
⑦	5.2
⑧	5.5
⑨	6.3
⑩	7.2

4 만약 k의 값을 3이라고 정한다면 테스트 데이터인 코코로부터 가까운 3개의 학습 데이터를 선택합니다.

5 다수결의 원칙에 의해 원:사각형 = 1:2가 됩니다. 따라서 코코는 사각형이라고 예측합니다.

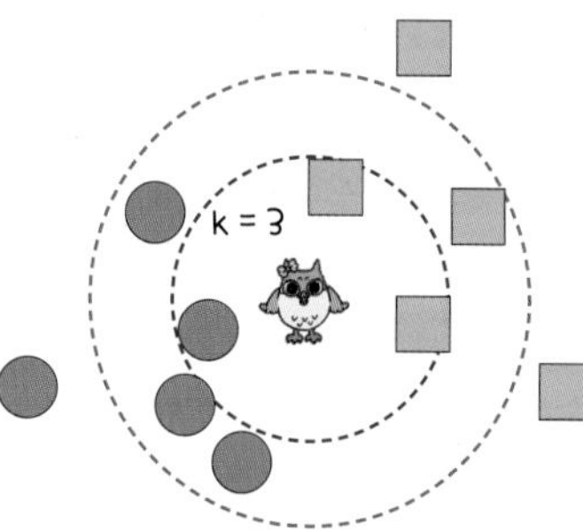

거리 측정 방법

k-NN 알고리즘에서 거리를 계산할 때 여러 가지 방식을 사용할 수 있습니다. 그중 유클리드 거리(Euclidean distance) 방식이 대표적이며, 맨해튼 거리(Manhattan distance)나 민코우스키 거리(Minkowski distance)도 사용됩니다. 여기서는 유클리드 거리와 맨해튼 거리 방식을 알아보겠습니다.

민코우스키 거리는 유클리드 거리, 맨해튼 거리를 일반화한 것입니다.

$$\text{distance}(P, Q) = \left(\sum_{i=1}^{n} |xi - yi|^{p}\right)^{\frac{1}{p}}$$

n차원의 점 x, y에 대해 P = 1이면 맨해튼 거리, P = 2이면 유클리드 거리입니다.

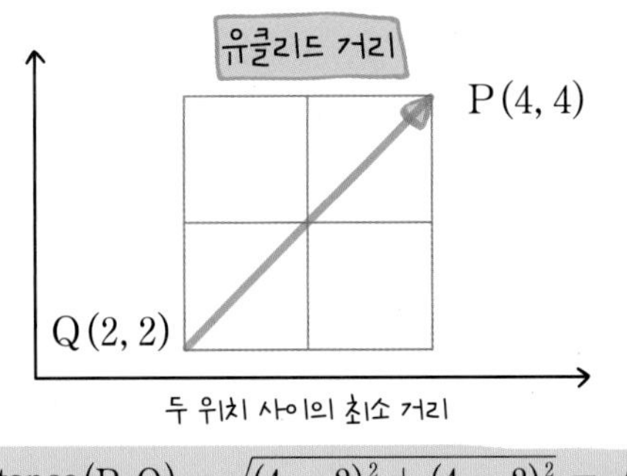

$$\text{distance}(P, Q) = \sqrt{(4-2)^2 + (4-2)^2} = \sqrt{8}$$

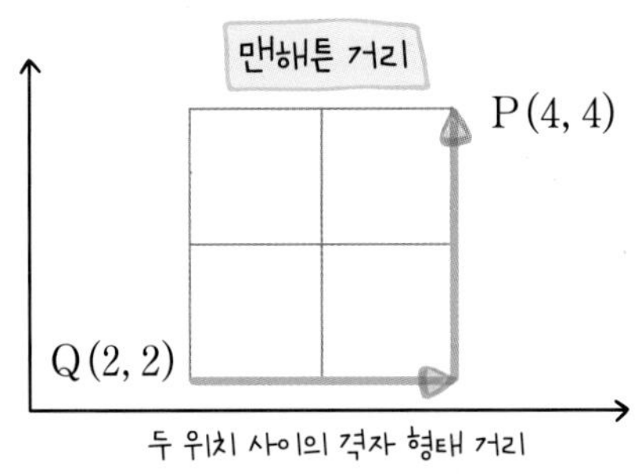

$$\text{distance}(P, Q) = |4-2| + |4-2| = 4$$

유클리드 거리는 두 점 사이의 거리가 가장 짧은 경우를 계산하는 방법으로 데이터 포인트 간의 상대적인 거리를 측정하는 데 적합합니다. 반면에, 맨해튼 거리는 두 점 사이의 가로 및 세로축으로 이동한 거리의 합을 측정하는 방법으로 이동 경로가 직각으로 이루어진 경우에 적합합니다. 따라서 데이터의 특성과 분석 목적에 따라 적합한 거리 측정 방법을 선택해야 합니다.

수학 기호 이렇게 읽어요!

거리 측정 방법에서 사용한 수학 기호의 의미를 알아봅시다.

- $|\ |$: 절댓값을 나타내는 기호입니다.
- $\sqrt{\ }$ (루트): 제곱을 했을 때 어떤 수가 되는 값을 그 어떤 수에 대한 제곱근이라고 합니다. '$\sqrt{\ }$'는 제곱근을 표현하는 기호입니다.

보충 맨해튼 거리

오른쪽 지도에서처럼 직사각형으로 구역이 이루어져 있어 목적지에 가기 위해서는 대각선으로 지나갈 수 없습니다. 이런 특징에 따라 거리를 계산하는 방식이라고 해서 맨해튼 거리라는 이름이 붙었습니다.

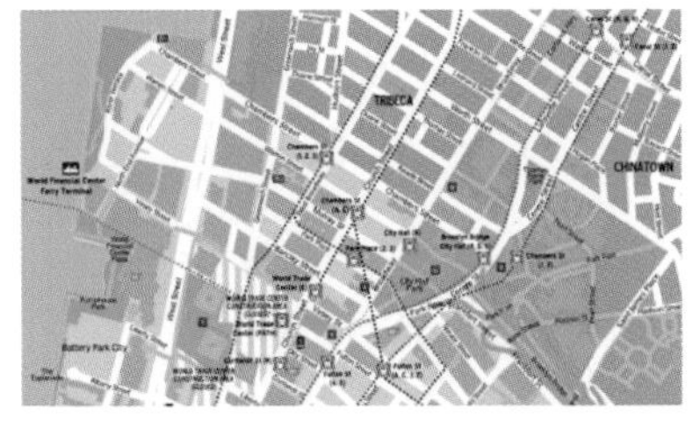

더 자세히 k-NN의 거리 측정 방법과 스케일링

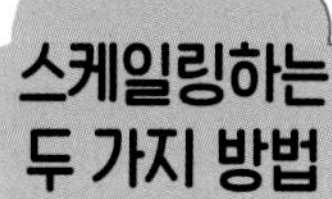

스케일링하는 두 가지 방법

k-NN 알고리즘에서 거리 측정 방법은 매우 중요하며, 거리 측정 방법의 결과를 개선하기 위해 거리 계산 시 스케일링을 하지 않으면, 예측 성능이 달라질 수 있습니다. 주로 사용하는 최소 최대 정규화(Min-Max Scaling), 표준화(Standardization)에 관해 알아보겠습니다.

최소 최대 정규화 (Min-Max Normalization)

- 0.0 ~ 1.0 사이의 실숫값으로 변환합니다.
- 범위를 0.0~1.0으로 통일한다는 장점이 있습니다.
- 이상치를 처리하기 어렵다는 단점이 있습니다.

$$x' = \frac{x - \text{최솟값}}{\text{최댓값} - \text{최솟값}}$$

번호	키(cm)	몸무게(kg)
1	100	20
2	120	30
3	160	50
4	180	70

번호	키(cm)	몸무게(kg)
1	0.0	0.0
2	0.25	0.2
3	0.75	0.6
4	1.0	1.0

■ 키의 범위 변환(최솟값: 100, 최댓값: 180)

1번	2번	3번	4번
$\frac{100-100}{180-100}=0.0$	$\frac{120-100}{180-100}=\frac{1}{4}=0.25$	$\frac{160-100}{180-100}=\frac{3}{4}=0.75$	$\frac{180-100}{180-100}=1.0$

■ 몸무게의 범위 변환(최솟값: 20, 최댓값: 70)

1번	2번	3번	4번
$\frac{20-20}{70-20}=0.0$	$\frac{30-20}{70-20}=\frac{1}{5}=0.2$	$\frac{50-20}{70-20}=\frac{3}{5}=0.6$	$\frac{70-20}{70-20}=1.0$

■ 코드로 확인

```
import numpy as np
height = [100, 120, 160, 180]
weight = [20, 30, 50, 70]
print(np.min(height), np.max(height))
print(np.min(weight), np.max(weight))
for x in height:
    print((x - np.min(height)) / (np.max(height) - np.min(height)), end = ' ')
print()
for x in weight:
    print((x - np.min(weight)) / (np.max(weight) - np.min(weight)), end = ' ')
```

```
100 180
20 70
0.0 0.25 0.75 1.0
0.0 0.2 0.6 1.0
```

표준화 (standardization)

- 만약, 이상치가 있다고 판단되는 데이터라면 정규화 대신 표준화 방법을 이용하기도 합니다.
- 표준화는 평균이 0, 표준편차가 1인 정규분포가 되도록 변환하는 방식입니다. 이상치를 잘 처리하지만, 동일한 범위로 통일할 수 없다는 단점이 있습니다.
- 오른쪽 그림은 서로 다른 범위의 변수들을 평균이 0, 표준편차가 1인 정규분포로 표준화하여 값의 분포를 나타낸 그래프입니다.

$$\underset{(\text{표준값})}{Z} = \frac{X\,(\text{속성값}) - \mu\,(\text{속성값 평균})}{\sigma\,(\text{표준편차})}$$

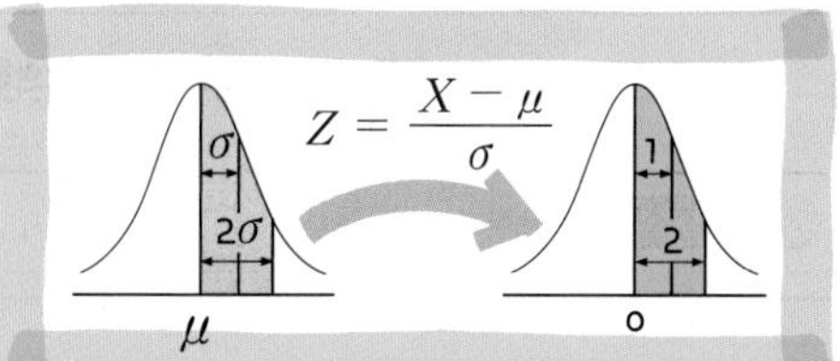

키와 몸무게 값을 표준화한 표준값을 구합니다.

번호	키(cm)	몸무게(kg)
1	100	20
2	120	30
3	160	50
4	180	70

번호	키(cm)	몸무게(kg)
1	−1.26	−1.17
2	−0.63	−0.65
3	0.63	0.39
4	1.26	1.43

키의 평균 140
키의 표준편차 31.6

1번	2번	3번	4번
$\frac{100-140}{31.6} = -1.26$	$\frac{120-140}{31.6} = -0.63$	$\frac{160-140}{31.6} = 0.63$	$\frac{180-140}{31.6} = 1.26$

몸무게의 평균 42.5
몸무게의 표준편차 19.2

1번	2번	3번	4번
$\frac{20-42.5}{19.2} = -1.17$	$\frac{30-42.5}{19.2} = -0.65$	$\frac{50-42.5}{19.2} = 0.39$	$\frac{70-42.5}{19.2} = 1.43$

■ 코드로 확인

```
import numpy as np
height = [100, 120, 160, 180]
weight = [20, 30, 50, 70]
print(np.mean(height), round(np.std(height), 1))
print(np.mean(weight), round(np.std(weight), 1))
for i in height:
    print(round((i - np.mean(height)) / np.std(height), 2), end = ' ')
print()
for i in weight:
    print(round((i - np.mean(weight)) / np.std(weight), 2), end = ' ')
```

```
140.0 31.6
42.5 19.2
-1.26 -0.63 0.63 1.26
-1.17 -0.65 0.39 1.43
```

sklearn.preprocessing 모듈의 StandardScaler를 사용하면 데이터를 표준화(z-점수화)할 수 있습니다.

배운 내용 정리하기

k-NN 분류 문제 해결 과정

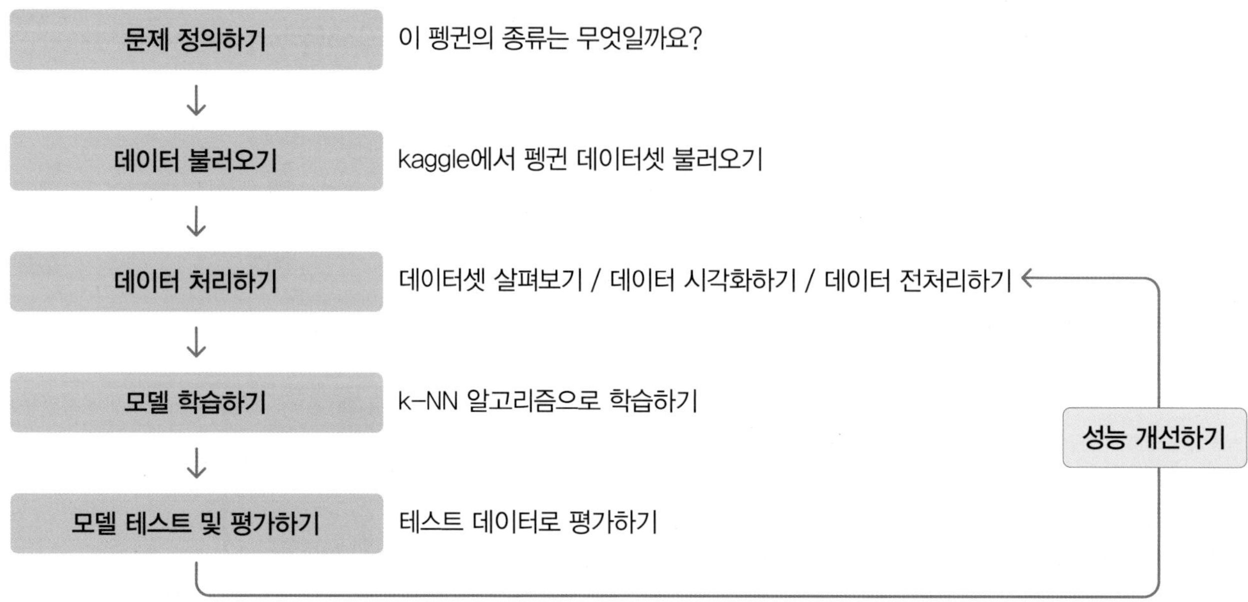

우리가 알게 된 정보

1. 이 문제 해결에 필요한 데이터셋은 무엇이고, 이 데이터셋은 어디에서 수집할 수 있었나요?
   - 펭귄 데이터셋으로 캐글에서 다운로드할 수 있습니다.

2. 다운로드한 데이터셋을 모델 학습에 사용하기 위해 무엇을 했나요?
   - 데이터의 통계치를 살펴보고 모델 학습을 위해 다음과 같은 전처리를 했습니다. 잘못된 데이터는 삭제하고 수치형으로 된 속성의 결측치는 평균으로 채웠으며 범주형 속성의 결측치는 삭제하였습니다.

3. 모델 학습에 사용한 알고리즘은 무엇이었고 모델의 성능 개선을 위해 무엇을 했나요?
   - 새로운 데이터가 들어오면 거리를 측정하여 기존 데이터들과 가장 가까운 k개의 이웃 데이터를 찾아 데이터를 분류하는 k-NN 알고리즘을 사용했습니다. k값의 변할 때마다 모델의 정확도를 확인하면서 가장 높은 성능을 보이는 k값을 찾았고, 최소 최대 정규화로 데이터 스케일링을 했습니다.

4. 이 활동에서 새롭게 알게 된 정보는 무엇이었나요?
   - 스케일링: 데이터셋의 단위와 정보를 일정 수준으로 맞추는 작업(정규화, 표준화)입니다.

소스 코드

소스 코드는 씨마스 에듀 홈페이지와 구글 드라이브에서 제공합니다.

```
from google.colab import files
filename = list(files.upload().keys())[0]  # 파일 업로드

import pandas as pd
penguins = pd.read_csv(filename)  # 파일 읽어 들이기
penguins

penguins.sample(5)  # 5개 샘플 데이터 추출

penguins.info()  # 데이터 기초 정보 확인

penguins.describe(include = 'all').T  # 데이터 통계량 확인

penguins['sex'].unique()

penguins[penguins['sex'] == '.']

penguins.drop(336, inplace = True)  # 잘못된 데이터 삭제
penguins['sex'].unique()

penguins

penguins.isna().sum()

penguins['culmen_length_mm'].fillna(value = penguins['culmen_length_mm'].mean(), inplace = True)
penguins['culmen_depth_mm'].fillna(value = penguins['culmen_depth_mm'].mean(), inplace = True)
penguins['flipper_length_mm'].fillna(value = penguins['flipper_length_mm'].mean(), inplace = True)
penguins['body_mass_g'].fillna(value = penguins['body_mass_g'].mean(), inplace = True)

penguins.isna().sum()

penguins = penguins.dropna()  # 결측치 삭제

penguins.isna().sum()

import matplotlib.pyplot as plt
import seaborn as sns
```

```
sns.countplot(x = 'species', data = penguins, palette = 'spring')  # 클래스 파악 그래프
plt.title('penguins class')
plt.show()

penguins['species'].value_counts()

sns.pairplot(penguins, hue = 'species')

sns.jointplot(x = 'culmen_length_mm', y = 'flipper_length_mm', data = penguins,
              kind = 'scatter', hue = 'species')  # 속성별 상관관계 분석

penguins_encoding = pd.get_dummies(penguins, columns = ['island', 'sex'])  # 원-핫 인코딩
penguins_encoding.head()

X = penguins_encoding.drop(['species'], axis = 1)  # 독립변수
y = penguins_encoding['species']  # 종속변수

from sklearn.model_selection import train_test_split
X_train, X_test, y_train, y_test = \  #53~54줄을 한 줄에 작성 시 \ 삭제
    train_test_split(X, y, test_size = 0.3, random_state = 11)
print(X_train.shape, X_test.shape, y_train.shape, y_test.shape)

from sklearn.neighbors import KNeighborsClassifier
k = 3
knn = KNeighborsClassifier(n_neighbors = k)  # k-NN 모델 생성
knn.fit(X_train, y_train)  # 모델 학습

print(knn.score(X_train, y_train))

y_pred = knn.predict(X_test)
y_pred[:20]

print('knn accuracy:{:.3f}'.format(knn.score(X_test, y_test)))  # 테스트 데이터의 정확도

import numpy as np  # 실습의 편의를 위해 필요한 라이브러리 불러오는 코드를 표시
import matplotlib.pyplot as plt  # 같은 라이브러리는 한 번만 불러오면 됨.
k_range = range(1, 31)
```

```
scores = []
for k in k_range:  # k값 정확도
    knn = KNeighborsClassifier(n_neighbors = k)
    knn.fit(X_train, y_train)
    scores.append(knn.score(X_test, y_test))

plt.plot(k_range, scores)
plt.xlabel('value of K')
plt.ylabel('Accuracy Score')
plt.xticks(np.arange(0, 31, 5))
plt.grid()
plt.title('k-NN Accuracy score')
plt.show()

for value, score in enumerate(scores):
    print('k = {}일 때: accuracy:{:.3f}'.format(value + 1, score))

from sklearn.preprocessing import MinMaxScaler  # 정규화
scaler = MinMaxScaler()
scaler.fit(X)
scaled = scaler.transform(X)
round(pd.DataFrame(scaled).describe(), 2)

from sklearn.model_selection import train_test_split
X_train, X_test, y_train, y_test = \
    train_test_split(scaled, y, test_size = 0.3, random_state = 11)
print(X_train.shape, X_test.shape, y_train.shape, y_test.shape)

knn.fit(X_train, y_train)

y_pred = knn.predict(X_test)
y_pred[:20]

print('knn accuracy:{:.3f}'.format(knn.score(X_test, y_test)))
```

활동 정리하기

지도학습의 분류 알고리즘 k-NN은 주어진 데이터셋에서 가장 가까운 이웃들을 기반으로 분류하는 거리 측정 기반 알고리즘입니다. 거리 측정 방법은 유클리드 거리와 맨해튼 거리 방식이 있습니다.

k-NN은 k값의 선택이 결과에 영향을 줄 수 있으므로 k-NN을 사용할 때는 가장 모델의 성능이 좋은 k값을 찾는 것이 중요합니다. k값은 사람이 직접 설정하며 이것을 하이퍼파라미터라고 합니다. k값을 찾기 위해 k값을 1부터 30까지 설정했을 때 변화하는 모델의 정확도를 시각화하여 확인할 수 있었습니다.

데이터셋의 속성은 단위와 범위가 차이가 있기 때문에 일정 수준으로 맞추는 스케일링이 필요하며 이 활동에서는 MinMaxScaler를 이용해 최솟값을 0, 최댓값을 1로 변환하는 최소 최대 정규화를 진행했습니다. 정규화를 하기 전과 비교해 정규화를 한 후의 모델의 정확도가 높아진 것을 확인할 수 있었습니다.

Decision Tree 스무고개

너는 어느 별이야?

이번 활동에서는 의사결정트리(Decision Tree) 알고리즘을 이용하여 우주 별 데이터를 분류해 봅니다. 별은 막 생겨나 반짝이기 시작하는 원시성부터 태양보다 더 크지만 표면 온도가 낮아 붉은색을 띠는 적색 초거성에 이르기까지 매우 다양하며 질량, 온도, 스펙트럼, 밝기 등에 따라 구분됩니다. 우리는 의사결정트리 알고리즘을 이용하여 갈색 왜성, 적색 왜성, 백색 왜성, 주계열, 초거성, 극대거성의 6종류로 별을 분류하는 모델을 만들어 보겠습니다.

이 장에서는 다음의 순서로 살펴봅시다.

맛보기 — 의사결정트리의 이해

문제 해결하기

- 문제 정의하기 → 밤 하늘의 별 유형은 어떻게 분류할까요?
- 데이터 불러오기 → 캐글에서 별 유형(Star type) 데이터셋 불러오기
- 데이터 처리하기 →
  - 데이터 살펴보기
  - 데이터 시각화하기
  - 데이터 전처리하기
- 모델 학습하기 → 의사결정트리로 학습하기
- 모델 테스트 및 평가하기 → 테스트 데이터로 평가하기

더 자세히 — 의사결정트리 분류 기준을 정하는 방법

맛보기 의사결정트리의 이해

의사결정 트리란?

의사결정트리는 심리 테스트할 때 질문에 따라 서로 다른 선택을 하는 것처럼 여러 규칙들의 조합에 따라 의사를 결정해 가는 과정이 나무가 가지를 뻗어나간 것과 닮았다고 해서 이름이 붙여졌습니다. 마치 나무를 거꾸로 뒤집어 놓은 것과 같은 모습을 하고 있기 때문입니다.

의사결정트리는 의사결정나무, 디시전트리(Decision Tree)라고도 부릅니다.

아래 그림은 '인공지능 공부를 어떻게 해야 할까?' 질문으로 시작한 의사결정트리로 인공지능을 공부하기 위해서 무엇부터 시작해야 하는지를 나타냅니다. 점선으로 표시한 의사결정 노드에 따라 인공지능 이해(①), 파이썬 기초(②), 데이터 분석(③), 머신러닝(④)이라는 총 4개의 범주로 분류됩니다.

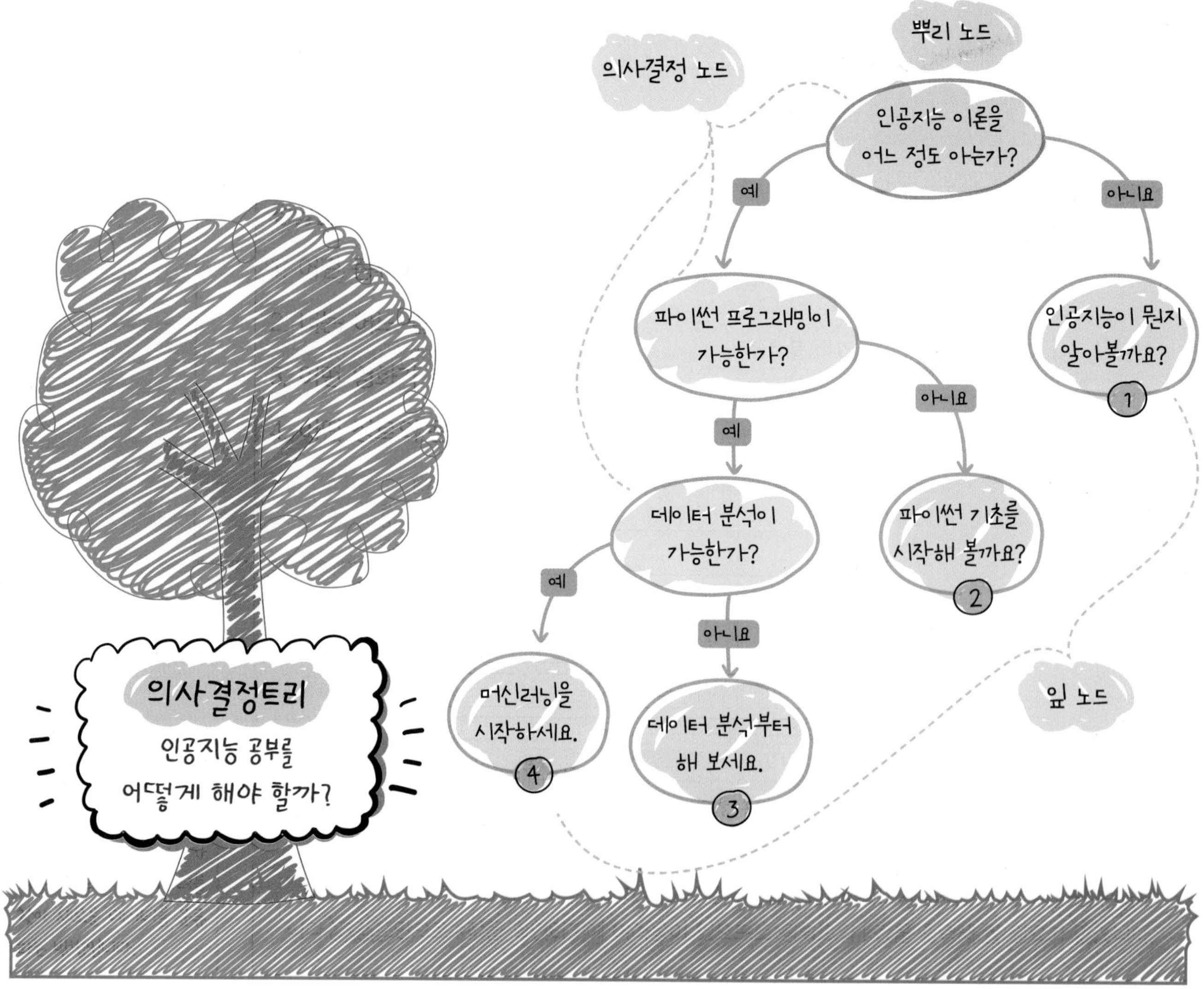

뿌리 노드
의사결정 노드
인공지능 이론을 어느 정도 아는가?
예
아니요
파이썬 프로그래밍이 가능한가?
인공지능이 뭔지 알아볼까요? ①
예
아니요
데이터 분석이 가능한가?
파이썬 기초를 시작해 볼까요? ②
예
아니요
머신러닝을 시작하세요. ④
데이터 분석부터 해 보세요. ③
잎 노드
의사결정트리
인공지능 공부를 어떻게 해야 할까?

인공지능은 왼쪽의 의사결정트리에서 3개의 의사결정 노드의 분류 기준(임계치, threshold)을 스스로 설정합니다. 이는 사람이 설정하던 기준을 인공지능이 알아서 설정한다는 점으로, 복잡한 문제를 해결하는 기준을 사람이 하는 것에 비해 빠르고 정확하게 설정할 수 있다는 것을 의미합니다.

의사결정트리의 특징

의사결정트리 알고리즘의 특징은 다음과 같습니다.

첫째, 의사결정트리 알고리즘은 일반적으로 분류 알고리즘으로 알고 있지만 분류에만 사용하는 것이 아니라 회귀 분석에 사용되기도 합니다. 목표로 하는 속성(종속변수)이 이산형인 경우에는 분류를, 연속형인 경우에는 회귀를 수행할 수 있습니다.

둘째, 의사결정트리의 분류 과정을 살펴보면, 왜 결과가 그러한지 설명할 수 있어 중요한 문제를 해결하는 데 설명이 필요할 때 사용하기 좋습니다. 의사결정 노드의 분류 기준이 트리를 통해 드러나기 때문에 분류 과정을 설명할 수 있습니다.

셋째, 다른 머신러닝 알고리즘과 달리 특이하게도 표준화 또는 정규화 과정을 거치지 않고도 결과를 산출할 수 있는 알고리즘입니다. 의사결정에 필요한 노드의 기준을 다른 노드의 분류 기준과 같은 범위나 가중치로 통일할 필요가 없어서 사용이 편리합니다.

표준화, 정규화 과정은 k-NN 48~49쪽에서 배워요.

넷째, 훈련 데이터에 과적합되어 예측 성능이 좋지 않은 경우가 많습니다. 의사결정트리를 사용하면 과적합 문제를 극복하기 위해서 사전에 트리의 크기를 제한하는 기법을 사용하기도 합니다.

다섯째, 훈련 데이터의 수에 약간의 차이만 있어도 트리의 모양이 크게 달라지기도 합니다.

보충 의사결정트리의 max_depth 옵션

의사결정트리의 과적합 문제를 제어하기 위한 옵션 중 max_depth는 트리의 최대 깊이를 지정하는 파라미터입니다.

이 옵션을 생략하면 불순도가 0이 될 때까지 최대한 깊게 들어갑니다. 따라서 훈련용 데이터에 대한 성능은 떨어뜨리지만 일반화 성능을 높이기 위해 필요한 파라미터입니다.

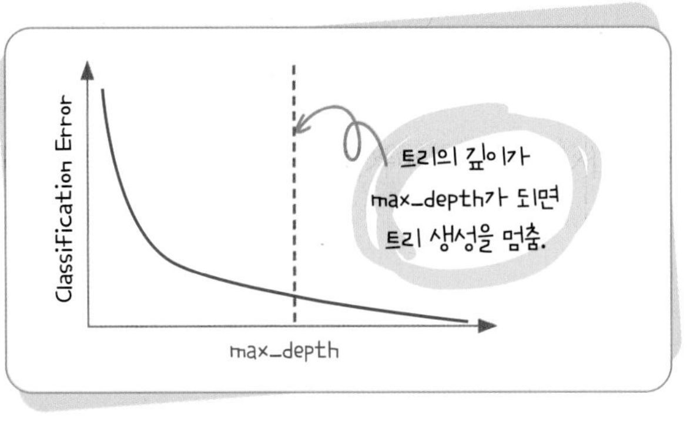

1 문제 정의하기

문제 상황 이해하기

밤하늘의 별 유형은 어떻게 분류할까요?

밤하늘을 보면 어떤 별은 오리온자리처럼 따뜻한 주황색으로 빛나고 있고, 어떤 별들은 차가운 흰색으로 보이기도 합니다. 매우 큰 별도 있고 작은 별도 있습니다. 이처럼 별의 색과 크기는 별의 나이, 수명 주기에 따라 달라진다고 알려져 있습니다.

별의 색상 스펙트럼은 파란색, 흰색, 노란색, 주황색, 빨간색 계열로 구성되는데, 다음과 같이 총 7개의 종류가 주요 형태의 별입니다. 태양은 G 스펙트럼에 속하는 노란색입니다. 반지름, 질량, 광도 등은 태양을 기준으로 1로 표현하며 상대적인 수치로 표현합니다.

스펙트럼 유형	O	B	A	F	G	K	M
별의 색과 크기	파란색	연한 파란색	흰색	연한 노란색	노란색	주황색	빨간색
반지름 (태양 = 1)	10	5	1.7	1.3	1.0	0.8	0.3
질량 (태양 = 1)	50	10	2.0	1.5	1.0	0.7	0.2
광도 (태양 = 1)	100,000	1000	20	4	1.0	0.2	0.01
수명 (백만 년)	10	100	1,000	3,000	10,000	50,000	200,000
존재 비율	0.00001%	0.1%	0.7%	2%	3.5%	8%	80%
예시 별	10 Lacerta	Rigel	Sirius	Procyon	Sun	Arcturus	Betelgeuse

이러한 스펙트럼을 가진 별들을 유형으로 나누면, 여섯 종류가 있습니다. 그중 백색 왜성(White Dwarf), 초거성(Super Giant), 극대거성(Hyper Giant)의 경우를 예를 들면 아래 표와 같습니다.

별의 색과 크기 등이 각기 다르다 보니 명확하게 어떤 유형인지 파악할 수도 있지만, 그렇지 않은 경우도 있습니다. 우리는 의사결정트리로 여섯 가지 종류의 별을 학습시킨 후 알아서 분류하도록 해 보겠습니다.

	백색 왜성 (파멸된 별의 남은 일부)	초거성 (수명이 다한 고질량의 별)	극대거성
스펙트럼	D	O, B, A, F, G, K, M	B
반지름	0.01 이하	30~500	1,000
질량	1.4 이하	10~70	100 이상
광도	0.01 이하	30,000 ~ 1,000,000	500,000 ~ 4,000,000
수명(백만년)	–	10	1~9
존재 비율	5%	0.0001%	–

문제 해결에 필요한 정보 살펴보기

문제 해결 과정에서 필요한 정보를 미리 살펴봅시다.

1 별 분류 문제는 어떤 문제인가요?

별의 온도, 광도, 반지름, 절대 등급, 별의 색, 스펙트럼이라는 6개의 속성을 이용하여 갈색 왜성(Brown Dwarf), 적색 왜성(Red Dwarf), 백색 왜성(White Dwarf), 주계열(Main Sequence), 초거성(Super Giant), 극대거성(Hyper Giant) 중 별이 어떤 유형에 속하는지 분류하는 문제입니다.

2 이 활동에 필요한 데이터셋은 무엇이고, 이 데이터셋은 어디에서 수집할 수 있나요?

별 데이터셋으로 캐글에서 다운로드할 수 있습니다.

3 모델 학습에 사용할 알고리즘은 무엇이었나요?

의사결정트리(Decision Tree) 알고리즘을 사용합니다. 의사결정트리 알고리즘은 인공지능이 찾아낸 분류 기준에 따라 비슷한 조건을 가진 데이터끼리 분류하는 알고리즘입니다.

4 모델 학습을 위해 어떤 처리를 해야 할까요?

별 데이터셋에서 어떤 속성이 있는지, 어떤 속성이 별을 분류하는 데 영향을 미치는지 탐색하고, 데이터를 학습시킵니다.

2 데이터 불러오기

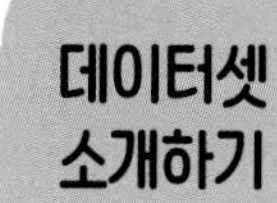

데이터셋 소개하기

우리가 사용할 별 데이터셋에는 온도(Temperature(K)), 광도(Luminosity(L/Lo)), 반지름(Radius(R/Ro)), 절대 등급(Absolute magnitude(Mv)), 별의 유형(Star type), 별의 색(Star color), 스펙트럼 등급(Spectrum class)에 대한 7개의 속성값이 포함되어 있으며 총 240개의 데이터가 있습니다.

별 데이터셋의 속성을 미리 살펴보겠습니다.

	Temperature(K)	Luminosity(L/Lo)	Radius(R/Ro)	Absolute magnitude(Mv)	Star type	Star color	Spectral Class
0	3068	0.002400	0.1700	16.12	0	Red	M
1	3042	0.000500	0.1542	16.60	0	Red	M
2	2600	0.000300	0.1020	18.70	0	Red	M
3	2800	0.000200	0.1600	16.65	0	Red	M
4	1939	0.000138	0.1030	20.06	0	Red	M

별 데이터셋 다운로드하기

캐글(kaggle.com)에서 검색창에 'star'를 입력하여 아래 데이터셋을 다운로드합니다.

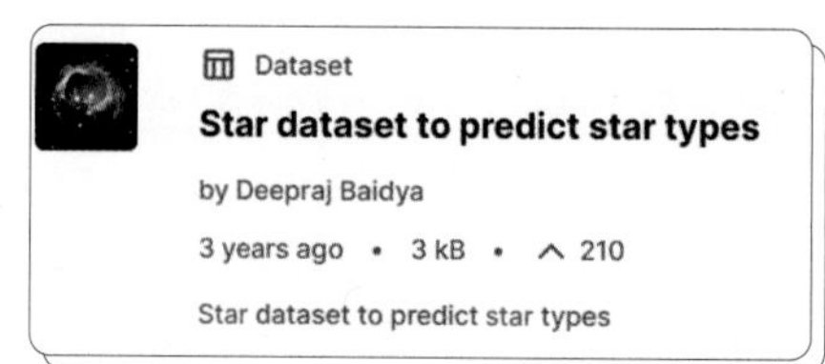

다운로드 아이콘(⬇)을 클릭하여 '6 class csv.csv' 파일을 다운로드합니다.

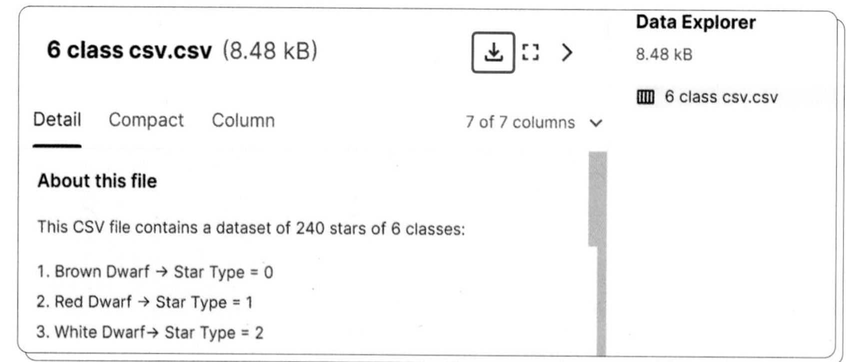

캐글에서 붓꽃 속성에 따라 종을 분류하기 위해 붓꽃 데이터셋을 다운로드해 봅시다.

데이터셋 불러오기

코랩으로 파일을 업로드하기 위해 컴퓨터에 저장된 파일을 코랩으로 불러오는 방법을 사용하겠습니다. google.colab 라이브러리에서 파일을 처리하는 데 사용하는 files를 불러온 후 파일 선택 창에서 파일을 업로드합니다.

파일 업로드하기

```
from google.colab import files
uploaded = files.upload()
```

```
파일 선택 6 class csv.csv
•6 class csv.csv(text/csv)-8484 bytes, last modified: 2023. 7. 14.-100% done
Saving 6 class csv.csv to 6 class csv.csv
```

간혹 코랩 폴더에 파일이 업로드되어 있는데, 코드를 다시 실행시키다가 파일을 재업로드 하게 되는 경우가 있습니다. 이때 원래 파일명 뒤에 (번호)로 추가되어 수정된 파일명 대로 수정합니다.

파일 선택 버튼을 클릭하여 파일을 다운로드 한 경로에서 '6 class csv.csv' 파일을 선택하면 자동으로 코랩의 저장 폴더로 업로드됩니다. 실행 결과를 살펴보면 업로드한 파일명이 '6 class csv.csv' 그대로 업로드된 것을 확인할 수 있습니다.

이제, 판다스 라이브러리를 이용하여 파일을 데이터프레임으로 읽어 들입니다. 이때 판다스 라이브러리의 read_csv()를 사용합니다.

파일 읽어 들이기

```
데이터프레임 객체 = 판다스 객체.read_csv('filename')
```

```
import pandas as pd
star = pd.read_csv('6 class csv.csv')
star
```

	Temperature(K)	Luminosity (L/Lo)	Radius(R/Ro)	Absolute magnitude(Mv)	Star type	Star color	Spectral Class
0	3068	0.002400	0.1700	16.12	0	Red	M
1	3042	0.000500	0.1542	16.60	0	Red	M
2	2600	0.000300	0.1020	18.70	0	Red	M
3	2800	0.000200	0.1600	16.65	0	Red	M
4	1939	0.000138	0.1030	20.06	0	Red	M
...	...	...	...	...	...	...	...
235	38940	374830.000000	1356.0000	-9.93	5	Blue	O
236	30839	834042.000000	1194.0000	-10.63	5	Blue	O
237	8829	537493.000000	1423.0000	-10.73	5	White	A
238	9235	404940.000000	1112.0000	-11.23	5	White	A
239	37882	294903.000000	1783.0000	-7.80	5	Blue	O

240 rows × 7 columns

판다스에서는 csv 형식 외에도 url, txt, xls, json 등 다양한 유형을 읽어올 수 있습니다.

해석

코랩 폴더로 업로드한 파일을 판다스 데이터프레임 형태로 읽어옵니다. star 변수를 출력해 보면 총 7개의 속성, 240개의 데이터를 가진 데이터프레임이라는 것을 알 수 있습니다.

3 데이터 처리하기

데이터셋을 불러온 후, 어떤 속성과 값들이 포함되어 있는지 살펴보고 별의 유형을 분류하도록 학습하려면 다음과 같은 작업들이 필요합니다.

데이터 살펴보기
- 별 데이터셋의 속성명
- 별 데이터 유형
- 데이터 통계량
- 결측치나 이상치

데이터 시각화하기
- 속성 간 상관관계 분석
- 속성 분포 시각화

모델 학습을 위한 전처리하기
- 훈련 데이터와 테스트 데이터 분리
- 문제 데이터와 레이블 데이터 (정답, 타깃) 추출

데이터 살펴보기

별 데이터셋에 몇 개의 데이터가 있고 몇 개의 속성이 있는지, 또 어떤 속성이 있는지 살펴보겠습니다. 데이터의 이러한 기초 정보를 확인하기 위해서는 판다스 라이브러리의 info() 메소드를 사용합니다. 별 데이터프레임을 star로 제어하기로 하였으므로 다음과 같이 코드를 입력합니다.

데이터 기초 정보 확인하기

```
데이터프레임 객체.info()
# 데이터 개수, 속성명, 결측치 개수, 데이터 유형 등 확인
```

```
star.info()
```

```
<class 'pandas.core.frame.DataFrame'>
RangeIndex: 240 entries, 0 to 239
Data columns (total 7 columns):
 #  Column                   Non-Null Count  Dtype
--- -------                  --------------  ------
0   Temperature (K)          240 non-null    int64
1   Luminosity(L/Lo)         240 non-null    float64
2   Radius(R/Ro)             240 non-null    float64
3   Absolute magnitude(Mv)   240 non-null    float64
4   Star type                240 non-null    int64
5   Star color               240 non-null    object
6   Spectral Class           240 non-null    object
dtypes: float64(3), int64)2, object(2)
memory usage: 13.2+ KB
```

속성명	설명
Temperature (K)	온도
Luminosity(L/Lo)	광도
Radius(R/Ro)	반지름
Absolute magnitude(Mv)	절대 등급
Star type	별의 유형
Star color	색
Spectral Class	스펙트럼

info( )를 사용하여 붓꽃 데이터셋의 속성 정보를 확인해 봅시다.

해석

이 데이터셋은 총 240개의 데이터로 구성되어 있고 속성은 7개입니다. 각 속성별 값의 개수가 240개인 것을 보니 결측치(non-null)가 없습니다. 속성별 데이터 유형은 정수형(int64), 실수형(float64), 범주형(object)으로 구성되어 있으며 각각 2개, 3개, 2개가 있음을 알 수 있습니다.

데이터 통계량 살펴보기

별 데이터셋 속성들의 통계량을 파악해 보겠습니다. 속성별 개수, 평균값, 표준편차, 최솟값, 사분위수, 최댓값을 한눈에 살펴봄으로써 데이터의 분포를 쉽게 파악할 수 있습니다.

보충

별의 유형 속성 번호

```
Brown Dwarf: 0
Red Dwarf: 1
White Dwarf: 2
Main Sequence: 3
Super Giants: 4
Hyper Giants: 5
```

```
1 star.describe()
```

	Temperature (K)	Luminosity (L/Lo)	Radius (R/Ro)	Absolute magnitude(Mv)	Star type
count	240.000000	240.000000	240.000000	240.000000	240.000000
mean	10497.462500	107188.361635	237.157781	4.382396	2.500000
std	9552.425037	179432.244940	517.155763	10.532512	1.711394
min	1939.000000	0.000080	0.008400	-11.920000	0.000000
25%	3344.250000	0.000865	0.102750	-6.232500	1.000000
50%	5776.000000	0.070500	0.762500	8.313000	2.500000
75%	15055.500000	198050.000000	42.750000	13.697500	4.000000
max	40000.000000	849420.000000	1948.500000	20.060000	5.000000

해석

수치형 데이터인 5개의 속성에 대해서만 통계량이 제공됩니다. 별의 온도(Temperature)는 최소 1939K ~ 40,000K 범위에 분포해 있으며 평균 10,497K 정도인 것을 알 수 있습니다. 별의 유형(Star type) 속성은 수치형 데이터로 구성되어 있지만 실질적으로는 범주형 데이터로 사용되고 있는 데이터이므로 통계량은 아무런 의미가 없습니다.

별의 유형 파악하기

별의 유형에는 여섯 가지가 있습니다. 이제, 각 유형별로 개수가 몇 개나 되는지 알아보겠습니다.

```
데이터프레임 객체.unique()  # 속성의 고윳값을 살펴보는 함수
데이터프레임 객체.value_counts()  # 속성의 고윳값별 개수를 구하는 함수
```

```
print(star['Star type'].unique())
print(star['Star type'].value_counts())
```

```
[0 1 2 3 4 5 ]
0    40
1    40
2    40
3    40
4    40
5    40
Name: Star type, dtype: int64
```

해석

별의 유형(Star type)은 0～5로 동일하게 40개씩 구성되어 있습니다.

스펙트럼 파악하기

별의 스펙트럼의 고윳값과 개수도 함께 알아보겠습니다.

```
print(star['Spectral Class'].unique())
print(star['Spectral Class'].value_counts())
```

```
[ 'M' 'B' 'A' 'F' 'O' 'K' 'G' ]
M    111
B     46
O     40
A     19
F     17
K      6
G      1
Spectral Class, dtype: int64
```

해석

별의 스펙트럼(Spectral Class)은 총 일곱 가지이고, M이 가장 많으며 B, O, A 순으로 많습니다.

보충 범주형 변수인 별 유형의 고윳값을 확인하는 이유

- 데이터셋에 어떤 카테고리가 포함되어 있는지 파악하고 값의 분포를 확인할 수 있습니다.
- 같은 것을 의미하더라도 다르게 표현되어 정리가 필요(예 red, Red)한 데이터를 확인할 수 있습니다.

unique( ), value_counts( )를 사용하여 붓꽃 데이터의 붓꽃 유형별 개수를 출력해 봅시다.

별의 색 파악하기

별의 색의 고윳값과 개수도 알아보겠습니다.

```
print(star['Star color'].unique())
print(star['Star color'].value_counts())
```

```
[ 'Red'  'Blue White'  'White'  'Yellowish White'  'Blue white'
  'Pale yellow orange'  'Blue'  'Blue-white'  'Whitish'  'yellow-white'
  'Orange'  'White-Yellow'  'white'  'Blue'  'yellowish'  'Yellowish'
  'Orange-Red'  'Blue white'  'Blue-White' ]
Red                   112
Blue                   55
Blue-white             26
Blue White             10
yellow-white            8
White                   7
Blue white              3
Yellow White            3
white                   3
Whitish                 2
Orange                  2
yellowish               2
Pale yellow orange      1
White-Yellow            1
Blue                    1
Yellowish               1
Orange-Red              1
Blue white              1
Blue-White              1
Name: Star color, dtype: int64
```

품종별 개수 파악하기

해석

별의 색(Star color)은 19가지로 구분되는 것을 알 수 있습니다. 가장 많은 색은 Red이며, 그 다음이 Blue, Blue–white 순입니다.

결측치 이상치 살펴보기

그런데 살펴보면 같은 색을 나타내는 값인데 다음과 같이 다른 색으로 분리된 값들이 보입니다. 예를 들면, 파란색은 'Blue'와 'Blue '의 두 가지로 표현되어 있는 것을 알 수 있습니다. 'Blue'의 개수는 55, 'Blue '의 개수는 1입니다. 대문자, 대시('–'), 띄어쓰기 하나로도 다른 색으로 인식하므로 이를 정리해야 합니다.

표현	세부 표현
blue	'Blue', 'Blue '
blue white	'Blue white', 'Blue-white', 'Blue White', 'Blue white ', 'Blue-White'
white	'White', 'white'
yellow white	'yellow-white', 'White-Yellow'
yellowish	'yellowish', 'Yellowish'

3 데이터 처리하기

데이터 처리하기

데이터 처리하는 이유

앞서 알아본 것처럼 여기서 정리해야 할 것은 대소문자, 대시('-'), 띄어쓰기입니다. 이를 위해서 replace(), rstrip(), lower() 메소드를 사용합니다.

```
데이터프레임 객체['속성명'].str.replace('A', 'B', n)
# '속성명'의 데이터 중에서 A를 B로 교체, n은 교체 횟수로 생략 가능
데이터프레임 객체['속성명'].str.rstrip()
# '속성명'의 데이터 중에서 문자의 오른쪽 공백 삭제
데이터프레임 객체['속성명'].str.lower()
# '속성명'의 데이터 중에서 알파벳을 전부 소문자로 변환
```

```
star['Star color'] = star['Star color'].str.replace('-', ' ')
star['Star color'] = star['Star color'].str.rstrip()
star['Star color'] = star['Star color'].str.lower()
star['Star color'] = star['Star color'].str.replace('white yellow',
                                                    'yellow white')
print(star['Star color'].value_counts())
```

```
red                  112
blue                  56
blue white            41
white                 10
yellow white           9
yellowish white        3
yellowish              3
whitish                2
orange                 2
pale yellow orange     1
orange red             1
Name: Star color, dtype: int64
```

해석

별의 색(Star color) 속성에 있는 문자열에서 '-'를 공백으로 처리합니다. 'Blue-white'나 'yellow-white', 'White-Yellow'가 이에 해당합니다. 또한 문자열 오른쪽 끝에 공백이 있는 'Blue ', 'Blue white '가 이에 해당합니다. 대문자인 경우는 전부 소문자로 변환됩니다. 변화된 이후 'white yellow'와 'yellow white'는 단어의 위치를 바꿔야 하므로 replace() 메소드를 이용하여 'yellow white'로 통일합니다.

보충 판다스에서 replace(), rstrip(), lower() 사용법

일반적으로 문자열에서 replace(), rstrip(), lower() 메소드를 사용할 경우에는 'str'을 붙이지 않습니다. 그러나 판다스의 데이터프레임이나 시리즈에서 문자열 관련 함수를 사용하려면 'str'을 붙여야 합니다.

데이터 시각화하기

머신러닝에서 학습에 필요한 데이터는 예측할 결과와 관련이 있는 속성이어야 합니다. 따라서 별 데이터셋에서 어떤 속성이 별의 유형 속성과 관련이 있는지를 파악하기 위해 데이터를 시각화하여 살펴보겠습니다.

속성 쌍별 관계 알아보기

별의 유형과 관련된 속성들을 살펴보기 위하여 데이터 시각화를 활용한 시본 라이브러리(Seaborn Library)의 pairplot()을 사용하여 속성 쌍별 관계 그래프를 그립니다. 그래프 내에 색으로 구분할 속성은 별의 유형(Star type) 속성이므로 hue를 별의 유형 속성으로 설정합니다. 또한 색상으로 구분하기 위해 여러 가지 색상 팔레트 중에서 'RdBu' 팔레트를 사용하여 그래프를 꾸며 보겠습니다.

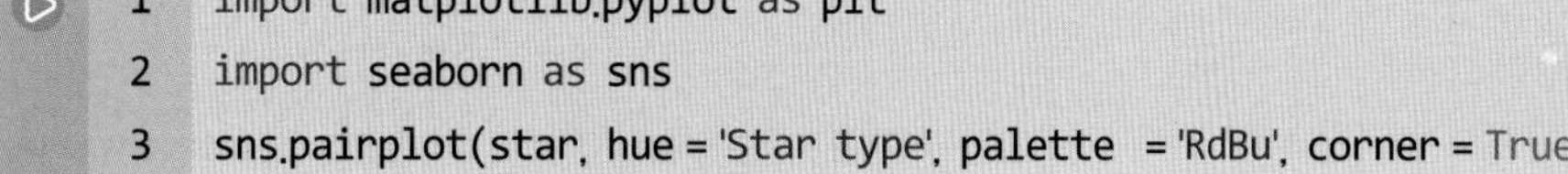

```
pairplot()  # 여러 개의 작은 그래프로 속성 관계 파악
sns.pairplot(데이터명, hue = '표현할 속성', palette = '색상 팔레트명', corner = True)
# pairplot()의 corner = True 옵션은 그래프의 대각선 반만 보여 주고, 중복된 우상단 부분 생략
```

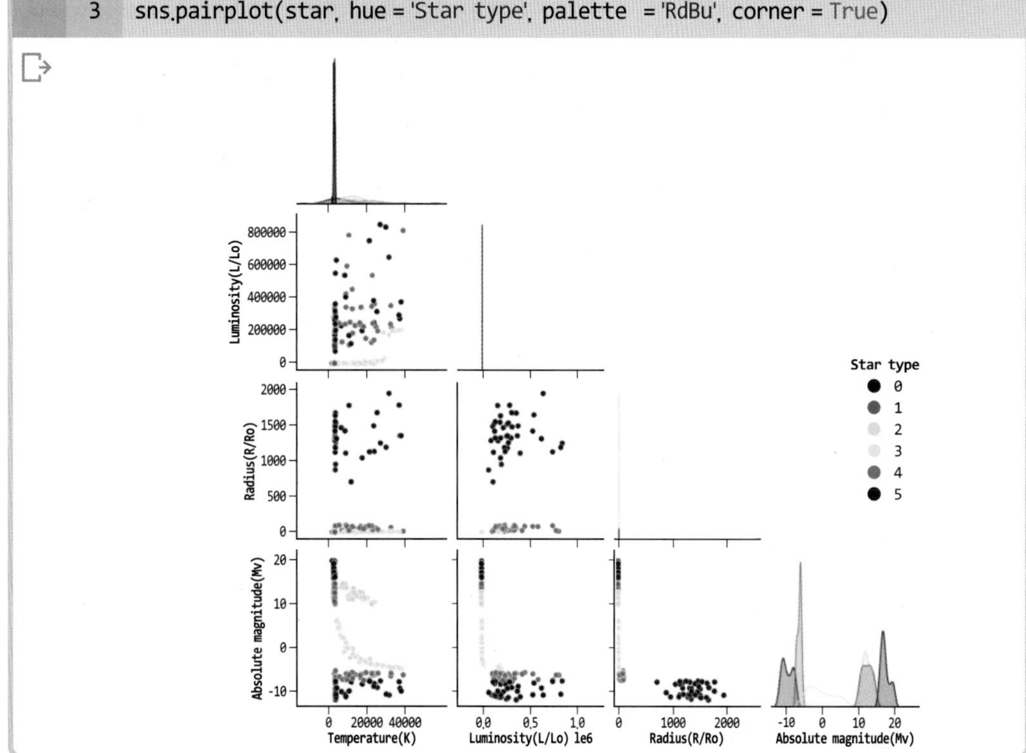

해석

우측에 별 유형(Star type) 범례가 표시된 것을 확인할 수 있습니다. 하지만 숫자로 표시되어 있어서 어떤 유형인지 확인하기 어렵습니다.

앞서 알아본 바와 같이 그래프가 출력되었지만 별의 유형이 명칭 대신 0~5까지의 숫자 값으로 구분되어 있어 보기 불편합니다. 그래프의 범례가 명칭으로 출력되도록 별의 유형 이름을 리스트로 만들어 그래프를 수정해 보겠습니다. 다음의 과정을 거쳐 수정할 수 있습니다.

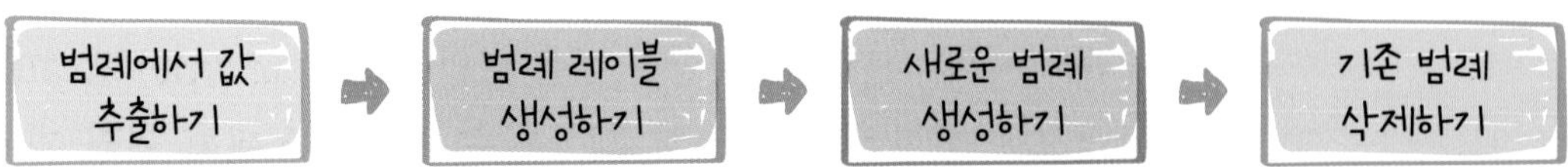

범례에서 값 추출하기

0~5로 표현된 기존의 범례(legend)의 정보는 딕셔너리 형태로 구성되어 있는데 이를 확인하기 위해서는, '_legend_data' 명령으로 접근할 수 있습니다. 코드로 그래프의 범례 형식을 확인해 보겠습니다. 이를 위하여 그래프를 제어하는 객체 p를 생성합니다.

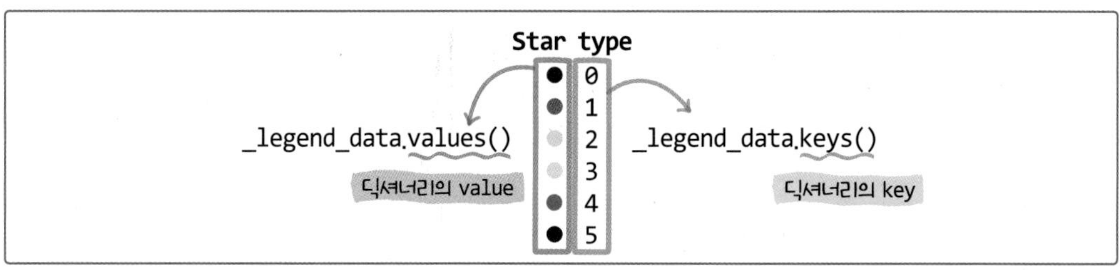


```
p = sns.pairplot(star, hue = 'Star type', palette = 'RdBu', corner = True)
p._legend_data
```

```
{'0': <matplotlib.collections.PathCollection at 0x7fb5a9ef1670>,
 '1': <matplotlib.collections.PathCollection at 0x7fb5a9ef1670>,
 '2': <matplotlib.collections.PathCollection at 0x7fb5a9ef1670>,
 '3': <matplotlib.collections.PathCollection at 0x7fb5a9ef1670>,
 '4': <matplotlib.collections.PathCollection at 0x7fb5a9ef1670>,
 '5': <matplotlib.collections.PathCollection at 0x7fb5a9ef1670>}
```

위 결과로, 딕셔너리 형태로 되어 있음을 확인할 수 있으며, key로 0~5, value로 각 별의 유형을 나타내는 요소가 있음을 살펴보았습니다.

여기서 우리는 별의 유형이 필요하므로 범례 딕셔너리의 value 부분만 추출하겠습니다.

```
p = sns.pairplot(star, hue = 'Star type', palette = 'RdBu', corner = True)
handles = p._legend_data.values()
```

범례 레이블 생성하기

pairplot의 외부에 범례를 생성하기 위해 fig.legend() 메소드를 사용합니다. 이때 범례의 레이블로 0~5 대신 사용할 리스트를 다음과 같이 생성합니다.

```
그래프 객체.fig.legend(title = '범례 제목', handles = 범례의 value,
labels = 범례의 레이블, loc = 범례 위치, ncol = 범례 표시할 열의 개수)
# handles: 범례에서 표시할 값, 여기서는 기존 범례의 value
# labels: 범례에서 표시할 레이블, 여기서는 별의 유형 명칭
# loc: 범례를 표시할 위치  # ncol: 범례에 표시할 열의 개수
```

새로운 범례 생성하기

pairplot은 모든 수치형 데이터에 대한 산점도를 보여 줍니다.

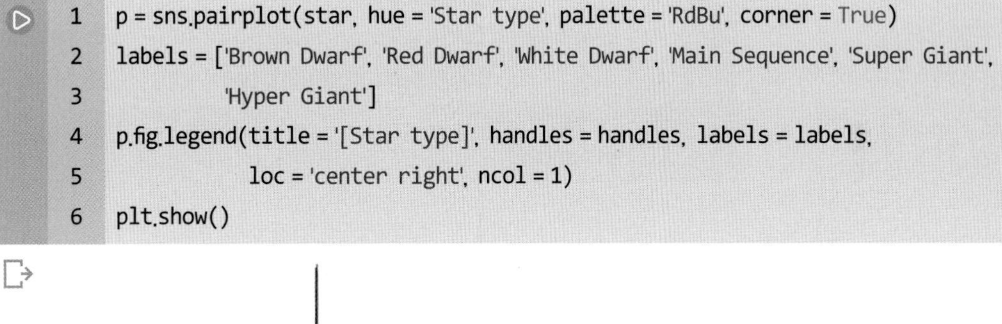

```
p = sns.pairplot(star, hue = 'Star type', palette = 'RdBu', corner = True)
labels = ['Brown Dwarf', 'Red Dwarf', 'White Dwarf', 'Main Sequence', 'Super Giant',
          'Hyper Giant']
p.fig.legend(title = '[Star type]', handles = handles, labels = labels,
             loc = 'center right', ncol = 1)
plt.show()
```

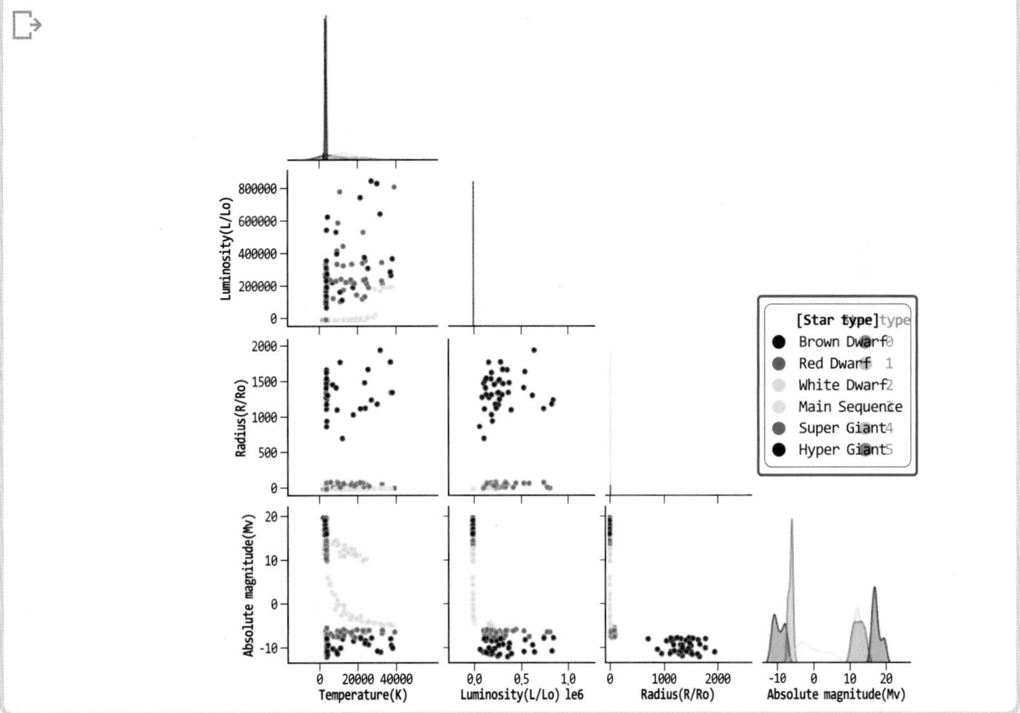

해석

범례의 제목을 '[Star type]'으로 설정하고, 범례의 값은 기존 범례에서 추출한 값(handles, value값)으로, 범례의 레이블은 새로 생성한 labels로 설정하였습니다. 위치는 그래프 전체를 고려할 때 우측 중앙에 위치하도록 하였으며, 한 개의 열로 생성된 것을 알 수 있습니다. 그런데 이전 범례와 새로 생성한 labels가 겹쳐져 출력된 것을 확인할 수 있습니다.

3 데이터 처리하기

기존 범례 삭제하기

범례가 겹치는 것을 방지하기 위해 기존 범례를 삭제하기 위해서는 remove() 메소드를 사용합니다.

```
그래프 객체.legend.remove()
# 그래프의 범례(legend) 삭제
```

```
p = sns.pairplot(star, hue = 'Star type', palette = 'RdBu', corner = True)
labels = ['Brown Dwarf', 'Red Dwarf', 'White Dwarf', 'Main Sequence', 'Super Giant',
          'Hyper Giant']
p.fig.legend(title = '[Star type]', handles = handles, labels = labels,
             loc = 'center right', ncol = 1)
p.legend.remove()
plt.show()
```

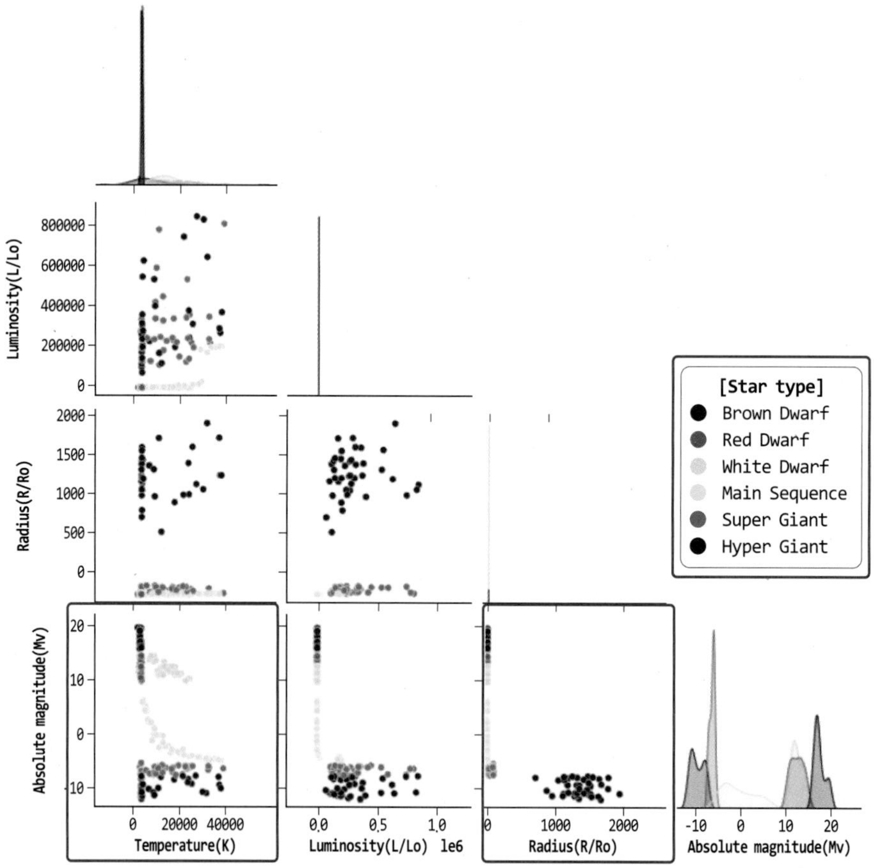

해석

겹쳐져 있던 기존 범례(Legend)가 삭제된 것을 확인할 수 있습니다.

앞의 결과 그래프에서 (가)와 (나) 부분만 살펴보겠습니다.

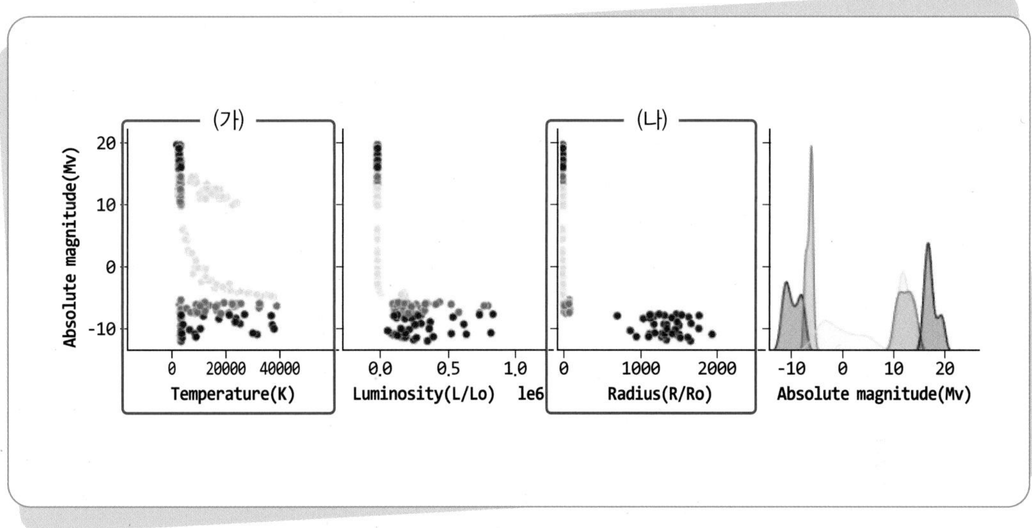

(가) 부분에 해당하는 그래프는 온도(Temperature(K))를 통해 적색 왜성(● Red Dwarf)을 (나)보다 잘 구분할 수 있습니다.

(나) 부분에 해당하는 그래프를 보면 반지름(Radius(R/Ro))을 통해 극대거성(● Hyper Giant)과 아닌 것을 쉽게 구분할 수 있습니다.

절대 등급(Absolute magnitude(Mv))만으로 별의 유형이 어느 정도 구분되지만 이처럼 별의 유형을 구분하는 데 영향을 미치는 정도가 속성마다 다릅니다.

보충 ncol 옵션

만약 열의 개수를 나타내는 ncol을 ncol = 3이라고 설정한다면, 범례는 다음과 같이 출력됩니다.

```
                [Star type]
● Brown Dwarf    ● White Dwarf      ● Super Giant
● Red Dwarf      ● Main Sequence    ● Hyper Giant
```

시본 라이브러리를 사용하여 붓꽃 유형과 관련 있는 속성을 알아보기 위해 시각화해 봅시다.

상관관계 알아보기

상관관계 분석을 통해 각 속성 중 별의 유형(Star type)과 관련 있는 속성들에 어떤 것들이 있는지 살펴보겠습니다.

상관관계를 분석하기 위해서는 모든 속성값들이 수치형 데이터이어야 하지만, 별의 색(Star color)이나 스펙트럼(Spectral Class)은 범주형 데이터이므로 get_dummies( )를 사용하여 수치형으로 변환합니다. 형식은 '나는 파이썬으로 머신러닝한다 ❶' 250쪽을 참고하세요.

원-핫 인코딩하기

```
판다스 객체.get_dummies(데이터프레임 객체)
# 판다스 라이브러리로 데이터프레임의 범주형 변수를 모두 원-핫 인코딩 처리
```

별의 색 속성의 고윳값이 11개, 스펙트럼 속성의 고윳값이 7개이므로 총 18개의 속성이 새로 생겨납니다. 이때 기존 별의 색, 스펙트럼 속성은 제거됩니다.

```
star_onehot = pd.get_dummies(star)
star_onehot
```

Star color_ orange red	Star color_pale yellow orange	...	Star color_ yellow white	Star color_ yellowish	Star color_ yellowish white	Spectral Class_A	Spectral Class_B
0	0	...	0	0	0	0	0
0	0	...	0	0	0	0	0
0	0	...	0	0	0	0	0
0	0	...	0	0	0	0	0
0	0	...	0	0	0	0	0
...	...	...	...	...	...	...	...
0	0	...	0	0	0	0	0
0	0	...	0	0	0	0	0
0	0	...	0	0	0	1	0
0	0	...	0	0	0	1	0
0	0	...	0	0	0	0	0

해석

전체 속성 중에서 수치형인 온도(Temperature), 광도(Luminosity), 반지름(Radius), 절대 등급(Absolute magnitude), 별의 유형(Star type)은 본래의 값으로 나타나고, 범주형인 별의 색(Star color)과 스펙트럼(Spectral Class)만 수치 값을 갖는 새로운 속성이 생성되었습니다. 범주형인 별의 색(Star color)과 스펙트럼(Spectral Class)의 고윳값들이 새로운 속성으로 생성되었고 해당하는 색에 1을, 나머지 색에는 0이 표시된 것을 확인할 수 있습니다.

상관관계 분석하기

원-핫 인코딩한 결과에 대하여 상관관계 분석을 수행해 보겠습니다. 분석 결과는 소숫점 이하 여섯째 자리까지 출력되므로 round()를 사용하여 소숫점 이하 둘째 자리까지 반올림합니다.

보충

*상관관계 분석
: corr()

*반올림
: round(소숫점 자리 수)

*상관계수 값의 의미
- 강한 음의 상관관계: -1.0~-0.7
- 음의 상관관계: -0.7~-0.3
- 약한 음의 상관관계: -0.3~-0.1
- 상관관계 거의 없음: -0.1~0.1
- 약한 양의 상관관계: 0.1~0.3
- 양의 상관관계: 0.3~0.7
- 강한 양의 상관관계: 0.7~1.0

```
데이터프레임 객체.corr().round(2)
# 상관관계(correlation) 분석, round() 함수의 괄호 안 숫자는 소숫점 이하 자릿수
```

```python
star_corr = star_onehot.corr().round(2)
star_corr
```

	Temperature (K)	Luminosity (L/Lo)	Radius (R/Ro)	Absolute magnitude(Mv)
Temperature(K)	1.00	0.39	0.06	-0.42
Luminosity(L/Lo)	0.39	1.00	0.53	-0.69
Radius(R/Ro)	0.06	0.53	1.00	-0.61
Absolute magnitude(Mv)	-0.42	-0.69	-0.61	1.00
Star type	0.41	0.68	0.66	-0.96

해석

−1.0 ~ 1.0 사이의 실숫값(소숫점 이하 둘째 자리 수까지)으로 상관계수가 출력됩니다. 별의 유형 속성과 다른 속성 간의 관계를 살펴볼 때 0에 가까울수록 상관관계가 거의 없는 속성이며, 절댓값이 1에 가까울수록 상관관계가 높은 속성입니다.

히트맵으로 상관관계 분석하기

상관관계 분석 결과, 속성이 너무 많아서 별의 유형과 관련이 깊은 속성을 한눈에 파악하기 어려우므로 히트맵을 이용하여 살펴보겠습니다. 1권에서 히트맵을 그리는 공식을 살펴봤지만 몇 가지 옵션을 더 확인해 보도록 하겠습니다.

```
시본 객체.heatmap(데이터프레임, annot = True/False, square = True/False, cmap = '색상명')
# annot: 히트맵에 값(여기서는 상관계수) 포함 여부 ⇨ 포함(True), 미포함(False), 기본값은 False
# square: 속성 간의 관계를 나타내는 사각형의 모양, 정사각형이면 True
# cmap: 히트맵의 색
```

3 데이터 처리하기

```
plt.figure(figsize = (15, 10))  # 그래프 크기(15 inch × 10 inch)
# 상관계수값 출력, 정사각형 모양, RdBu 색 설정
sns.heatmap(star_corr, annot = True, square = True, cmap = 'RdBu')
plt.show()
```

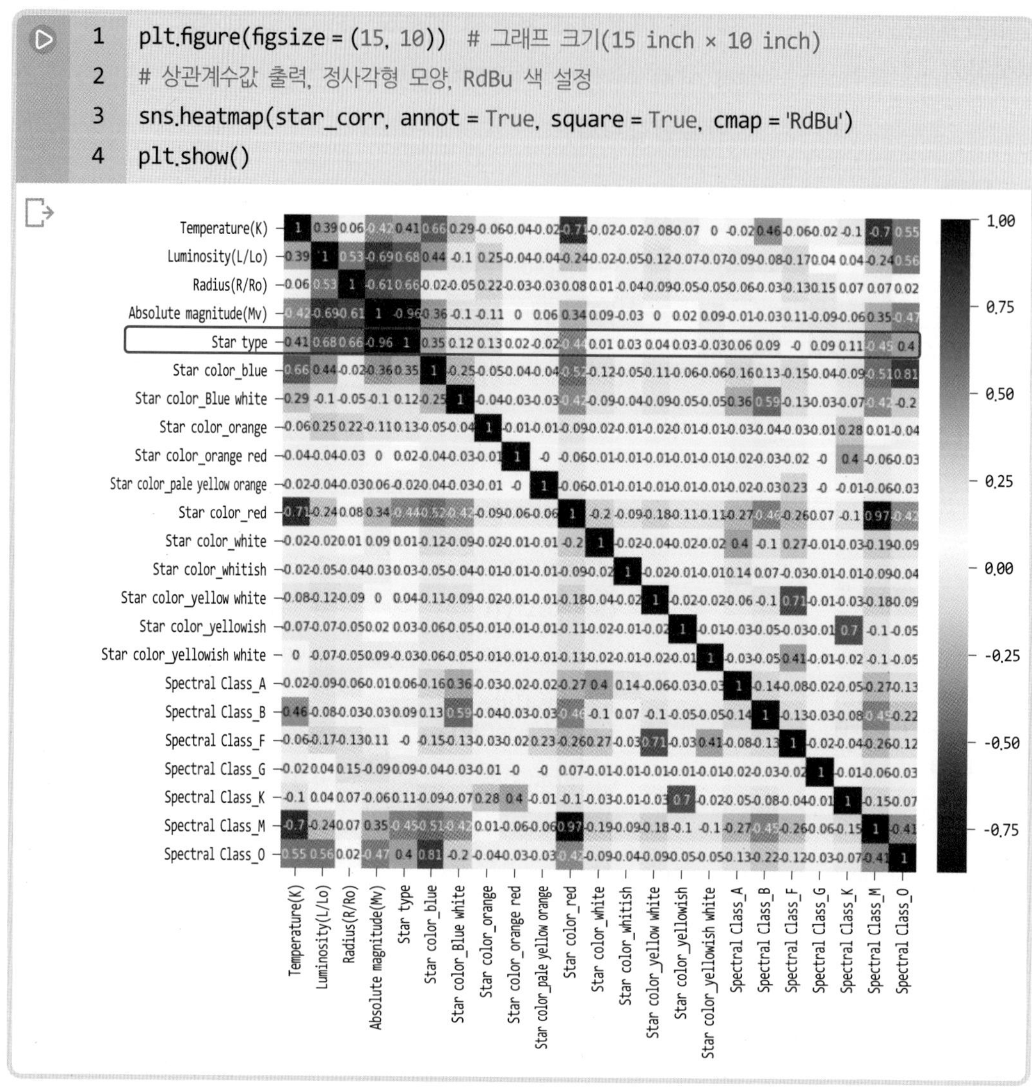

해석

히트맵을 살펴보면 별의 유형(Star type) 속성과 관련이 깊은 속성은 절대 등급(Absolute magnitude(Mv)) 속성으로 −0.96의 상관관계를 보입니다. 그 다음은 광도(Luminosity(L/Lo)) 0.68, 반지름(Radius(R/Ro)) 0.66, 스펙트럼 M(Spectral Class_M) −0.45, 온도(Temperature(K)) 0.41, 스팩트럼 O(Spectral Class_O) 0.4 순인 것을 알 수 있습니다. 또한 사이즈가 정사각형이 아니지만(15×10), 'square = True' 명령어를 지정하여 정사각형으로 출력된 것을 확인할 수 있습니다.

붓꽃 데이터를 히트맵으로 시각화해 보고, 영향을 미치는 속성을 찾아봅시다.

훈련 데이터와 테스트 데이터 나누기

여러 개의 데이터 속성 중 머신러닝에 사용할 속성은 경제적 가치, 시간적 가치를 고려하여 선택할 수 있습니다. 학습에 사용할 속성을 정하는 기준은 없지만 시간적 · 경제적 여유가 있고 약간의 성능이라도 높이는 것이 중요하다면 미미하더라도 영향을 미칠 가능성이 있는 속성을 포함시키는 것이 좋을 것입니다. 여기서는 모든 속성들을 학습에 활용해 보겠습니다.

독립변수(문제 데이터)와 종속변수(레이블) 추출하기

훈련 데이터와 테스트 데이터로 나누기에 앞서 영향을 미치는 독립변수(문제 데이터)와 종속변수(정답 데이터)를 분리합니다. 이를 위하여 판다스 라이브러리의 iloc, loc을 사용하겠습니다.

```
iloc[행 인덱스, 열 인덱스]  # 행 인덱스와 열 인덱스에 해당하는 데이터 추출
loc[행 레이블, 열 레이블]  # 행 레이블과 열 레이블에 해당하는 데이터 추출
concat([합칠 데이터], axis = 0/1)  # 데이터를 행 또는 열을 기준으로 합치기
```

```python
X1 = star_onehot.iloc[:, 0:4]  # 0~3열까지 추출
X2 = star_onehot.iloc[:, 5:]  # 5열부터 끝까지 추출
X = pd.concat([X1, X2], axis = 1)  # X1, X2를 열 기준으로 합치기
y = star.loc[:, 'Star type']  # ':'는 전체 행(또는 열)
display(X, y)
```

	Temperature (K)	Luminosity (L/Lo)	Radius (R/Ro)	Absolute magnitude(Mv)	Star color_ blue
0	3068	0.002400	0.1700	16.12	0
1	3042	0.000500	0.1542	16.60	0
2	2600	0.000300	0.1020	18.70	0
3	2800				
4	1939				
...	...				
235	38940	3			
236	30839	8			
237	8829	5			
238	9235				
239	37882				

240 rows x 23 colu

Star color_ orange	Star color_ orange red	Star color_pale yellow orange	Star color_ red	...
0	0	0	1	...
0	0	0	1	...
0	0	0	1	...
0	0	0	1	...
0	0	0	1	...
...	...	...	...	...
0	0	0	0	...
0	0	0	0	...
0	0	0	0	...
0	0	0	0	...
0	0	0	0	...

```
0      0
1      0
2      0
3      0
4      0
..
235    5
236    5
237    5
238    5
239    5
Name: Star type, Length: 240, dtype: int64
```

해석

원-핫 인코딩 한 데이터프레임을 살펴보면 열 인덱스 값을 기준으로 0~3열, 5열부터 끝까지가 독립변수에 해당하며, 중간 4열이 종속변수에 해당합니다. 독립변수는 0~3, 5~끝까지 2개의 부분으로 구분되므로 iloc[ ]으로 각각 추출한 후 concat( )을 사용하여 하나로 합칩니다. 레이블에 해당하는 속성은 'Star type' 열 전체이므로 loc[ ]을 사용하여 설정합니다.

3 데이터 처리하기

훈련 데이터와 테스트 데이터로 나누기

독립변수와 종속변수로 구분하고 나면 인공지능 모델을 학습시키는 데 사용할 훈련 데이터와 학습이 잘되었는지를 평가하는 데 사용할 테스트 데이터로 분할해야 합니다.

독립변수		종속변수	
(80%)	(20%)	(80%)	(20%)
훈련 데이터 (X_train)	테스트 데이터 (X_test)	훈련 데이터 (y_train)	테스트 데이터 (y_test)

여기서는 random_state = 42로 설정하였지만, 숫자는 설정하기 나름입니다. 77쪽 〈보충〉을 참고하세요.

앞서 독립변수와 종속변수로 분할하였으니 각 변수별로 훈련 데이터와 테스트 데이터로 분할해 보겠습니다. 이번에는 random_state 옵션을 사용하여 분할합니다.

```
훈련용 독립변수 객체, 테스트용 독립변수 객체, 훈련용 종속변수 객체, 테스트용 종속변수 객체 =
train_test_split(독립변수, 종속변수, test_size = 테스트 데이터 비율, random_state = 숫자)
# test_size: 데이터 전체를 1로 봤을 때, 테스트 데이터의 비율, 실숫값
# random_state: 훈련용과 테스트용 데이터를 동일한 패턴으로 추출
```

데이터명.shape을 이용하면 데이터가 어떤 형태인지 확인할 수 있습니다.

```
from sklearn.model_selection import train_test_split
X_train, X_test, y_train, y_test = train_test_split(X, y, test_size = 0.2,
                                                    random_state = 42)
print(X_train.shape, X_test.shape, y_train.shape, y_test.shape)
```

```
(192, 23) (48, 23) (192,) (48,)
```

해석

독립변수 X, 종속변수 y로부터 훈련용 데이터:테스트용 데이터 = 8 : 2로 분할하였으므로 훈련용 독립변수 데이터의 개수는 192, 테스트용 독립변수는 48개입니다. 데이터를 추출하는 패턴을 42로 설정하였으며, 이 패턴에 따라 훈련 데이터와 테스트 데이터를 분할할 때마다 동일하게 분할됨을 의미합니다. random_state를 설정하지 않으면 본래 데이터를 분할할 때마다 임의의 값으로 추출하므로 훈련용과 테스트용 데이터가 다르게 추출됩니다.

데이터	독립변수	종속변수
훈련 데이터	X_train (192, 23)	y_train (192,)
테스트 데이터	X_test (48, 23)	y_test (48,)

보충 의사결정트리를 활용한 활동에서 정규화를 하지 않는 이유

의사결정트리 알고리즘은 정규화나 표준화와 같은 전처리 과정을 거치지 않습니다. 왜냐하면 각 속성들이 개별적으로 처리되기 때문에 데이터를 구분하는 데 데이터 스케일(scale)의 영향을 받지 않기 때문입니다. 이것은 의사결정트리 알고리즘을 사용하는 장점이기도 합니다.

예를 들어, 별 데이터에서 의사결정트리 외에 다른 알고리즘을 사용한다면 온도(Temperature(K))의 범위는 1,939K~40,000K입니다. 이에 비해 절대 등급(Absolute magnitude(Mv))의 범위는 −11.92~20.06인데, 이 범위 그대로 학습한다면 별의 유형은 숫자 크기가 작은 절대 등급보다 큰 온도 값의 영향을 더 많이 받기 때문에 정규화 또는 표준화가 필요합니다.

그러나 의사결정트리는 노드에서 데이터를 분류하는 임계치가 각 속성 개별적으로 처리됩니다. 예를 들어, 첫 번째 뿌리 노드는 Radius <= 0.036을 기준으로 분류하고 또 다른 노드는 Absolute magnitude <= −4.905를 기준으로 분류합니다. 따라서 굳이 정규화나 표준화를 할 필요가 없는 것입니다.

Q random_state에서 42를 사용하는 이유

A 사이킷런 라이브러리의 train_test_split를 이용하면 random_state의 값을 주로 42로 설정합니다. 이 42가 특별한 의미가 있는 것은 아니지만 다음과 같은 설이 있습니다.

더글러스 애덤스의 SF소설 '은하수를 여행하는 히치하이커를 위한 안내서'에서 삶, 우주 그리고 모든 것에 대한 궁극적인 해답을 찾기 위하여 컴퓨터 Deep Thought를 개발하고 얻은 답이 42라고 합니다. 그리고 더글러스 애덤스는 42를 많이 사용한 '이상한 나라의 앨리스'를 오마주하였기 때문에 42를 사용한 것이라는 설이 있습니다. '이상한 나라의 앨리스'에는 파이 재판 때도 헌법 42조항부터 시작되고, 삽화도 42개이며, 작가의 나이도 42세였다고 합니다.

4 모델 학습하기

데이터를 이용하여 인공지능 모델을 학습시키기 위해서 의사결정트리 알고리즘을 사용합니다. 나뭇가지가 양갈래로 뻗어나가는 것처럼 어떤 기준에 따라 데이터를 분류해 나가는 알고리즘입니다.

모델 생성 및 학습하기

```
의사결정트리 객체 = DecisionTreeClassifier()  # 의사결정트리 모델 생성
의사결정트리 객체.fit(독립변수, 종속변수)  # 모델 학습
```

```
from sklearn.tree import DecisionTreeClassifier
DT = DecisionTreeClassifier(random_state = 42)
DT.fit(X_train, y_train)
```

```
DecisionTreeClassifier(random_state = 42)
```

해석

사이킷런 라이브러리에서 제공하는 의사결정트리 분류기(classifier) 함수를 이용하여 의사결정트리 모델을 생성한 후 DT라는 이름으로 사용합니다. fit( ) 함수를 사용하여 훈련용 독립변수(X_train)와 종속변수(y_train)로 학습시키게 됩니다. 훈련용 독립변수와 종속변수를 이용하여 데이터를 잘 구분할 수 있는 기준을 스스로 찾아 트리를 완성하게 됩니다.

훈련 데이터로 학습한 결과 확인하기

훈련용 데이터(훈련용 독립변수 + 훈련용 종속변수)로 학습 후 얼마나 학습을 잘했는지 확인해 보겠습니다.

```
의사결정트리 객체.score(독립변수, 종속변수)
# 독립변수로 종속변수를 예측하는 정확도를 0.0~1.0 사이의 실숫값으로 산출
```

```
print(DT.score(X_train, y_train))
```

```
1.0
```

해석

훈련용 독립변수인 X_train을 이용하여 모델을 학습시키고 훈련 데이터 레이블인 종속변수 y_train과 비교한 성능 결과가 1.0인 것을 알 수 있습니다. 이는 모든 훈련용 독립변수에 대해 100% 정확하게 예측했다는 것을 의미합니다.

붓꽃 데이터를 의사결정트리 알고리즘을 사용하여 학습시켜 봅시다.

5 모델 테스트 및 평가하기

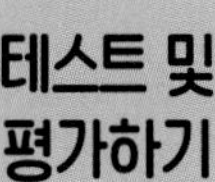

테스트 및 평가하기

학습을 완료한 후, 학습이 잘되었는지 성능을 테스트합니다. 테스트할 때는 학습에 사용하지 않은 테스트용 독립변수를 사용합니다. 테스트용 독립변수로 예측한 결괏값은 성능을 평가할 때 테스트용 종속변수와 비교하여 분류의 정확도를 살펴보는 데 활용합니다.

```
print(DT.score(X_test, y_test))
```

```
1.0
```

해석

학습을 완료한 모델을 사용하여 테스트용 독립변수(X_test)에 대한 예측을 수행하고 이 예측값과 테스트 데이터 레이블(종속변수, y_test)의 실젯값을 비교하여 모델의 성능을 평가한 점수를 출력한 결과입니다. 테스트 데이터에 대한 예측 또한 모든 결과를 정확하게 예측했다는 것을 알 수 있습니다.

테스트 데이터의 별 유형 결과는 predict( ) 메소드를 사용하여 확인합니다.

76쪽 테스트용 데이터 개수를 확인하세요.

```
y_pred = DT.predict(X_test)
y_pred
```

```
array([2, 0, 3, 4, 4, 5, 5, 2, 0, 2, 4, 2, 5, 4, 5, 5, 0, 1, 3, 0, 0, 1, 5, 3, 5, 3, 1, 2, 5,
       3, 3, 4, 2, 0, 1, 0, 1, 5, 1, 5, 4, 5, 4, 1, 3, 0, 4, 3])
```

해석

48개의 테스트 데이터의 별 유형 결과를 확인할 수 있습니다.

보충 다른 분류 모델(k-NN) 평가와 비교

일반적으로 분류 모델의 성능을 평가하기 위해서는 사이킷런 라이브러리의 metrics를 사용한 후 accuracy 명령을 사용합니다. 그러나 의사결정트리 분류 모델의 경우에는 score(X, Y) 함수가 있기 때문에 위 코드에서는 metrics를 별도로 불러와 사용하지 않았습니다. 다음의 k-NN 분류 모델 평가 형식과 비교해 보겠습니다.

```
from sklearn import metrics
print('k-NN accuracy:{:.3f}'.format(metrics.accuracy_score(y_test, y_pred)))
```

해보기 붓꽃 데이터를 의사결정트리 알고리즘으로 학습시킨 후, 성능을 테스트해 봅시다.

5 모델 테스트 및 평가하기

의사결정트리 그려 확인하기

모델이 학습을 완료하였다면, 어떤 의사결정트리 모양으로 완성하여 별의 유형을 분류하는지 그림으로 확인할 수 있습니다. 트리를 그리기 위해서는 사이킷런 라이브러리의 plot_tree() 함수를 사용합니다.

```
plot_tree(의사결정트리 분류 모델 객체, filled = True/False, feature_names = 속성명 리스트)
# filled: 분류할 범주(여기서는 별의 유형)의 순도(purity)를 알리는 색 표시,
          순도가 높을수록 데이터 분류가 잘된 것이며 진한 색으로 나타남.
# feature_names: 속성의 이름이 의사결정트리 노드에 표시되도록 설정
```

의사결정트리 알고리즘을 이용할 때는 엔트로피 또는 지니 불순도를 계산하여 정보 이득이 큰 속성을 노드의 분류 기준으로 정합니다. 이에 대한 설명은 <더 자세히>에서 설명하겠습니다.

```python
from sklearn.tree import plot_tree
plt.figure(figsize = (15, 10))  # 이미지 크기 설정
plot_tree(DT, filled = True, feature_names = ['Temperature (K)',
        'Luminosity(L/Lo)', 'Radius(R/Ro)',
        'Absolute magnitude(Mv)', 'Star color_blue',
        'Star color_blue white', 'Star color_orange',
        'Star color_orange red', 'Star color_pale yellow orange',
        'Star color_red', 'Star color_white', 'Star color_whitish',
        'Star color_yellow white', 'Star color_yellowish',
        'Star color_yellowish white', 'Spectral Class_A',
        'Spectral Class_B', 'Spectral Class_F', 'Spectral Class_G',
        'Spectral Class_K', 'Spectral Class_M', 'Spectral Class_O'])
plt.show()
```

노드의 의미

- Radius(R/Ro) <= 0.036 → 반지름 속성의 값이 0.036을 기준으로 분류
- gini = 0.833 → 데이터가 범주(별의 유형)별로 얼마나 섞여 있는가를 나타내는 지수
- samples = 192 → 데이터의 개수
- value = [32, 33, 34, 32, 32, 29] → 범주(별의 유형)형 데이터의 개수인 갈색 왜성 32, 적색 왜성 33, 백색 왜성 34개, ...를 의미

Radius(R/Ro) <= 0.036
gini = 0.833
samples = 192
value = [32, 33, 34, 32, 32, 29]

gini = 0.0
samples = 34
value = [0, 0, 34, 0, 0, 0]

Radius(R/Ro) <= 0.76
gini = 0.8
samples = 158
value = [32, 33, 0, 32, 32, 29]

Absolute magnitude(Mv) <= 15.515
gini = 0.5
samples = 65
value = [32, 33, 0, 0, 0, 0]

Absolute magnitude(Mv) <= -4.905
gini = 0.666
samples = 93
value = [0, 0, 0, 32, 32, 29]

gini = 0.0
samples = 33
value = [0, 33, 0, 0, 0, 0]

gini = 0.0
samples = 32
value = [32, 0, 0, 0, 0, 0]

Radius(R/Ro) <= 403.45
gini = 0.499
samples = 61
value = [0, 0, 0, 0, 32, 29]

gini = 0.0
samples = 32
value = [0, 0, 0, 32, 0, 0]

gini = 0.0
samples = 32
value = [0, 0, 0, 0, 32, 0]

gini = 0.0
samples = 29
value = [0, 0, 0, 0, 0, 29]

테스트 데이터를 사용하여 의사결정트리 형태로 표현해 봅시다.

지니 불순도가 0에 가까울 수록 색이 진해집니다.

Decision Tree

해석

그래프의 크기가 커질 것을 고려하여 그래프 사이즈를 15인치×10인치로 설정했습니다. 분류 모델 DT를 의사결정트리로 표현하였으며, 분류 정도가 얼마나 잘되었는지를 나타내는 순도(purity)를 노드에 색으로 출력합니다. 각 노드에 분류 기준이 되는 속성을 X[index]로 표기되는 대신 feature_naems를 이용하여 실제 속성명이 표기되도록 설정합니다. 의사결정트리의 깊이는 4이며 gini(지니 불순도: 분류되어야 할 데이터가 얼마나 섞여 있는지에 대한 지수)의 값이 0.0이 될 때까지 트리의 깊이가 깊어진 것을 알 수 있습니다.

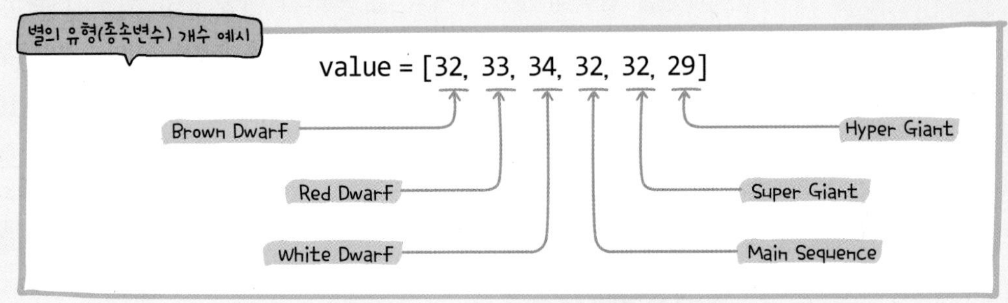

보충 feature_names 한꺼번에 설정하기

의사결정트리에 사용된 속성명을 일일이 작성하는 것은 번거로운 일입니다. 한꺼번에 확인하기 위해서는 feature_name_in_ 명령을 사용할 수 있습니다. featufe_name_in은 의사결정트리 분류 모델에 사용된 속성명을 확인하는 명령입니다. 실행 결과를 복사하여 plot_ree() 함수의 옵션인 feature_names의 리스트로 확인하면 편리합니다.

```
DT.feature_names_in_
```

```
array(['Temperature (K)', 'Luminosity(L/Lo)', 'Radius(R/Ro)',
       'Star color_blue', 'Star color_blue white', 'Star color_orange',
       'Star color_orange red', 'Star color_pale yellow orange',
       'Star color_red', 'Star color_white', 'Star color_whitish',
       'Star color_yellow white', 'Star color_yellowish',
       'Star color_yellowish white', 'Spectral Class_A',
       'Spectral Class_B', 'Spectral Class_F', 'Spectral Class_G',
       'Spectral Class_K', 'Spectral Class_M', 'Spectral Class_O'],
       dtype = object)
```

붓꽃 데이터를 이용하여 종을 분류하는 인공지능 모델을 학습시킨 결과를 의사결정트리 모양으로 그려서 평가 결과를 확인해 봅시다.

더 자세히 의사결정트리 분류 기준을 정하는 방법

의사결정트리에서 중요한 것은 분류 기준을 정하는 것입니다. 분류 기준을 정하는 방법을 알기 위해 의사결정트리 알고리즘의 개념과 원리부터 차근차근 알아보겠습니다.

의사결정트리 알고리즘의 개념과 원리를 자세히 알아볼까요?

의사결정트리 알고리즘의 개념

의사결정트리 알고리즘은 데이터를 잘 나눌 수 있는 기준을 찾아 데이터들을 분할하는 과정을 반복하면서 마지막 잎 노드가 최종 분류 범주가 되도록 하는 방법입니다.

새로운 데이터가 입력되면, 노드의 기준에 따라 어느 분류 범주에 속하는지를 판단할 수 있습니다. 다음 예시를 통해 의사결정트리 알고리즘의 개념을 자세히 알아봅시다.

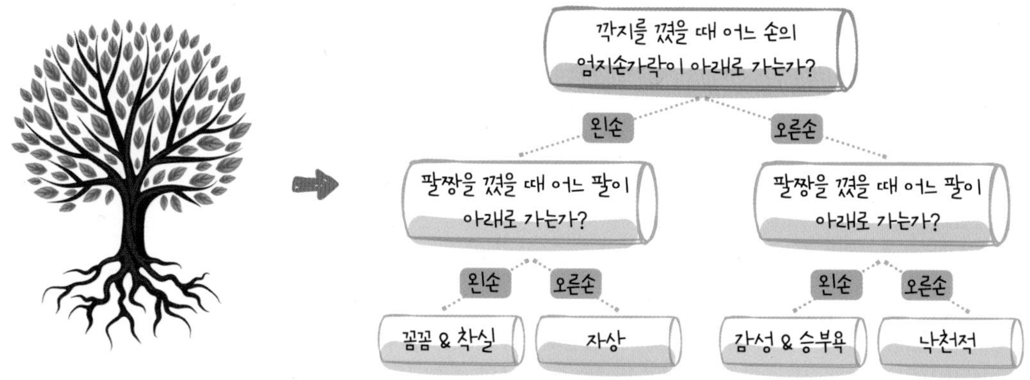

의사결정트리 알고리즘의 원리

의사결정트리에서 상위 노드가 없는 시작 지점을 뿌리 노드(root node), 하위 노드가 없는 지점들을 잎 노드(leaf node)라고 합니다. 상대적인 개념으로 상위 노드는 부모 노드(parent node), 하위 노드를 자식 노드(child node)라고도 부릅니다. 깊이(depth)는 뿌리 노드에서 특정 노드까지 도달하기 위해 거치는 단계로, 위의 그림에서 깊이는 2입니다.

지금부터 의사결정트리 알고리즘이 데이터를 어떻게 분류하는지 살펴보겠습니다.

오른쪽 그래프의 데이터들은 눈의 상태로, 정상 컨디션과 피로한 컨디션을 구분하는 것입니다.

1 훈련 데이터인 정상 데이터(●)와 피로 데이터(▲)가 2차원 평면에 있습니다. 데이터의 레이블(분류 범주)은 각각 '정상'과 '피로'입니다.

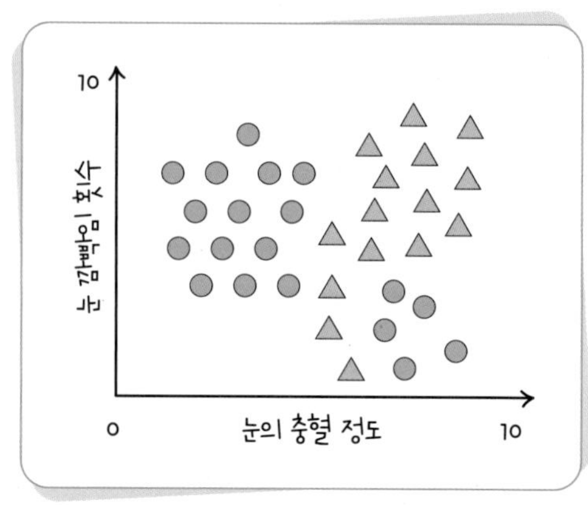

2 앞 그래프에서 데이터를 가장 잘 나눌 수 있는 방법은 아래 왼쪽 그래프의 점선과 같이 '눈의 충혈 정도는 5보다 작은가?'를 기준으로 나누는 방법입니다. 그러면 색칠된 부분의 엔트로피(또는 지니 불순도)는 0이 되고 정상 데이터만 남게 됩니다.

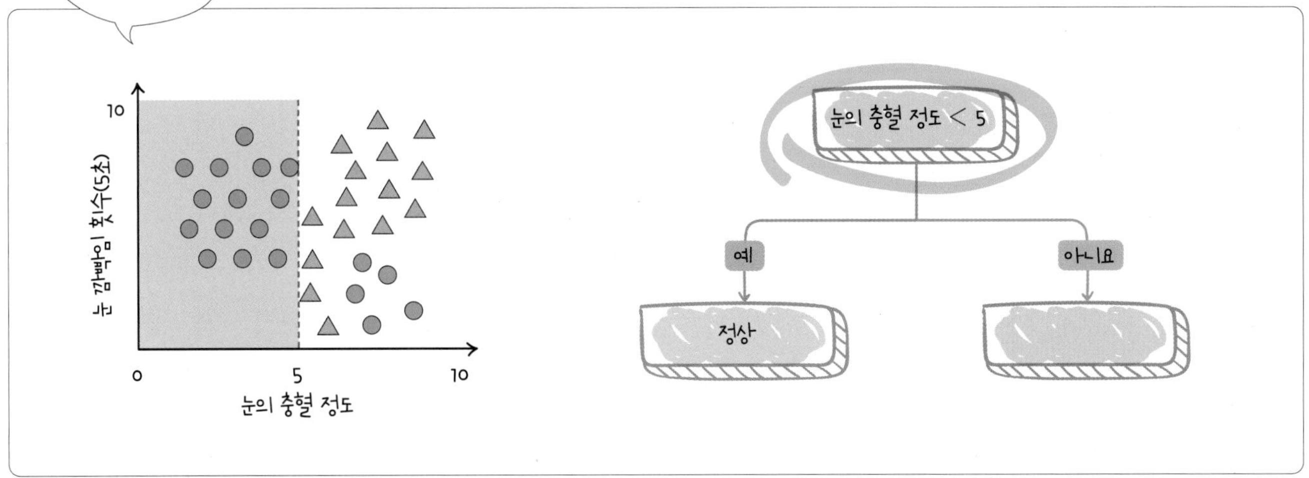

3 남은 부분은 여전히 정상 데이터(●)와 피로 데이터(▲)가 혼재해 있으므로 이를 분할해야 합니다. 이번에는 '눈 깜박임 횟수가 4보다 작은가?' 기준으로 나눕니다. 그러면 위쪽의 파란색 부분은 엔트로피(또는 지니 불순도)가 0이 되어 피로 데이터를 구분하게 됩니다.

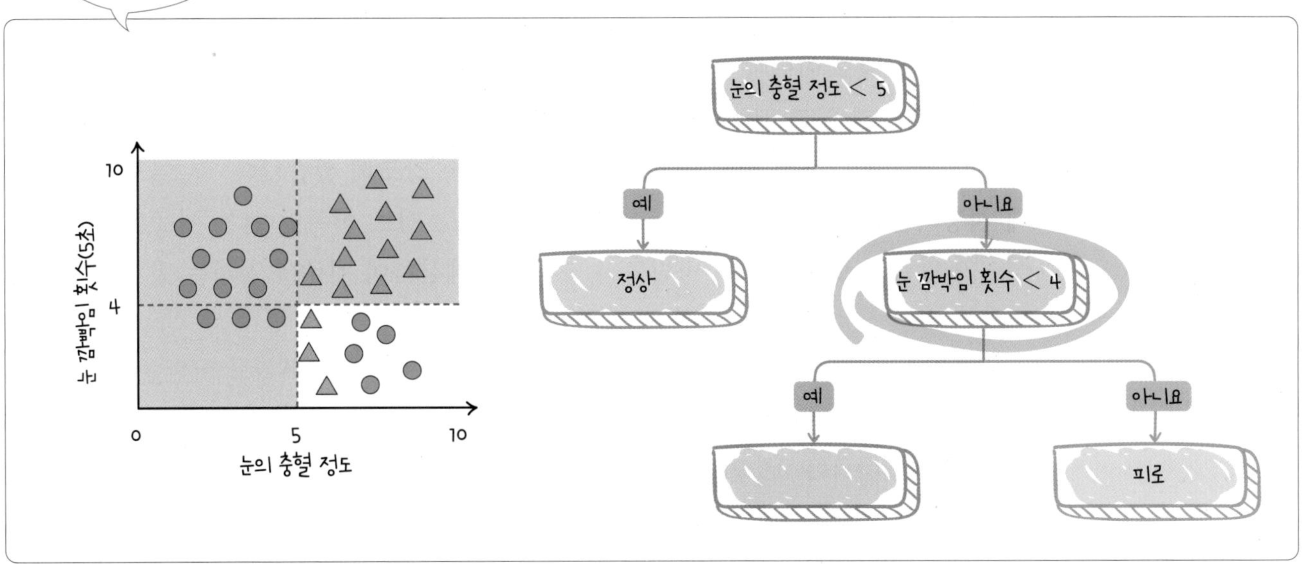

엔트로피와 지니 불순도에 대해서는 '알아야할 개념'에서 자세히 알아보겠습니다.

의사결정트리 분류 기준을 정하는 방법

4 나머지 부분은 '눈의 충혈 정도가 7보다 작은가?'를 기준으로 나누면 정상 데이터와 피로 데이터를 구분할 수 있습니다.

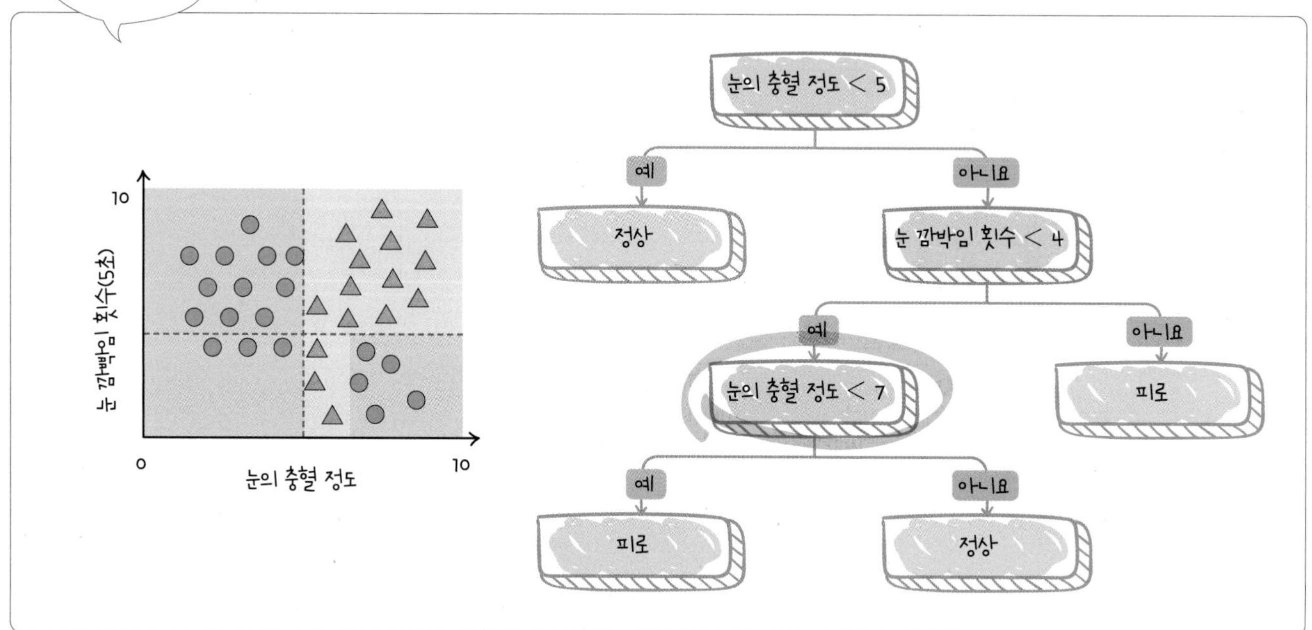

데이터의 순도를 높이려면 어떻게 할까요?

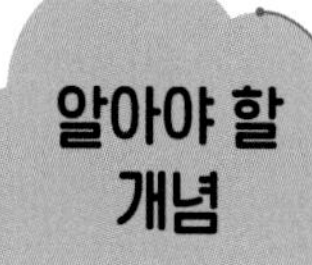

인공지능은 각 속성에 대해서 엔트로피나 지니 불순도를 계산하고, 분할했을 때 순도가 높아지는 정보 이득이 발생하는 속성을 분할 기준으로 결정합니다.

의사결정트리 알고리즘을 이용하여 분류하려면 뿌리 노드부터 각 노드에서 데이터를 분류할 기준을 정하는 것이 중요하다는 것을 계속 강조해 왔습니다. 분류 기준을 정할 때 사용되는 개념이 바로 엔트로피, 지니 불순도, 정보 이득입니다. 이들은 데이터가 섞이지 않은 순도를 높이는 방법을 수학적으로 계산하여 기준을 정하는 방법에 사용됩니다.

엔트로피

엔트로피는 무질서를 나타내는 척도 또는 순도(Purity)를 나타내는 척도로 볼 수 있습니다. 엔트로피 값은 0~1 사이의 실숫값으로 나타낼 수 있는데, 1에 가까울수록 무질서한 것을 의미합니다. 데이터를 분류함에 있어 분류가 제대로 되어 있지 않고 섞여 있으면 엔트로피가 높습니다.

엔트로피의 변화는 다음 페이지의 그래프로 설명할 수 있습니다. 검정콩과 노란콩이 섞여 있어 분류해야 하는 상황을 가정해 보겠습니다.

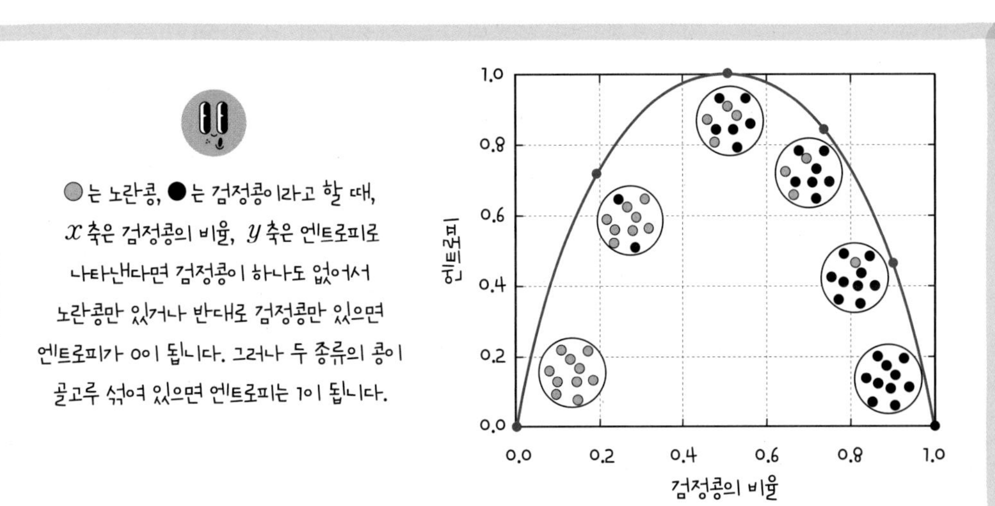

의사결정트리 알고리즘에서는 엔트로피가 높은 상태에서 낮은 상태가 되도록 데이터를 분할하는 속성을 찾아 의사결정트리를 생성하게 됩니다.

지니 불순도

지니 불순도 계산 방법을 알고 싶다면 89쪽을 참고하세요.

엔트로피처럼 데이터의 무질서(또는 순도)를 나타내는 척도로, 지니 불순도가 높을수록 데이터가 분산되어 있어 무질서함을 의미합니다. 지니 불순도는 분류해 낼 데이터가 아닌 다른 레이블을 가진 데이터가 선택될 확률을 바탕으로 계산합니다. 엔트로피 계산 속도보다 빨라 많이 사용됩니다. 사이킷런에서는 기본적으로 지니 불순도를 사용합니다.

구분	지니 불순도	엔트로피
방식	데이터에 다른 레이블을 가진 데이터가 섞여 있을 확률 계산	로그 함수 이용
연산 속도	처리 속도가 빠름.	처리 속도가 느림. (로그 함수를 이용하므로 복잡)
정확도	엔트로피에 비해 성능이 낮음.	지니 불순도에 비해 성능이 좋음.

정보 이득

보충

예를 들어, 남녀를 구분함에 있어 머리카락 길이보다 코의 길이가 더 구분을 잘한다면, 코의 길이 속성이 머리카락 길이보다 정보 이득이 높은 것이라 할 수 있습니다.

의사결정트리 알고리즘에서 엔트로피나 지니 불순도를 계산하고 나면 어떤 속성을 뿌리 노드로 설정할 것인가, 각 노드에서 분할하는 기준은 무엇인가를 결정해야 합니다. 노드의 기준에 따라 분류의 시간과 예측 성능이 달라지기 때문입니다.

이때 분할하기 전(상위 노드 엔트로피/지니 불순도)과 분할한 후(하위 노드 엔트로피/지니 불순도)의 엔트로피나 지니 불순도를 비교하여 정보 이득(Information Gain)이 큰(불순도가 낮아지는) 속성을 노드 기준으로 배치하게 됩니다. 따라서 엔트로피와 정보 이득은 떼려야 뗄 수 없는 사이입니다.

더 자세히 의사결정트리 분류 기준을 정하는 방법

속성 중요도

의사결정트리 알고리즘을 사용하게 되면, 어떤 속성이 의사결정트리의 생성에 영향을 많이 미치는 중요한 속성인지 확인할 수 있습니다. 사이킷런 라이브러리에서 의사결정트리를 사용할 때, 지니 계수를 기본값으로 사용하여 데이터 분류를 잘하는 속성을 중요도가 높다고 판단합니다.

속성 중요도는 0~1 사이의 실숫값을 가지며, 모든 속성의 중요도의 합은 1입니다.

0에 가까울수록 분류에 영향을 미치지 않은 속성, 1에 가까울수록 분류에 많은 영향을 미치는 속성입니다.

```
의사결정트리 객체.feature_importances_
# 데이터프레임의 속성 중 분류 모델 생성 비중 출력
```

```
for feature_name, importance_value in zip(star.columns,
                                           DT.feature_importances_):
    print('{} : {:.2f}'.format(feature_name, importance_value))
```

```
Temperature(K) : 0.00
Luminosity(L/Lo) : 0.00
Radius(R/Ro) : 0.60
Absolute magnitude(Mv) : 0.40
Star type : 0.00
Star color : 0.00
Spectral Class : 0.00
```

해석

데이터 속성명(star.columns)과 속성 중요도(DT.feature_importances_)를 하나의 짝으로 결합하고, 짝에서 데이터 속성명은 feature_name, 속성 중요도 비중은 importance_value로 사용합니다. 속성 중요도를 나타내는 importance_value의 경우에는 소수점 이하 둘째 자리까지 출력하도록 설정하였습니다.

분석 결과 반지름(Radius(R/Ro))가 0.60로 가장 중요한 역할을 하였으며, 절대 등급(Absolute magnitude(Mv)이 0.49로 뒤를 잇고 있습니다. 나머지 속성들은 0.00으로 전혀 영향을 미치지 않은 것을 확인할 수 있습니다.

보충 zip()

zip은 마치 점퍼의 지퍼를 올리는 것과 같이 양쪽 데이터를 차례대로 하나씩 짝을 짓는 역할을 합니다.

과적합을 줄이는 방법을 알아볼까요?

가지치기

의사결정트리의 한계

의사결정트리를 생성하는 방식은 의사결정 과정을 설명할 수 있다는 장점이 있지만, 몇 가지 한계가 있습니다.

첫째, 종합적으로 살펴보면 더 좋은 의사결정트리를 만들 수 있는 가능성이 있음에도 불구하고 그 순간에서 최선의 값을 찾아야 하는데 그렇지 못한 경우가 많습니다. 현재 상황에서 어떤 속성이 기준이 되어야 정보 이득이 가장 큰지 살펴보고 분류하는 것이 바람직합니다.

둘째, 훈련 데이터를 가장 잘 분류하는 모델을 만들 수 있지만, 새로운 데이터의 결과를 정확하게 예측하지 못하는 과적합이 나타날 수 있습니다. 특히 의사결정트리의 깊이가 깊어질수록 더욱 과적합이 심화될 수 있는데, 이는 일반화하기가 어렵다는 것을 의미합니다. 이때 해결할 수 있는 방법으로 가지치기가 있습니다.

가지치기 방법

의사결정트리를 생성하기 전에 과적합을 예방하는 사전 가지치기(Pre-pruning)와 의사결정트리를 생성한 후 임의로 수행하는 사후 가지치기(Post-pruning)로 구분할 수 있습니다.

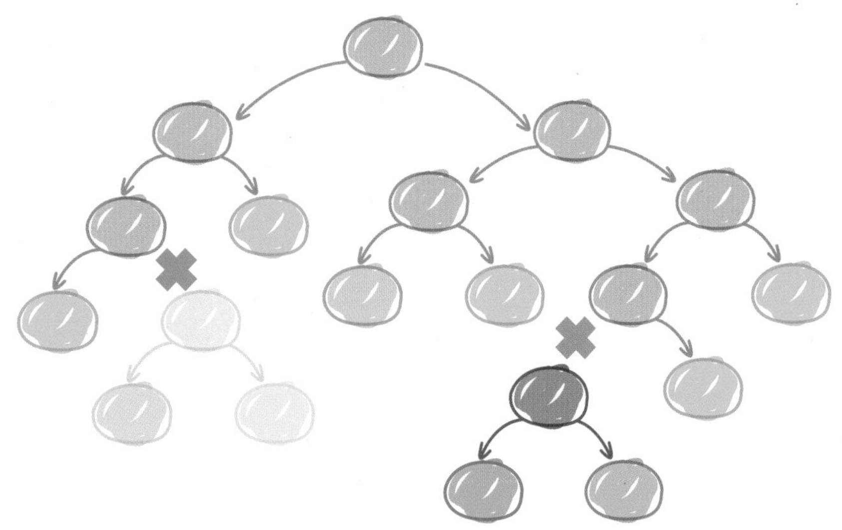

더 자세히 의사결정트리 분류 기준을 정하는 방법

여기서는 앞에서 완성한 분류 모델에 사전 가지치기하는 방식을 적용해 보겠습니다. 모델을 생성할 때 의사결정트리의 깊이 옵션만 설정하면 됩니다.

```
의사결정트리 객체 = DecisionTreeClassifier(max_depth = 최대 깊이)
```

```python
DT = DecisionTreeClassifier(max_depth = 3, random_state = 42)
DT.fit(X_train, y_train)
print(DT.score(X_train, y_train))
print(DT.score(X_test, y_test))
```

```
0.8489583333333334
0.7708333333333334
```

해석

의사결정트리의 최대 깊이를 3으로 제한하고 훈련 데이터를 이용하여 학습시킨 후 테스트 데이터로 결과를 평가하였습니다. 앞에서 완성된 의사결정트리는 분류가 간단하기 때문에 최대 깊이를 제한하지 않아도 학습 결과와 평가 결과가 모두 1.0을 보였습니다. 최대 깊이를 줄이고 나니 오히려 성능이 저하된 것을 확인할 수 있습니다.

완성된 의사결정트리를 확인해 보겠습니다.

```python
plt.figure(figsize = (30, 20))
plot_tree(DT, filled = True, feature_names = ['Temperature', 'Luminosity',
          'Radius', 'Absolute magnitude', 'Star color'])
plt.show()
```

```
Radius(R/Ro) <= 0.036
gini = 0.833
samples = 192
value = [32, 33, 34, 32, 32, 29]

gini = 0.0
samples = 34
value = [0, 0, 34, 0, 0, 0]

Radius(R/Ro) <= 0.76
gini = 0.8
samples = 158
value = [32, 33, 0, 32, 32, 29]

Absolute magnitude <= 15.515
gini = 0.5
samples = 65
value = [32, 33, 0, 0, 0, 0]

Absolute magnitude <= -4.905
gini = 0.666
samples = 93
value = [0, 0, 0, 32, 32, 29]

gini = 0.0
samples = 33
value = [0, 33, 0, 0, 0, 0]

gini = 0.0
samples = 32
value = [32, 0, 0, 0, 0, 0]

gini = 0.499
samples = 61
value = [0, 0, 0, 0, 32, 29]

gini = 0.0
samples = 32
value = [0, 0, 0, 32, 0, 0]
```

지니 불순도와 엔트로피로 정보 이득을 계산해 볼까요?

지니 불순도와 엔트로피를 이용하여 노드의 임계치를 구하기 위한 정보 이득을 계산해 보겠습니다. 앞서 사용했던 눈의 충혈 정도와 눈 깜박임 횟수에 따라 눈의 피로 여부를 나타낸 데이터를 사용하여 살펴보겠습니다.

정보 이득 구하기

정보 이득을 어떻게 구하는지 살펴보겠습니다.

> 정보 이득 = 부모 노드의 지니 불순도(또는 엔트로피) - 자식 노드의 지니 불순도(또는 엔트로피)

데이터의 분류를 위한 노드의 분기는 부모 노드의 정보 이득과 자식 노드의 정보 이득 간의 차이가 없을 때 멈추게 됩니다.

다음과 같이 데이터가 주어졌을 때, 이를 가장 잘 분류할 수 있는 기준을 찾는 지니 불순도를 계산하는 방법을 알아보겠습니다. 만약 아래 그림에서 점선을 기준으로 데이터를 분류했다면 지니 불순도는 어떻게 구할까요?

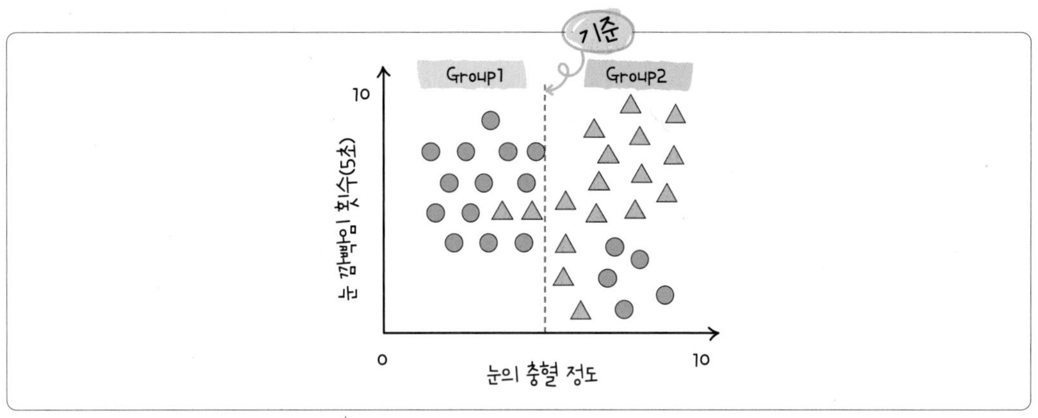

가지치기 방법

지니 불순도를 계산하는 방식은 분류한 그룹의 지니 불순도를 이용하여 전체 지니 불순도를 계산합니다. 엔트로피와 함께 비교해 보겠습니다.

지니 불순도 계산하는 방식

$$\text{분기 전 group의 지니 불순도} = 1-\left(\frac{\text{데이터 범주 1}}{\text{group의 데이터 개수}}\right)^2-\left(\frac{\text{데이터 범주 2}}{\text{group의 데이터 개수}}\right)^2$$

$$\text{분기 후 group의 지니 불순도} = \frac{\text{group 1의 데이터 개수}}{\text{전체 데이터 개수}}\times\text{group 1의 지니 불순도}+\frac{\text{group 2의 데이터 개수}}{\text{전체 데이터 개수}}\times\text{group 2의 지니 불순도}$$

더 자세히 의사결정트리 분류 기준을 정하는 방법

분기 전 Group

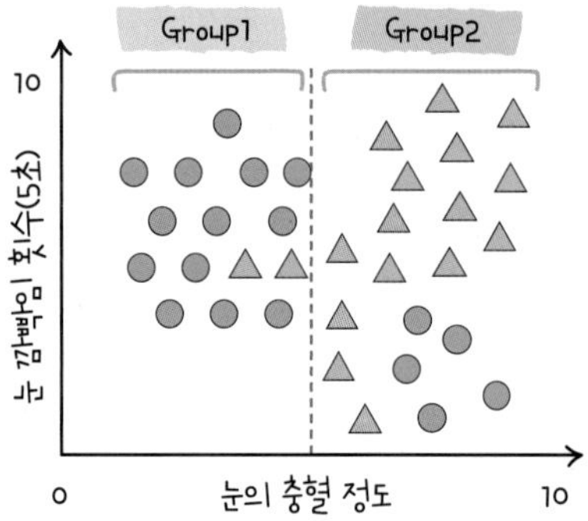

○ = 18
△ = 17

지니 불순도

$$group = 1 - \left(\frac{18}{35}\right)^2 - \left(\frac{17}{35}\right)^2 \fallingdotseq 0.50$$

엔트로피

$$group = -\frac{18}{35}\log_2\left(\frac{18}{35}\right) - \frac{17}{35}\log_2\left(\frac{17}{35}\right) \fallingdotseq 1$$

분기 후 Group

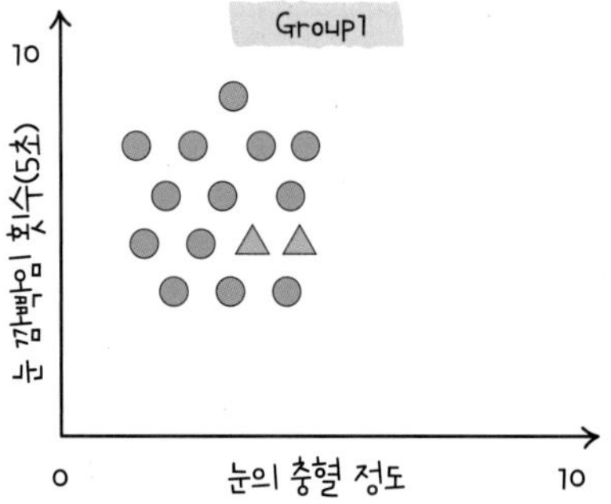

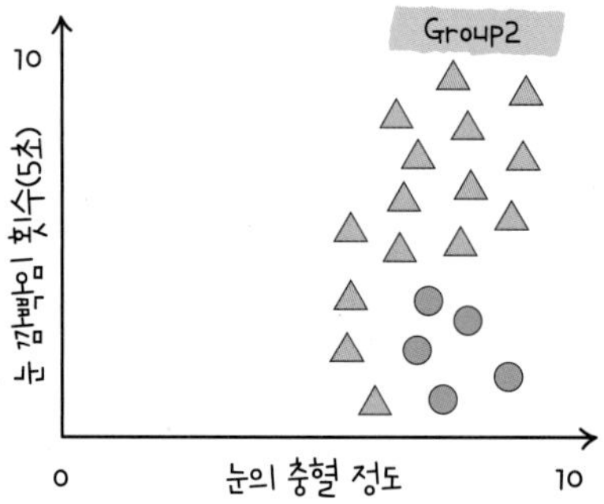

○ = 13
△ = 2

지니 불순도

$$group1 = 1 - \left(\frac{13}{15}\right)^2 - \left(\frac{2}{15}\right)^2 \fallingdotseq 0.23$$

엔트로피

$$group1 = -\frac{2}{15}\log_2\left(\frac{2}{15}\right) - \frac{13}{15}\log_2\left(\frac{13}{15}\right) \fallingdotseq 0.566$$

○ = 5
△ = 15

지니 불순도

$$group2 = 1 - \left(\frac{5}{20}\right)^2 - \left(\frac{15}{20}\right)^2 = 0.375$$

엔트로피

$$group2 = -\frac{5}{20}\log_2\left(\frac{5}{20}\right) - \frac{15}{20}\log_2\left(\frac{15}{20}\right) \fallingdotseq 0.811$$

분기 후 지니 불순도 $= \frac{15}{35} \times 0.23 + \frac{20}{35} \times 0.375 \fallingdotseq 0.32$

분기 후 지니 엔트로피 $= \frac{15}{35} \times 0.57 + \frac{20}{35} \times 0.81 \fallingdotseq 0.71$

일반적으로 정보 이론에서 엔트로피 계산(91쪽 상단)에 로그(log)를 쓴 이유는 오차율을 줄이기 위한 것으로, 밑을 2로 한 까닭은 정보를 비트(0, 1)단위로 생각했기 때문입니다.

- 지니 불순도로 정보 이득: $0.50 - \left(\frac{15}{35} \times 0.23 + \frac{20}{35} \times 0.375\right) = 0.18$
- 엔트로피로 정보 이득: $1.0 - \left(\frac{15}{35} \times 0.57 + \frac{20}{35} \times 0.81\right) = 0.29$

정보 이득이 분기 전에 비해 분기 후에 낮아졌으므로 데이터를 분할하게 됩니다.

엔트로피로 정보 이득 계산하기

$$group\text{의 엔트로피} = -\frac{\text{데이터 범주1}}{group\text{의 데이터 개수}}\log_2\left(\frac{\text{데이터 범주1}}{group\text{의 데이터 개수}}\right) - \frac{\text{데이터 범주2}}{group\text{의 데이터 개수}}\log_2\left(\frac{\text{데이터 범주2}}{group\text{의 데이터 개수}}\right)$$

만약, 데이터를 아래와 같은 점선으로 분할한다면 지니 불순도와 엔트로피는 다음과 같이 계산할 수 있습니다.

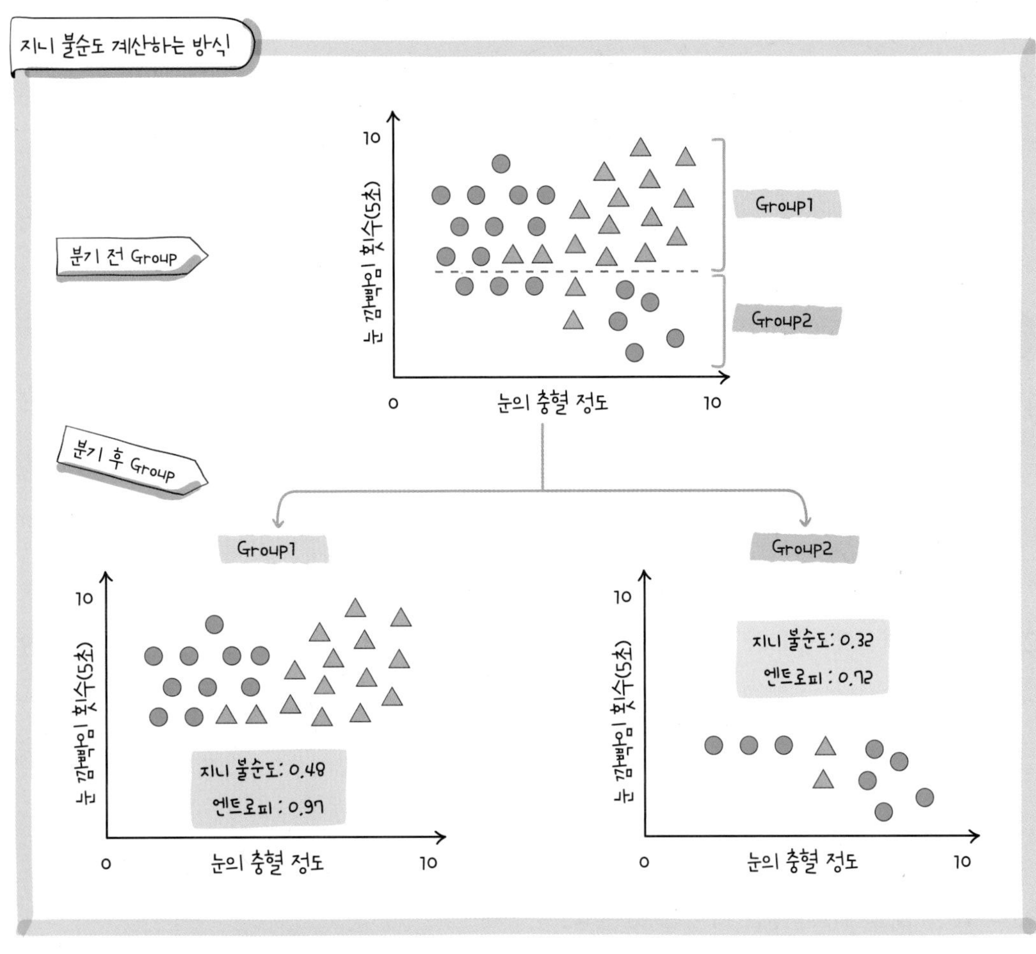

- **지니 불순도로 정보 이득:** $0.50 - \left(\frac{25}{35} \times 0.48 + \frac{10}{35} \times 0.32\right) = 0.068$
- **엔트로피로 정보 이득:** $1.0 - \left(\frac{25}{35} \times 0.97 + \frac{10}{35} \times 0.72\right) = 0.103$

정보 이득이 분기 전에 비해 분기 후에 낮아졌으므로 데이터를 분할하게 됩니다.

Decision Tree 문제 해결 과정

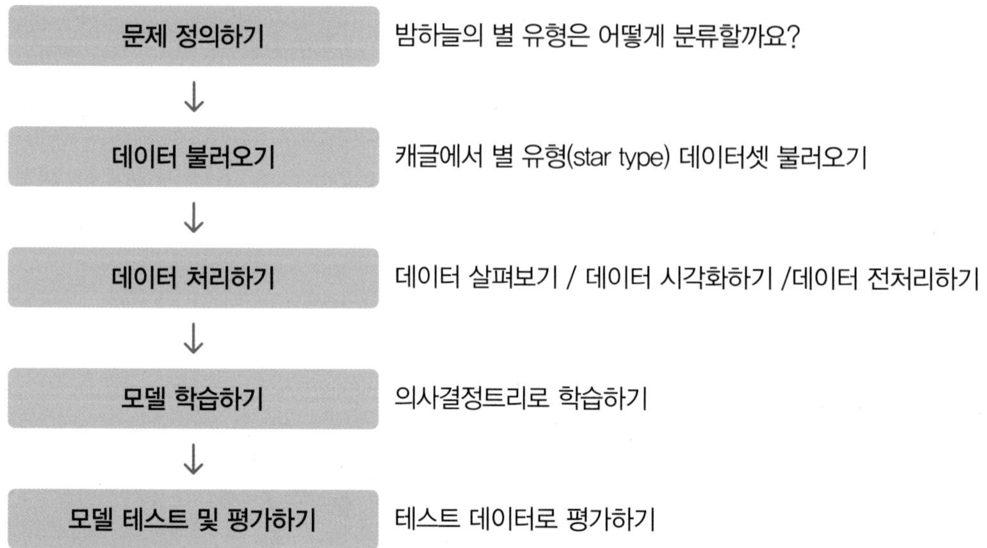

우리가 알게 된 정보

1. 별 분류 문제는 어떤 문제였나요?

   ▶ 별의 온도, 광도, 반지름, 절대 등급, 별의 색, 스펙트럼이라는 6개의 속성을 이용하여 갈색 왜성(Brown Dwarf), 적색 왜성(Red Dwarf), 백색 왜성(White Dwarf), 주계열(Main Sequence), 초거성(SuperGiant), 극대거성(Hyper-Giant) 중 별이 어떤 유형에 속하는지 분류하는 문제입니다.

2. 이 문제 해결에 필요한 데이터셋은 무엇이고, 이 데이터셋은 어디에서 수집할 수 있었나요?

   ▶ 별 데이터셋으로 캐글에서 다운로드할 수 있었습니다.

3. 모델 학습에 사용한 알고리즘은 무엇이었나요?

   ▶ 의사결정트리 알고리즘을 사용했습니다.

4. 모델 학습을 위해 어떤 처리를 했나요?

   ▶ 별 데이터셋에서 어떤 속성이 있는지, 어떤 속성이 별을 분류하는 데 영향을 미치는지 탐색하고, 데이터를 학습시켰습니다.

5. 활동을 마치며 새롭게 알게 된 용어를 정리해 보세요.

의사결정트리	
사전 가지치기	
사후 가지치기	

소스 코드

소스 코드는 씨마스 에듀 홈페이지와 구글 드라이브에서 제공합니다.

```
import pandas as pd  # 데이터프레임 제어를 위한 판다스 라이브러리
import seaborn as sns  # 보기 좋은 그래프 시각화를 위한 시본 라이브러리
from sklearn.model_selection import train_test_split  # 사이킷런의 데이터 분할 함수
from sklearn.tree import DecisionTreeClassifier  # 의사결정트리 분류를 위한 라이브러리
from sklearn.tree import plot_tree  # 의사결정트리 시각화를 위한 라이브러리
import matplotlib.pyplot as plt  # 그래프 시각화를 위한 맷플롯립 라이브러리

from google.colab import files
uploaded = files.upload()  # 파일 업로드

star = pd.read_csv('6 class csv.csv')  # 행성 데이터를 불러와 데이터프레임으로 변환

# 반지름과 절대 등급 간의 관계를 살펴보기 위한 시각화
X = star['Radius(R/Ro)']  # 반지름을 x축으로 설정하기 위한 작업
Y = star['Absolute magnitude(Mv)']  # 절대 등급을 y축으로 설정하기 위한 작업
plt.scatter(X, Y)  # X, Y값을 이용하여 산점도 그리기
plt.show()

star.info()  # 속성 정보 확인
star.describe()  # 속성 통계량 확인

print(star['Star type'].unique())  # 별의 유형 속성에 나타난 고윳값 확인
print(star['Star type'].value_counts())  # 별의 유형 속성에 나타난 고윳값 별 데이터 개수 확인

print(star['Spectral Class'].unique())
print(star['Spectral Class'].value_counts())

# Star color 속성에서 같은 색상을 나타내는 다른 표현을 하나로 정리
star['Star color'] = star['Star color'].str.replace('-', ' ')  # '-'를 공백으로 변환
star['Star color'] = star['Star color'].str.rstrip()  # 우측 공백 삭제
star['Star color'] = star['Star color'].str.lower()  # 대문자를 소문자로 처리
star['Star color'] = star['Star color'].str.replace('white yellow', 'yellow white')
                                          # white yellow를 yellow white로 변환
```

```
p = sns.pairplot(star, hue = 'Star type', palette = 'RdBu', corner = True)
                                    # 속성 간의 관계를 살펴볼 pairplot을 그린 후 별의 유형 분포 파악
handles = p._legend_data.values()  # 기존의 범례에서 범주별 값 추출
labels = ['Brown Dwarf', 'Red Dwarf', 'White Dwarf', 'Main Sequence', 'Super Giant', 'Hyper Giant']
                                    # 별의 유형 고윳값이 범례에 표시되도록 별의 유형 이름 리스트 생성
p.legend.remove()  # 기존의 범례 삭제(시본 라이브러리 기본 제공)
p.fig.legend(title = '[Star type]', handles = handles, labels = labels, loc = 'center right',
             ncol = 3)  # 기존의 범례에서 범주별 값과 별의 유형 이름 리스트를 범례로 생성)
plt.show()

# 각 속성 간의 상관관계 분석을 위한 원-핫 인코딩
star_onehot = pd.get_dummies(star)

# 각 속성 간의 상관관계 분석
star_corr = star_onehot.corr().round(2)  # 상관관계 계수 값을 소수점 둘째 자리까지 처리

# 상관관계 분석 결과 시각화
plt.figure(figsize = (15, 15))  # 히트맵 사이즈 설정
sns.heatmap(star_corr, annot = True, square = True, cmap = 'RdBu')  # 히트맵 생성
plt.show()

# 독립변수와 종속변수 설정
X1 = star_onehot.iloc[:, 0:4]
X2 = star_onehot.iloc[:, 5:]
X = pd.concat([X1, X2], axis = 1)
y = star.loc[:, 'Star type']

# 훈련 데이터와 테스트 데이터 분할
X_train, X_test, y_train, y_test = train_test_split(X, y, test_size = 0.2, random_state = 42)

# 모델 학습 및 평가
DT = DecisionTreeClassifier(random_state = 42)  # 의사결정트리 모델 생성
DT.fit(X_train, y_train)  # 훈련 데이터를 이용한 모델 학습
```

```
print(DT.score(X_train, y_train))  # 학습에 대한 평가
print(DT.score(X_test, y_test))  # 테스트 데이터를 이용한 평가
# 속성 중요도 분석
for feature_name, importance_value in zip(star.columns, DT.feature_importances_):
    print('{} : {:.2f}'.format(feature_name, importance_value))
# 의사결정트리 시각화
plt.figure(figsize = (15,10))
plot_tree(DT, filled = True, feature_names = ['Temperature (K)', 'Luminosity(L/Lo)', 'Radius(R/Ro)',
          'Absolute magnitude(Mv)', 'Star color_blue',
          'Star color_blue white', 'Star color_orange',
          'Star color_orange red', 'Star color_pale yellow orange',
          'Star color_red', 'Star color_white', 'Star color_whitish',
          'Star color_yellow white', 'Star color_yellowish',
          'Star color_yellowish white', 'Spectral Class_A',
          'Spectral Class_B', 'Spectral Class_F', 'Spectral Class_G',
          'Spectral Class_K', 'Spectral Class_M', 'Spectral Class_O'])
plt.show()

# 가지치기와 모델 학습 및 평가
DT = DecisionTreeClassifier(max_depth = 3, random_state = 42)
DT.fit(X_train, y_train)
print(DT.score(X_train, y_train))
print(DT.score(X_test, y_test))

# 가지치기 후 의사결정트리 시각화
plt.figure(figsize = (30, 20))
plot_tree(DT, filled = True, feature_names = ['Temperature', 'Luminosity', 'Radius', 'Absolute magnitude',
                                              'Star color'])
plt.show()
```

의사결정트리는 목표로 하는 속성(종속변수)이 이산형일 때는 분류를, 연속형일 때는 회귀 분석에 사용합니다. 이 활동에서는 캐글에서 다운로드한 별 데이터셋에서 별의 여섯 가지 유형을 분류하는 분류 모델을 만들어 보았습니다.

별 데이셋에는 같은 색을 나타내는 값이 다른 형식으로 표현된 값들을 정리하기 위해 대문자는 소문자로, '-'는 공백으로, 우측 공백은 제거하였습니다.

예측할 결과와 관련이 있는 속성을 파악하기 위해 수치형 데이터에 대해 산점도를 보여 주는 pairplot으로 시각화한 결과, 별의 유형을 구분하는 데 속성마다 미치는 정도가 다르다는 것을 알 수 있었습니다.

범주형 데이터를 수치형으로 원-핫 인코딩하여 상관관계를 분석했으나 속성이 많아 파악이 어려워서 히트맵으로 시각화하여 확인하였습니다.

의사결정트리는 각 속성들이 개별적으로 처리되므로 스케일에 영향을 받지 않으므로 정규화나 표준화와 같은 전처리를 하지 않아도 된다는 장점이 있습니다.

의사결정트리는 각 속성에 대해 엔트로피나 지니 불순도를 계산하고 분할할 때 정보 이득이 발생하는 속성을 분할 기준으로 결정하는 연산을 거쳐 완성된다는 사실을 알게 되었습니다.

Random Forest 집단지성

어떤 영화가 흥행할까?

랜덤 포레스트는 여러 개의 트리를 평균 내어 예측을 하기 때문에 의사결정트리보다 높은 안정성과 일반화 성능을 가집니다. 따라서 높은 예측 성능과 안정성이 필요한 경우에는 랜덤 포레스트를 고려할 수 있습니다.

이번 활동에서는 랜덤 포레스트를 이용하여 흥행할 영화를 분류해 봅니다.

100만 명의 관객을 동원한 영화의 흥행 요소들을 파악하면 다른 영화의 흥행 여부를 미리 점쳐 볼 수 있을까요?

이 장에서는 다음의 순서로 살펴봅시다.

맛보기 — 랜덤 포레스트의 이해

문제 해결하기

- 문제 정의하기 — 흥행할 영화를 미리 알아낼 수 있을까요?
- 데이터 불러오기 — 영화진흥위원회 자료를 이용한 DACON 영화 데이터셋 불러오기
- 데이터 처리하기
  - 데이터셋 확인하기
  - 데이터 결측치를 중간값으로 채우기
- 모델 학습하기 — 랜덤 포레스트로 학습하기
- 모델 테스트 및 평가하기 — 테스트 데이터로 평가하기

더 자세히 — 앙상블 모델

맛보기 랜덤 포레스트의 이해

랜덤 포레스트란?

앞서 배운 의사결정트리(Decision Tree) 알고리즘은 데이터셋으로 의사결정트리 한 개를 만들어 원하는 예측을 얻을 수 있는 방법입니다.

한 개의 트리! 왠지 아쉽지 않나요? 아주 명확한 수식인 정보 이득(Information Gain)이나 엔트로피(Entropy)를 이용하여 가장 좋은 질문들을 찾기는 하지만 어쩐지 트리 한 개로 예측을 한다니 좀 불안하지 않나요? 만일 트리를 한 개가 아니라 여러 개를 사용하여 종합하면 성능이 더 좋아지지 않을까요?

우리만 이렇게 생각한 것은 아닙니다. 의사결정트리가 등장한 후 여러 사람들이 트리를 여러 개 사용하면 더 좋겠다는 생각을 하였고, 이를 해결하기 위해 고민했습니다.

한 개의 훈련 데이터에서 여러 개의 트리를 만드는 방법이 다양한데, 그중 이 책에서는 랜덤 포레스트(Random Forest)에 관해 알아보려고 합니다.

랜덤 포레스트는 앙상블 학습의 대표적인 모델로서 현재의 그 개념은 레오 브레이먼에 의해 만들어졌습니다.

그럼, 먼저 앙상블 학습이 무엇인지부터 이야기해 봅시다.

앙상블 학습

앙상블 학습(Ensemble Learning)은 여러 개의 모델을 생성하고, 그 예측 결과를 종합해서 보다 정확한 예측을 도출하는 기법입니다.

강력한 한개의 모델을 사용하는 대신 보다 약한 모델 여러 개를 조합하여 더 정확한 예측을 하는 데 도움을 주는 방식입니다. 가만히 생각하면 떠오르는 단어가 하나 있지 않나요? 그렇죠! 집단지성! 한 명의 전문가보다 여러 명의 집단지성을 이용하여 문제를 해결하면 좀 더 잘 맞겠죠?

앙상블 기법 중에 대표적인 것이 랜덤 포레스트입니다. 이름에서 이미 정체를 들켜 버렸죠? 한 개의 트리를 쓰는 게 아니라 숲(forest)을 사용하는 것이죠.

앞서 배운 의사결정트리가 한 개의 나무라면 랜덤 포레스트는 여러 개의 나무를 이용하는 이른바, 숲이 되는 겁니다.

당연히, 한 개의 트리를 이용하는 것보다 여러 개의 트리를 이용한 결과가 훨씬 좋겠죠?

▲ 트리와 숲(포레스트)

그런데 트리 공부를 제대로 했다면 전광석화와 같은 번쩍임이 머리에 떠오르며 다음과 같은 질문을 해 볼 수 있습니다.

> 트리는 정보 이득(Information Gain)이라는 방법을 이용해 정해진 규칙에 따라 만들게 되는데, 어떻게 여러 개를 만들지?

> 하나의 데이터로부터 엔트로피(Entropy), 지니 불순도(Gini Impurity) 등의 정보 이론을 위한 식을 이용하면 규칙이 정해져 있으니 한 개의 트리만 만들어지지 않을까?

이러한 랜덤 포레스트를 위한 핵심 기술은 배깅(Bagging)과 랜덤 노드 최적화(RNO: Randomized Node Optimization)입니다. 이는 배깅과 랜덤 노드 최적화라는 방법을 이용하여 한 개의 데이터셋을 이용해 여러 개의 트리를 만드는 방법입니다.

맛보기 랜덤 포레스트의 이해

부트스트랩

배깅의 개념을 이해하려면 부트스트랩 샘플링, 배깅, 랜덤 노드 최적화를 알아야 한다.

예를 들어 원본 데이터셋에 1,000개의 샘플이 있는데 뽑기하듯 1,000개의 샘플을 뽑는다고 가정해 봅시다. 1,000개의 샘플을 뽑는데 뽑은 수를 다시 뽑을 수 있다면 원래의 원본 샘플과는 데이터의 중복이 조금 있는 다른 데이터셋이 만들어질 겁니다.

이런 작업을 100번쯤 반복하면 원래 데이터셋과 같은 1,000개의 샘플을 가진 데이터셋 100개를 만들게 됩니다. 각 데이터셋의 데이터들은 아주 비슷하지만 살짝 다릅니다. 이게 성능을 개선하는 데 도움이 될까요? 그럼요. 작은 차이가 명품을 만든다는 말 기억나시죠?

이렇게 원본 데이터셋에서 무작위로 중복 추출을 허용하여 동일한 사이즈의 데이터셋을 여러 개 만드는 샘플링 방법을 부트스트랩(Bootstrap)이라고 합니다. 중복 추출이므로 샘플 데이터셋에는 데이터 중복이 있을 수 있습니다. 연금 복권처럼 10개의 숫자를 이용해 번호를 만들되 중복을 허용하는 것이지요.

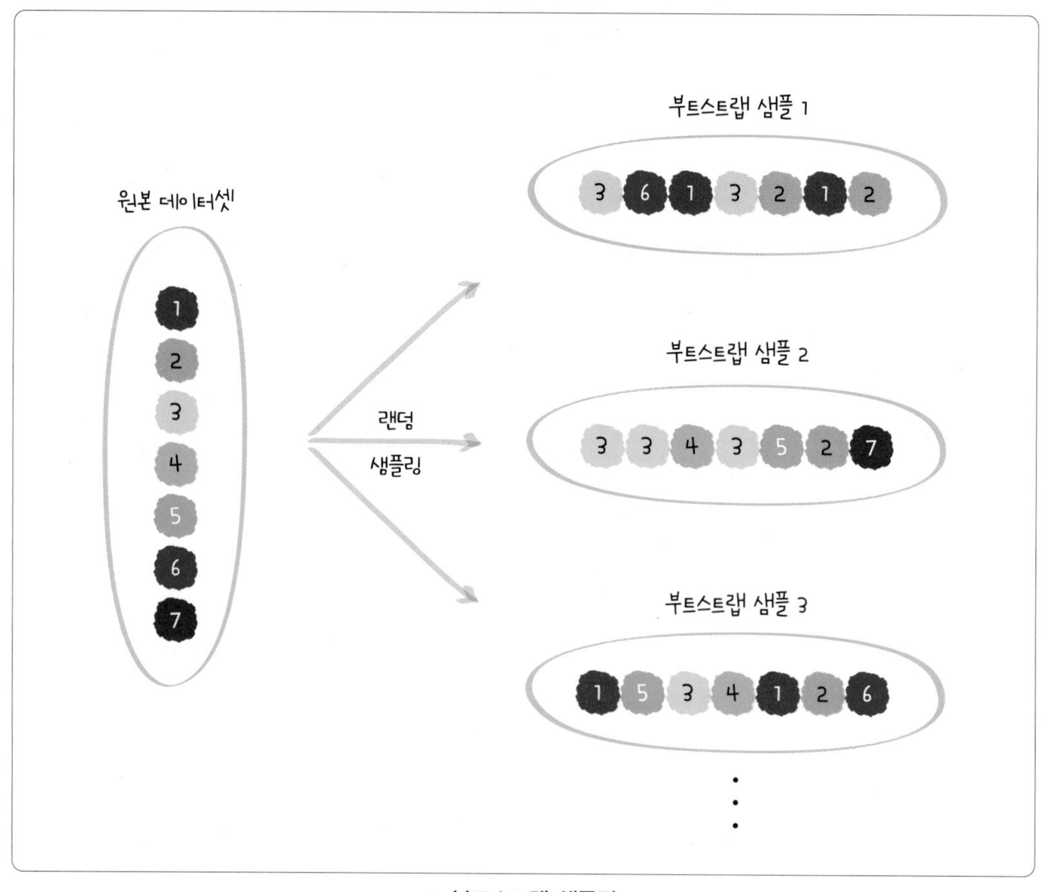

▲ 부트스트랩 샘플링

부트스트랩은 앙상블 모델에서 사용되는 중요한 기법으로 예측 결과에 대한 편향성을 줄일 수 있습니다.

배깅

앞서 설명한 부트스트랩 샘플링을 이용하여 각각의 의사결정트리를 만들고 그 트리의 예측 결과를 종합하여 결론을 내는 방식을 배깅(Bagging)이라고 합니다. 배깅은 Bootstrap Aggregating의 준말입니다.

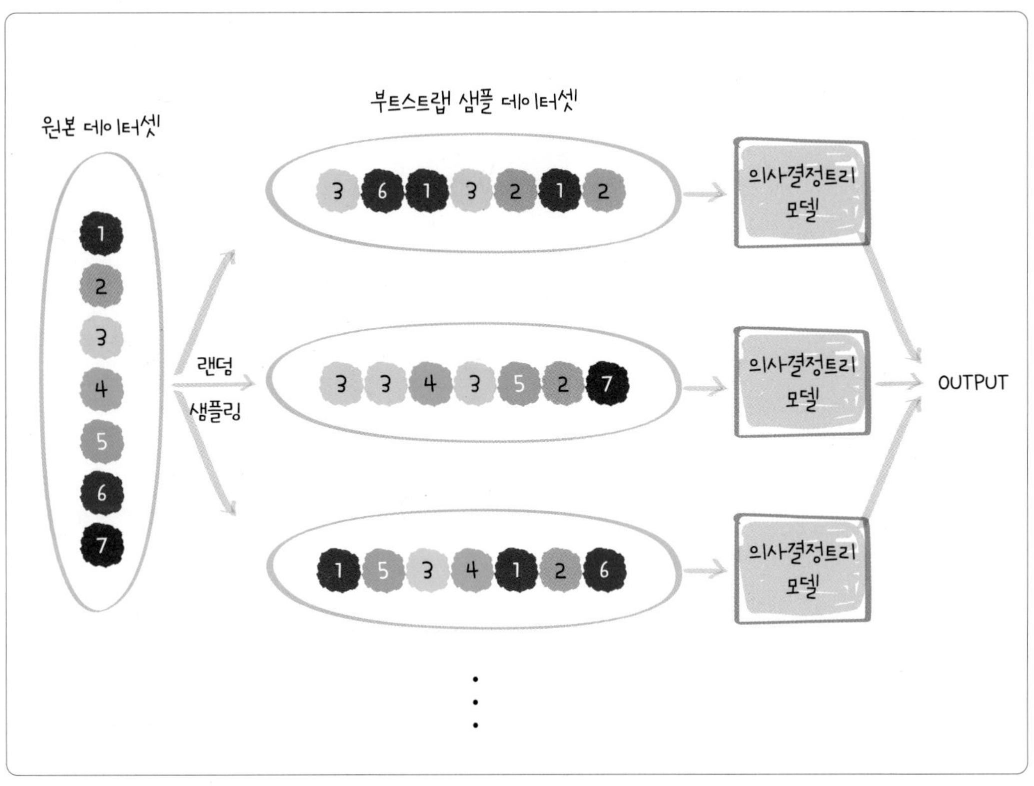

▲ 배깅

랜덤 노드 최적화

랜덤 포레스트의 첫 번째 마법인 배깅과 더불어 트리의 성능을 좋게 만들어 주는 두 번째 마법은 랜덤 노드 최적화(RNO: randomized node optimization)입니다.

트리를 만들 때는 데이터가 가진 모든 특성을 사용하여 정보 이득을 구합니다. 그런데 랜덤 포레스트는 이름답게 모든 특성을 사용하지 않고 특성의 일부만 사용합니다.

이때 성능에 긍정적 영향을 주는 특성의 개수를 찾아야 하지만, 보통 특성 수의 제곱근만큼만 랜덤하게 선택합니다. 만약 독립변수 즉, 데이터의 특성이 9개가 있다면 이 중에 3개만 그것도 랜덤하게 선택해서 사용합니다.

> 모든 특성을 사용하면 각 트리가 서로 비슷해져 다양성이 부족해지고, 일반화되기 어려운 과대적합(Overfitting) 문제가 발생하기 때문입니다.

그래도 되냐구요? 네! 그래도 됩니다. 그것도 잘됩니다. 이런 식으로 원래 샘플에서 부트스트랩한 100개의 데이터셋을 이용해 랜덤으로 특성을 선택해 가며 100개의 서로 조금씩 다른 트리를 만들어 숲을 이뤄냅니다. 그리고 그 숲이 말하는 결과의 평균을 이용하는 것이죠.

1 문제 정의하기

문제 상황 이해하기

흥행할 영화를 미리 알아낼 수 있을까요?

C사에 다니는 김 대리는 영화 홍보를 담당합니다. 흥행할 영화를 찾아서 투자금을 늘리고 좀 더 집중적으로 홍보와 마케팅을 하는 거죠.

김 대리는 영화 개봉 초기에 흥행 여부를 미리 알아내고 싶습니다. 왜냐구요? 그걸 알면 흥행하지 않을 것 같은 영화에 더 이상 마케팅 비용을 쏟아붓지 않아도 되니까요.

문제 해결에 필요한 정보 살펴보기

문제 해결 과정에서 필요한 정보를 미리 살펴봅시다.

1 이 활동에 필요한 데이터셋은 무엇이고, 이 데이터셋은 어디에서 수집할 수 있나요?

우리나라 영화 관련 통계를 관장하고 있는 영화진흥위원회(Kofic)의 영화관 입장권 통합 전산망을 이용하면 데이터셋을 구할 수 있습니다. 하지만 가져온 데이터를 전처리해야 하는 번거로움이 있으므로 여기서는 인공지능 경진대회 플랫폼인 DACON에서 제공하는 영화 관객수 데이터셋을 사용합니다.

2 모델 학습에 사용할 알고리즘은 무엇인가요?

랜덤 포레스트(Random Forest) 알고리즘을 사용합니다. 의사결정트리 모델의 성능을 높이기 위해 한 개가 아닌 여러 개의 트리를 만들어 그 결과를 종합하여 결론을 이끌어 냅니다. 집단지성을 이용하는 방법이죠.

3 모델 학습을 위해 어떤 처리를 해야 할까요?

데이터에서 특징(feature)이 무엇인지 학습하고 정형 데이터에서 특징을 살펴봅니다. 더불어 이번 활동에서는 영화 흥행을 예측하는 것이므로 원래 가지고 있는 데이터를 전처리해 흥행과 비흥행을 가를 수 있는 속성을 추가해야 합니다.

2 데이터 불러오기

데이터셋 소개하기

이번 활동에 사용할 영화 데이터는 영화진흥위원회 등에서 데이터를 수집하여 DACON에서 제공하는 데이터입니다. 실제 여러분들이 나름의 흥행 요소를 파악하려면 데이터를 별도로 수집해야 합니다.

개봉 영화 데이터는 아래와 같은 형태입니다. 우리는 이 데이터에 100만 명이 넘으면 흥행, 그렇지 않으면 비흥행으로 구분하는 속성을 추가하려고 합니다. 이 데이터를 사용해서 결과적으로 흥행 유무를 예측하고 싶은 겁니다.

속성명	의미	비고
title	영화 제목	
distributor	배급사	
genre	장르	
release_time	개봉일	
time	상영 시간(분)	
screening_rat	상영 등급	
director	감독 이름	
dir_prev_bfnum	해당 감독이 이 영화를 만들기 전 제작에 참여한 영화에서의 평균 관객 수 (줄여서 '감독의 전작 평균 관객 수'라고 정합니다.)	관객 수가 알려지지 않은 영화 제외
dir_prev_num	해당 감독이 이 영화를 만들기 전 제작에 참여한 영화의 개수 (줄여서 '감독의 전작 작품 수'라고 정합니다.)	
num_staff	스태프 수	
num_actor	주연 배우 수	
box_off_num	관객 수	

영화 흥행 데이터셋 다운로드하기

DACON(https://dacon.io/competitions/open/235536/data)에 접속하여 로그인한 후, 다운로드 버튼을 클릭해서 데이터를 다운로드합니다.

데이터를 다운로드하기 위해서는 대회에 참여 신청을 하고 간단한 레벨 테스트를 마쳐야 합니다.

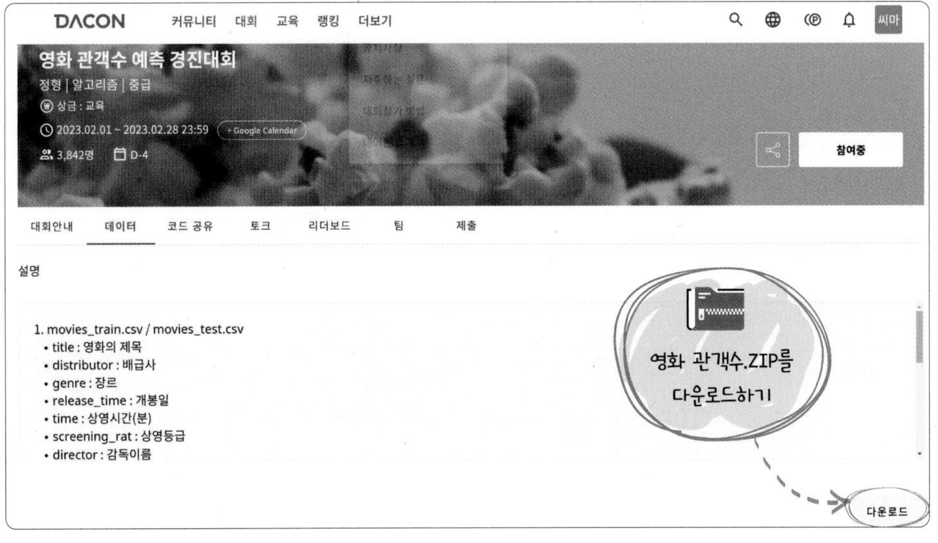

데이터셋 불러오기

다운로드한 파일의 압축을 풀면 3개 데이터(movies_test.csv, movies_train.csv, submission.csv)가 나오는데 이번 활동에서는 movies_train.csv를 사용합니다.

title	distributor	genre	release_time	time	screening_rat	director	dir_prev_bfnum	dir_prev_num	num_staff	num_actor	box_off_num
개들의 전쟁	롯데엔터테인먼!	액션	2012-11-22	96	청소년 관람불가	조병옥		0	91	2	23398
내부자들	(주)쇼박스	느와르	2015-11-19	130	청소년 관람불가	우민호	1161602.5	2	387	3	7072501
은밀하게 위대하	(주)쇼박스	액션	2013-06-05	123	15세 관람가	장철수	220775.25	4	343	4	6959083
나는 공무원이다	(주)NEW	코미디	2012-07-12	101	전체 관람가	구자홍	23894	2	20	6	217866
불량남녀	쇼박스(주)미디0	코미디	2010-11-04	108	15세 관람가	신근호	1	1	251	2	483387
강철대오 : 구국	롯데엔터테인먼!	코미디	2012-10-25	113	15세 관람가	육상효	837969	2	262	4	233211
길위에서	백두대간	다큐멘터리	2013-05-23	104	전체 관람가	이창재		0	32	5	53526
회사원	(주)쇼박스	액션	2012-10-11	96	청소년 관람불가	임상윤	739522	3	342	2	1110523
1789, 바스티유	유니버설픽쳐스	뮤지컬	2014-09-18	129	전체 관람가	정성복		0	3	5	4778

▲ 영화 흥행 데이터(movies_train.csv)

데이터는 앞서 살펴본 것처럼 영화의 제목(title), 배급사(distributor), 장르(genre), 개봉일(release_time), 상영 시간(time), 상영 등급(screening_rat), 감독(director), 감독의 전작 평균 관객 수(dir_prev_bfnum), 감독의 전작 작품 수(dir_prev_num), 이 영화에 참여한 스태프 수(num_staff), 주연 배우 수(num_actor), 관객 수(box_off_num)입니다.

이 데이터에 100만 명이 넘으면 흥행, 그렇지 않으면 비흥행으로 구분하는 속성을 추가하려 합니다.

파일 업로드하기

코랩으로 파일을 업로드하는 여러 방법이 있지만, 여기서는 컴퓨터에 저장된 파일을 드래그해서 코랩 서버에 업로드하는 방법을 사용하겠습니다.

코랩 오른쪽에 있는 폴더를 클릭하면 현재 코랩의 작업 디렉토리를 볼 수 있습니다. 이곳에 파일(movies_train.csv)을 드래그 앤 드롭합니다.

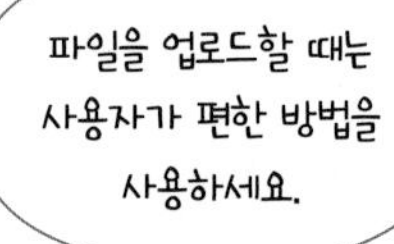

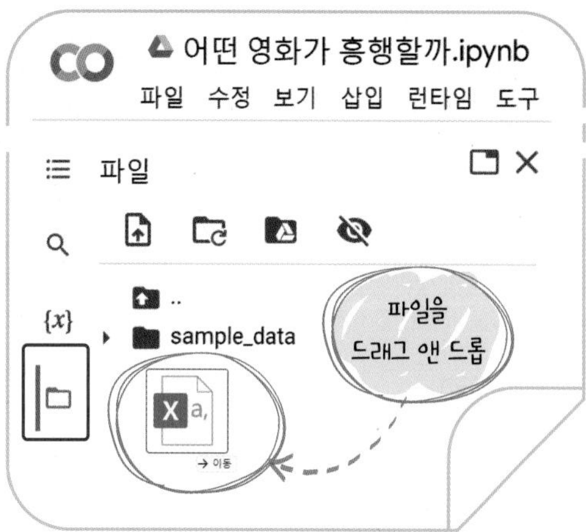

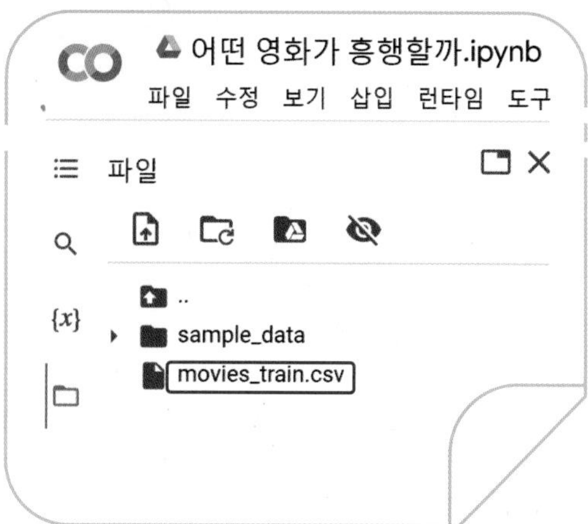

그런데 movies_test.csv는 왜 사용하지 않냐구요? movies_test.csv 파일을 확인해 보면 이번 활동에서 예측하려는 종속변수가 없습니다. 즉, 이번 활동에서 관객 수를 종속변수로 활용할 것인데 movies_test.csv 파일에는 관객 수(box_off_num)가 없기 때문에 성능 측정을 해 볼 수가 없습니다.

이 파일(movies_test.csv)은 모델을 완전히 만든 후, 그야말로 성능 측정을 위해 사용하는 것이므로 이번 활동의 목적과 달라서 movies_train.csv 파일을 사용하여 훈련 데이터와 테스트 데이터를 만들어 사용할 것입니다.

업로드한 파일은 판다스 라이브러리를 이용하여 파일을 데이터프레임으로 읽어들입니다. 이때 원본 데이터가 CSV 파일이므로 판다스 라이브러리의 read_csv()를 사용합니다.

파일 읽어 들이기

```
import pandas as pd
movies = pd.read_csv('movies_train.csv')
movies
```

	title	distributor	genre	release_time	time	screening_rat	director	dir_prev_bfnum	dir_prev_num	num_staff	num_actor	box_off_num
0	개들의 전쟁	롯데엔터테인먼트	액션	2012-11-22	96	청소년 관람불가	조병옥	NaN	0	91	2	23398
1	내부자들	(주)쇼박스	느와르	2015-11-19	130	청소년 관람불가	우민호	1161602.50	2	387	3	7072501
2	은밀하게 위대하게	(주)쇼박스	액션	2013-06-05	123	15세 관람가	장철수	220775.25	4	343	4	6959083
3	나는 공무원이다	(주)NEW	코미디	2012-07-12	101	전체 관람가	구자홍	23894.00	2	20	6	217866
4	불량남녀	쇼박스(주)미디어플렉스	코미디	2010-11-04	108	15세 관람가	신근호	1.00	1	251	2	483387
...	...	...	...	...	...	...	...	...	...	...	...	...
595	해무	(주)NEW	드라마	2014-08-13	111	청소년 관람불가	심성보	3833.00	1	510	7	1475091
596	파파로티	(주)쇼박스	드라마	2013-03-14	127	15세 관람가	윤종찬	496061.00	1	286	6	1716438
597	살인의 강	(주)마운틴픽쳐스	공포	2010-09-30	99	청소년 관람불가	김대현	NaN	0	123	4	2475
598	악의 연대기	CJ 엔터테인먼트	느와르	2015-05-14	102	15세 관람가	백운학	NaN	0	431	4	2192525
599	베를린	CJ 엔터테인먼트	액션	2013-01-30	120	15세 관람가	류승완	NaN	0	363	5	7166532

600 rows × 12 columns

판다스에서는 csv 형식 외에도 url, txt, xls, json 등 다양한 유형을 읽어올 수 있습니다.

해석

코랩의 작업 디렉토리로 업로드한 파일을 판다스 데이터프레임 형태로 읽어옵니다. movies 변수를 출력해 보면 총 12개의 속성(columns), 600개의 행(rows, 샘플)을 가진 데이터를 확인할 수 있습니다.

Q 엑셀에서 영화 데이터 CSV 파일을 열었더니 글자가 깨져서 나옵니다.

A 엑셀 실행 후 '데이터' 메뉴 → '텍스트/CSV'→ CSV 파일 선택 → 파일 원본의 인코딩 방식을 '유니코드(UTF-8)'로 변경하면 됩니다.

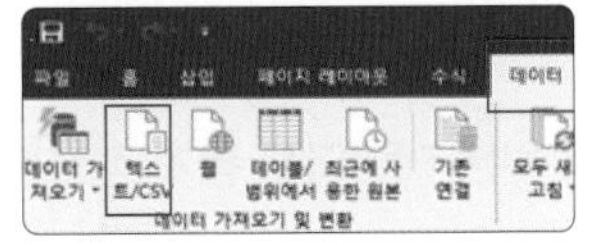

movies_train.csv

파일 원본

65001: 유니코드(UTF-8)

3 데이터 처리하기

영화진흥위원회 등에서 수집하여 DACON에서 정리한 영화 데이터셋의 속성을 살펴봅시다. 데이터의 이러한 기초 정보를 확인하기 위해서는 판다스 라이브러리 info() 메소드를 사용합니다.

데이터 기초 정보 확인하기

```
1  movies.info()
```

```
<class 'pandas.core.frame.DataFrame'>
RangeIndex: 600 entries, 0 to 599
Data columns (total 12 columns):
 #   Column           Non-Null Count  Dtype
---  ------           --------------  -----
 0   title            600 non-null    object
 1   distributor      600 non-null    object
 2   genre            600 non-null    object
 3   release_time     600 non-null    object
 4   time             600 non-null    int64
 5   screening_rat    600 non-null    object
 6   director         600 non-null    object
 7   dir_prev_bfnum   270 non-null    float64
 8   dir_prev_num     600 non-null    int64
 9   num_staff        600 non-null    int64
 10  num_actor        600 non-null    int64
 11  box_off_num      600 non-null    int64
dtypes: float64(1), int64(5), object(6)
memory usage: 56.4+ KB
```

결측치

Dtype이 object라고 해서 반드시 문자열을 나타내는 것은 아닙니다. 파이썬에서 제공하는 컨테이너 등도 object64로 표현됩니다.

해석

이 데이터셋은 총 600개의 데이터로 구성되어 있고 속성은 12개입니다. 각 속성별 값의 개수가 대부분 600개인데 감독의 전작 평균 관객 수(dir_prev_bfnum)가 270개인 것을 보니 해당 속성은 결측치가 꽤 많습니다. 속성별 데이터 유형은 정수형(int64), 실수형(float64), 그리고 문자열인 데이터 유형은 object로 표시되어 있습니다.

여기서 이제 결측치를 어떻게 해야 할지 결정해야 합니다. 일반적으로 값이 없는 null은 해당 행들을 삭제하는 것이 가장 좋은 방법이지만, 만약 삭제하는 행이 많다면 데이터가 많이 사라지게 되므로 중간값이나 평균값을 이용하기도 합니다.

위 활동의 원본 데이터셋 통계 정보를 확인해 보고, 결측치가 발생한 속성의 통계 정보를 살펴봅시다.

여기서 사용하는 영화 데이터셋은 행의 수, 즉 샘플의 수가 600개 밖에 없는데 거기서 300개 이상을 삭제하면 훈련할 데이터가 부족하겠죠? 따라서 성능이 좋지 않더라도 삭제하는 방법이 아닌 해당 칼럼의 중간값을 넣어 보겠습니다.

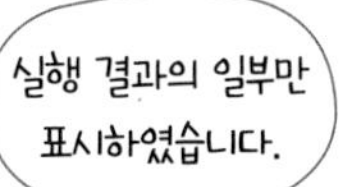

```
numeric_cols = movies.select_dtypes(include = 'number') # 수치형 타입의 열 구하기
median = numeric_cols.median()
data = movies.fillna(median)
data.info()
```

```
                    ⋮
 7    dir_prev_bfnum      600 non-null     float64
                    ⋮
dtypes: float64(1), int64(5), object(6)
```

해석

원본 데이터에 null 값들, 즉 비어 있는 값이 있으면 해당 칼럼을 fillna( ) 함수를 사용해서 지정한 값으로 채웁니다. 여기서는 중간값으로 채우기 위해 median( ) 함수로 구한 median 변수를 fillna( )의 매개변수로 설정했습니다. 그 결과 dir_prev_bfnum 속성이 270에서 600으로 변한 것을 확인할 수 있습니다.

데이터 통계량 확인하기

data라는 이름의 데이터프레임에 있는 수치 데이터들의 기술(descriptive) 통계 정보를 describe( ) 함수를 사용하여 알아보겠습니다.

```
data.describe()
```

	time	dir_prev_bfnum	dir_prev_num	num_staff	num_actor	box_off_num
count	600.000000	6.000000e+02	600.000000	600.000000	600.000000	6.000000e+02
mean	100.863333	7.358323e+05	0.876667	151.118333	3.706667	7.081818e+05
std	18.097528	1.233810e+06	1.183409	165.654671	2.446889	1.828006e+06
min	45.000000	1.000000e+00	0.000000	0.000000	0.000000	1.000000e+00
25%	89.000000	4.784236e+05	0.000000	17.000000	2.000000	1.297250e+03
50%	100.000000	4.784236e+05	0.000000	82.500000	3.000000	1.259100e+04
75%	114.000000	4.784236e+05	2.000000	264.000000	4.000000	4.798868e+05
max	180.000000	1.761531e+07	5.000000	869.000000	25.000000	1.426277e+07

표준편차가 큰 속성은 모델의 성능 향상에 영향을 미칩니다.

해석

결측치는 없지만, 관객 수(box_off_num) 속성을 확인해 보니 최소 관객 수가 1명인 영화도 있고, 최대 입장 관객 수가 1,426만 명이 넘는 것도 확인할 수 있습니다. 따라서 관객 수(box_off_num) 속성은 표준편차가 매우 크다는 것도 알 수 있습니다. 감독의 전작 평균 관객 수(dir_prev_bfnum)의 경우도 유사한 것을 확인할 수 있습니다.

3 데이터 처리하기

범주형 데이터 확인하기

자, 이젠 문자열로 되어 있는 범주형 데이터인 배급사와 장르, 상영 등급에 대하여 살펴보겠습니다. 영화 제목(title) 속성도 범주형 데이터이지만 여기서는 제목 속성은 활용하지 않도록 하겠습니다. 먼저 배급사(distributor) 속성의 고윳값과 고윳값 개수를 알아보겠습니다.

unique( ) 함수는 속성이 가진 값 중에 중복을 제외하고 고유한 값이 어떤 것이 있는지를 출력해 주는 함수이고, value_counts( )는 고윳값들의 개수를 출력해 줍니다.

```
print(data['distributor'].unique()) # 데이터 고윳값 확인
print(data['distributor'].value_counts()) # 데이터 고윳값의 개수 확인
```

```
['롯데엔터테인먼트' '(주)쇼박스' '(주)NEW' '쇼박스(주)미디어플렉스' '백두대간'
'유니버설픽쳐스인터내셔널코리아' ... '영화사 廊' '크리에이티브컴즈(주)' 'ysfilm' '이달투' '퍼스트런']
CJ 엔터테인먼트          54
롯데엔터테인먼트          52
(주)NEW                 30
(주)마운틴픽쳐스          29
(주)쇼박스                26
                          ..
OAL(올)                   1
(주)에이원 엔터테인먼트    1
(주)콘텐츠 윙             1
위더스필름                1
퍼스트런                  1
Name: distributor, Length: 169, dtype: int64
```

실행 결과의 일부만 표시하였습니다.

해석

제일 많은 영화를 배급한 회사는 CJ 엔터테인먼트이고, 상당히 많은 회사가 1개 영화를 배급한 것으로 파악됩니다.

보충 배급사별 비율 알아보기

value_counts()는 기본적으로 normalize 옵션은 False가 기본값이지만, True로 설정하면 전체 합을 1인 상태에서 모든 값을 비율로 계산해서 반환해 줍니다.

```
print(data['distributor'].value_counts(normalize = True))
```

```
CJ 엔터테인먼트          0.090000
롯데엔터테인먼트          0.086667
(주)NEW                 0.050000
(주)마운틴픽쳐스          0.048333
(주)쇼박스                0.043333
                          ...
OAL(올)                   0.001667
(주)에이원 엔터테인먼트    0.001667
(주)콘텐츠 윙             0.001667
위더스필름                0.001667
퍼스트런                  0.001667
Name: distributor, Length: 169, dtype: float64
```

장르(genre) 속성도 같은 식으로 확인해 볼까요?

```
print(data['genre'].unique())
print(data['genre'].value_counts())
```

```
['액션' '느와르' '코미디' '다큐멘터리' '뮤지컬' '드라마' '멜로/로맨스' '공포' '서스펜스' '애니메이션'
'미스터리' 'SF']
드라마          221
다큐멘터리        93
멜로/로맨스       78
코미디           53
공포            42
액션            28
느와르           27
애니메이션        21
미스터리          17
SF             13
뮤지컬            5
서스펜스           2
Name: genre, dtype: int64
```

해석

장르는 12개 장르가 있네요. 훈련용 데이터셋에 가장 많은 장르는 드라마입니다. 그리고 가장 적은 장르는 서스펜스입니다. 이 데이터셋 안에는 두 개의 영화만 서스펜스 장르인 것을 알 수 있습니다.

범주형 데이터인 배급사와 장르
속성별 고윳값 및 고윳값의 개수를
알아보았습니다. 이 방법을 활용하여
<해 보기>에서 상영 등급 속성에
대해서도 결과를 출력해 보세요.

범주형 데이터인 상영 등급(screening_rat) 속성의 종류(고윳값) 및 상영 등급별 개수(고윳값 개수)와 비율을 출력해 봅시다.

3 데이터 처리하기

데이터 시각화하기

이제부터는 데이터 시각화를 통해 데이터를 좀 더 살펴보겠습니다.

과거 통계 기반의 분석이나 전통적인 머신러닝에서는 모델을 만들 때 사람이 직접 필요한 데이터로 결과 예측값과 관련 있는 속성을 설정했습니다. 하지만 빅데이터 시대에서 데이터 마이닝이나 딥러닝 시스템에서는 데이터의 관계성을 사람이 먼저 설정하지 않고 기계가 스스로 찾아 활용하는 쪽을 선택하기도 합니다. 결국 이 활동에서는 관객 수가 중요한 속성이므로 관객 수와 나머지 변수들 간의 관계를 알아보는 것이 중요합니다.

pairplot 그리기

관객 수와 관련된 속성들을 살펴보기 위하여 시본 라이브러리의 pairplot()을 사용하여 다양한 속성을 조합하여 그 관계를 히스토그램과 분포도로 그립니다.

그래프 내에 색으로 구분할 속성은 장르(genre)입니다. 여러 가지 색상 팔레트 중에서 앞서 의사결정트리에서도 사용한 'RdBu' 팔레트로 그래프를 꾸며 보겠습니다.

맷플롯립에서 한글이 깨져보이지 않도록 한글 폰트를 지정해 주세요.

```
import matplotlib.pyplot as plt
plt.rc('font', family = 'NanumBarunGothic') # 한글 폰트 설정
import seaborn as sns
sns.pairplot(data, hue = 'genre', palette = 'RdBu', corner = True)
```

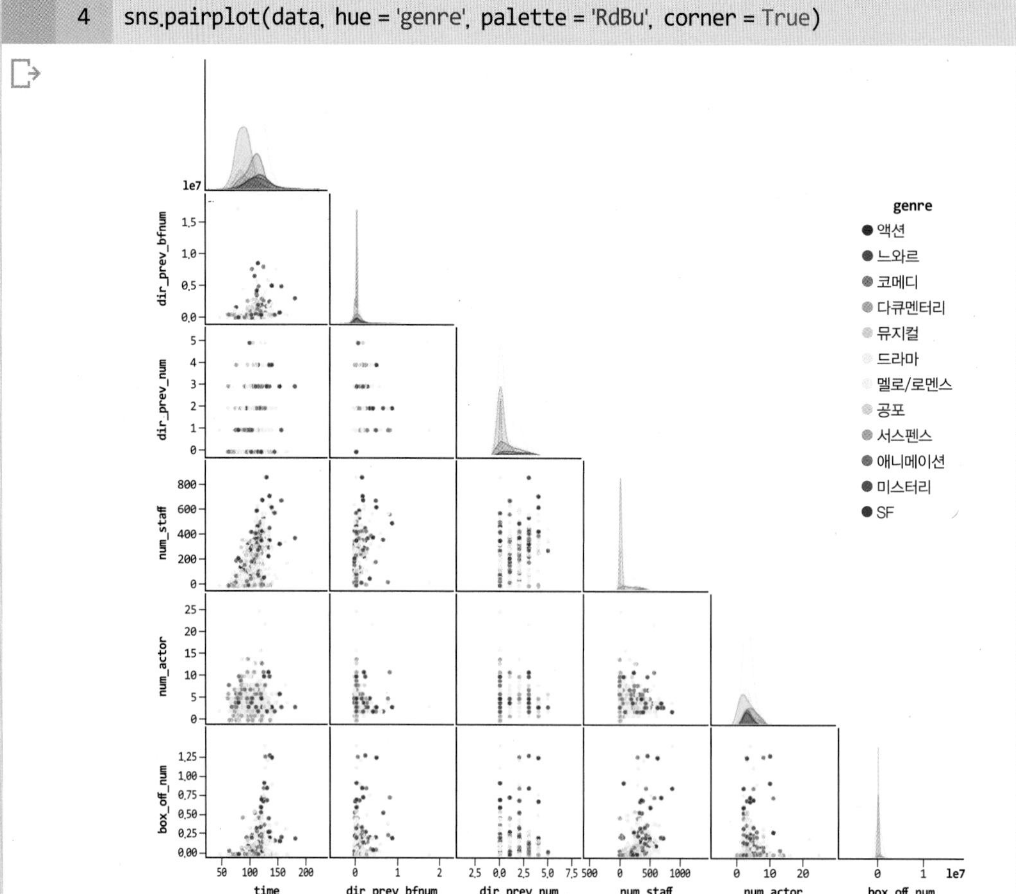

범주가 깨져 나온다면 한글 코드를 설치한 후 진행하세요. 설치 방법은 111쪽 Q&A를 참고하세요

상관계수 구하기

일단 pairplot()에서는 쉽게 관계를 알아보기 어렵군요.

그럼 상관관계 분석을 이용해 좀 더 면밀하게 속성들 간의 상관계수를 알아보겠습니다. 상관관계 분석은 데이터프레임의 corr() 메소드를 사용합니다.

corr() 명령문 사용 시 오류가 나올 때는 문자형 데이터가 포함되었기 때문이므로, 수치형 데이터만 사용하라는 'corr(numeric_only=True)' 옵션을 추가하세요.

```
corr = data.corr(numeric_only = True).round(2) # 수치형 타입의 데이터만 사용하여 상관관계 계산
corr
```

	time	dir_prev_bfnum	dir_prev_num	num_staff	num_actor	box_off_num
time	1.00	0.23	0.31	0.62	0.11	0.44
dir_prev_bfnum	0.23	1.00	0.26	0.32	0.05	0.27
dir_prev_num	0.31	0.26	1.00	0.45	0.01	0.26
num_staff	0.62	0.32	0.45	1.00	0.08	0.54
num_actor	0.11	0.05	0.01	0.08	1.00	0.11
box_off_num	0.44	0.27	0.26	0.54	0.11	1.00

오른쪽 실행 결과에서 관객 수(box_off_num) 속성과 관련이 높은 속성과 낮은 속성이 무엇인지 살펴보세요.

해석

실행 결과를 보면 의외의 결과를 볼 수 있는데, 상영 시간(time)과 영화 제작의 스태프 수(num_staff)가 상관관계가 굉장히 높습니다. 더욱 재미있는 것은 관객 수(box_off_num)와 스태프의 수(num_staff)도 어느 정도 상관이 있는 것으로 나타났고 그 다음은 상영 시간(time)인 것을 알 수 있습니다. 관객 수(box_off_num)와 가장 관련 없는 속성은 주연 배우 수(num_actor) 속성으로 보입니다.

Q 코랩에서 맷플롯립이나 시본으로 시각화할 때 한글 폰트 깨짐 현상이 나타납니다.

A

1. 한글 나눔 폰트를 설치하는 코드를 작성하고 실행합니다.

```
!sudo apt-get install -y fonts-nanum
!sudo fc-cache -fv
!rm ~/.cache/matplotlib -rf
```

2. 메뉴의 런타임(Runtime) → 런타임 다시 시작(Restart runtime)을 선택합니다.

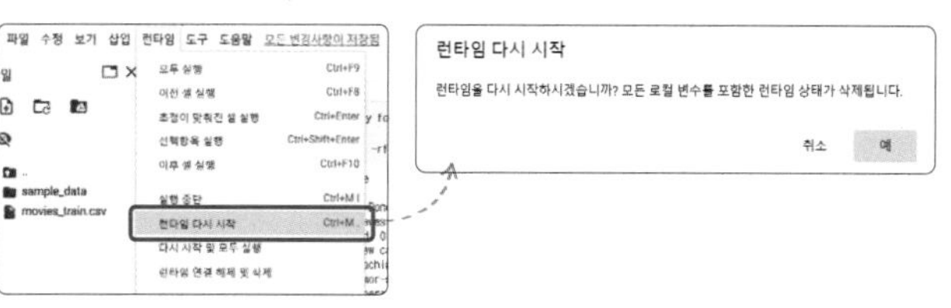

3. 한글 폰트 설정 코드를 작성하고 실행합니다.

```
import matplotlib.pyplot as plt
plt.rc('font', family = 'NanumBarunGothic')
```

3 데이터 처리하기

히트맵 그리기

상관관계를 시각적으로 좀 더 살펴보기 위해 히트맵으로 표현해 봅시다.

heatmap() 메소드의 매개 변수 annot는 히트맵 위에 숫자로 상관계수 값을 표현해 줍니다.

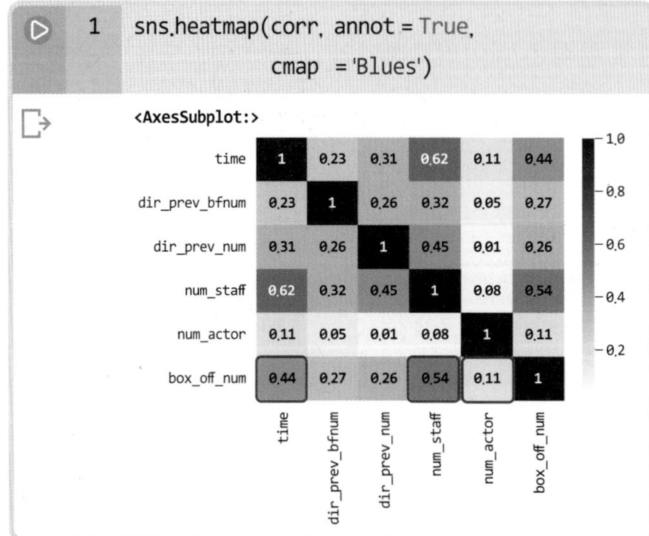

해석

왼쪽 히트맵에서는 상관계수가 높을수록 진한 색으로 표시하고 있습니다. 관객 수(box_off_num)는 스태프 수(num_staff)와 가장 상관관계가 높고, 그다음 상영 시간(time)순입니다. 주연배우 수(num_actor)와는 가장 상관관계가 낮음을 확인할 수 있습니다.

데이터 전처리하기

흥행 속성 추가하기

이번 활동 목표는 데이터셋에서 영화가 흥행했는지 아닌지를 분류해 보는 것입니다.

현재 데이터셋에는 영화의 관객 수(box_off_num)가 있지만 연속값이기 때문에 분류에 사용하기는 어렵습니다. 따라서 관객 수를 기준으로 흥행, 비흥행으로 구분해 주려고 합니다. 100만 명이 넘으면 흥행, 못 넘으면 비흥행으로 정하고, data라는 데이터프레임에 hit 속성을 추가해 줍니다. 이때 흥행이면 1, 그렇지 않으면 0으로 정해 줍니다.

```
넘파이 객체.where(조건식, 조건식이 참일 때 반환값, 조건식이 거짓일 때 반환값)
# 조건식의 결과에 따라 다른 값을 반환
```

추가한 흥행 여부에 대한 hit 속성이 종속변수입니다.

```
import numpy as np
data['hit'] = np.where(data['box_off_num'] >= 1000000, 1, 0)
data.tail()
```

	title	distributor	genre	release_time	time	screening_rat	director	dir_prev_bfnum	dir_prev_num	num_staff	num_actor	box_off_num	hit
595	해무	(주)NEW	드라마	2014-08-13	111	청소년 관람불가	심성보	3833.000	1	510	7	1475091	1
596	파파로티	(주)쇼박스					윤종찬	496061.000	1	286	6	1716438	1
597	살인의 강	(주)마운틴픽쳐스					김대현	478423.625	0	123	4	2475	0
598	악의 연대기	CJ 엔터테인먼트					백운학	478423.625	0	431	4	2192525	1
599	베를린	CJ 엔터테인먼트					류승완	478423.625	0	363	5	7166532	1

데이터프레임에 hit라는 속성이 1 또는 0값으로 추가되어 있는 것을 확인할 수 있습니다.

hit 속성이 1인 데이터, 즉 흥행 영화가 총 몇 개인지 알아보겠습니다.

```
print(data['hit'].sum())
```

```
109
```

해석

600개의 영화 중에 100만 명 이상의 관객을 동원한 것이 109개인 것을 확인할 수 있습니다.

독립변수와 종속변수 정하기

이제 랜덤 포레스트 모델을 만들기 위해 데이터를 훈련 데이터와 테스트 데이터로 나누어 줍니다. 그전에 훈련 데이터에 필요한 속성을 정해 주고, 독립변수와 종속변수도 정해 주어야 겠죠?

어떤 속성을 사용할지는 모델을 만드는 여러분께 달려 있습니다.

여기서는 독립변수로 배급사(distributor), 장르(genre), 상영 등급(screening_rat), 감독의 전작 평균 관객 수(dir_prev_bfnum), 감독의 전작 작품 수(dir_prev_num), 스태프 수(num_staff), 주연 배우 수(num_actor)를 이용합니다. 그리고 종속변수는 앞에서 관객 수를 이용해 만들어 준 hit를 이용합니다.

문자열 값으로 되어 있는 영화 제목과 감독 이름은 사용하지 않기로 합니다.

```
 #   Column          Non-Null Count  Dtype
---  ------          --------------  -----
 0   title           600 non-null    object
 1   distributor     600 non-null    object
 2   genre           600 non-null    object
 3   release_time    600 non-null    object
 4   time            600 non-null    int64
 5   screening_rat   600 non-null    object
 6   director        600 non-null    object
 7   dir_prev_bfnum  600 non-null    float64
 8   dir_prev_num    600 non-null    int64
 9   num_staff       600 non-null    int64
 10  num_actor       600 non-null    int64
 11  box_off_num     600 non-null    int64
 12  hit             600 non-null    int64
```

독립변수로 사용

종속변수

```
X = data.iloc[:, [1, 2, 5, 7, 8, 9, 10]]
y = data['hit']
```

```
display(X)
display(y)
```

	distributor	genre	screening_rat	dir_prev_bfnum	dir_prev_num	num_staff	num_actor
0	롯데엔터테인먼트	액션	청소년 관람불가	478423.625	0	91	2
1	(주)쇼박스	느와르	청소년 관람불가	1161602.500	2	387	3
2	(주)쇼박스	액션	15세 관람가	220775.250	4	343	4
3	(주)NEW	코미디	전체 관람가	23894.000	2	20	6
4	쇼박스(주)미디어플렉스	코미디	15세 관람가	1.000	1	251	2
...	...	...	...	...	...	...	...
595	(주)NEW	드라마	청소년 관람불가	3833.000	1	510	7
596	(주)쇼박스	드라마	15세 관람가	496061.000	1	286	6
597	(주)마운틴픽쳐스	공포	청소년 관람불가	478423.625	0	123	4
598	CJ 엔터테인먼트	느와르	15세 관람가	478423.625	0	431	4
599	CJ 엔터테인먼트	액션	15세 관람가	478423.625	0	363	5

```
600 rows × 7 columns
0      0
1      1
2      1
3      0
4      0
      ..
595    1
596    1
597    0
598    1
599    1
Name: hit, Length: 600, dtype: int64
```

위의 실행 결과를 보면 독립변수 중 distributor, genre, screening_rat는 연속형 수치가 아닙니다. 앞서 출력해 보았듯이 distributor의 유형은 169개, genre의 유형은 12개, screening_rat의 유형은 4개로 이루어진 범주형 속성입니다.

이 상태로는 의사결정트리나 랜덤 포레스트를 만들 수 없으므로 이 범주형 속성을 원-핫 인코딩(0과 1과 같이 두 개의 값을 갖도록 변환)해 주어야 합니다. 즉, 범주형 데이터를 수치형 데이터로 바꾸어야 합니다.

원-핫 인코딩하기

판다스에서 제공하는 get_dummies() 메소드를 사용하여 범주형 데이터를 수치형 데이터로 바꾸어 줍니다.

```
판다스 객체.get_dummies(데이터프레임 객체, columns = ['인코딩할 속성명'])
# columns에 인코딩할 속성을 지정해 주지 않으면, 데이터프레임의 모든 범주형 속성을 자동으로 더미 변환함.
```

```
X = pd.get_dummies(X, columns = ['distributor', 'genre', 'screening_rat'])
X
```

	dir_prev_bfnum	dir_prev_num	num_staff	num_actor	distributor_(주)브릿지웍스	distributor_(주)액티버스엔터테인먼트
0	478423.625	0	91	2	0	0
1	1161602.500	2	387	3	0	0
2	220775.250	4	343	4	0	0
...	...					
598	478423.625					
599	478423.625					

	genre_코미디	screening_rat_12세 관람가	screening_rat_15세 관람가	screening_rat_전체 관람가	screening_rat_청소년 관람불가
0	0	0	0	0	1
1	0	0	0	0	1
2	0	0	1	0	0
...	...	...	...	...	...
598	0	0	1	0	0
599	0	0	1	0	0

600 rows × 189 columns

해석

실행 결과를 보면 distributor, genre, screening_rat 속성을 원-핫 인코딩하였더니 범주의 개수만큼 새롭게 생성되었습니다. 출력된 것처럼 상영 등급(screening_rat) 속성이 원-핫 인코딩하여 범주(유형)의 개수만큼 4개 속성이 새롭게 생성되었음을 확인할 수 있습니다.

훈련 데이터와 테스트 데이터 나누기

데이터를 독립변수, 종속변수로 나누었고 범주형 데이터를 원-핫 인코딩했으므로 이제 훈련 데이터와 테스트 데이터로 나누어 줍니다.

```
from sklearn.model_selection import train_test_split
X_train, X_test, y_train, y_test = \
    train_test_split(X, y, test_size = 0.2, random_state = 42)
```

해석

훈련 데이터가 80%, 테스트 데이터가 20%가 되도록 나누었습니다. 전체가 600개의 데이터이므로 훈련 데이터의 수는 480개, 테스트 데이터 수는 120개가 되겠군요. 실제 데이터가 이렇게 적을 때는 훈련 데이터를 더 많이 구성하기 위해 9:1의 비율로 나누어 주기도 합니다.

위에서 나눈 훈련 데이터와 테스트 데이터의 개수를 출력해 봅시다.

4 모델 학습하기

이 활동에서 사용하는 모델은 랜덤 포레스트입니다.

사실 사이킷런 라이브러리를 이용하면 랜덤 포레스트 모델을 만들고 학습하는 것을 구현하기는 어렵지 않습니다.

RandomForestClassifier( ) 함수를 호출하면 랜덤 포레스트 객체가 생성됩니다. 그리고 생성된 객체의 매개 변수로 데이터를 입력하여 훈련시키면 됩니다.

랜덤 포레스트 모델 학습하기

```
from sklearn.ensemble import RandomForestClassifier
rf = RandomForestClassifier(random_state = 42)
rf.fit(X_train, y_train)
```

```
RandomForestClassifier(random_state = 42)
```

해석

사이킷런 라이브러리에서 제공하는 랜덤 포레스트 분류기(classifier) 함수를 이용하여 랜덤 포레스트 모델 객체를 rf라는 이름으로 생성하였습니다.

fit( ) 함수를 이용하여 훈련용 독립변수(X_train)와 종속변수(y_train)로 훈련하였습니다.

훈련 데이터로 학습한 결과 확인하기

훈련을 마친 뒤 훈련 데이터를 이용하여 모델이 성능이 어느 정도인지 측정해 보겠습니다.

```
print(rf.score(X_train, y_train))
```

```
1.0
```

해석

훈련에 사용한 독립변수(X_train)와 종속변수(y_train)를 이용한 성능 측정은 1.0, 즉 100%로 나왔습니다.

여기서 트리 모델의 특징을 알 수 있습니다.

앞서 배운 의사결정트리 모델의 단점이 기억나시나요? 과대적합에 빠진다?

네! 맞습니다. 의사결정트리는 다른 머신러닝 모델에 비해 더 과대적합에 빠지기 쉽다는 점이 단점입니다. 왜냐하면 의사결정트리에 아무런 옵션을 주지 않는다면 마지막의 리프 노드에는 완벽하게 분류된 결과가 남기 때문입니다.

문제는 이때 오직 훈련 데이터에 대해서만 완벽하기 때문에 과대적합되어 있습니다. 사실 랜덤 포레스트는 이 과대적합 문제를 앞서 설명한 부트스트랩을 이용하여 줄여 주어 성능을 높여 줍니다.

5 모델 테스트 및 평가하기

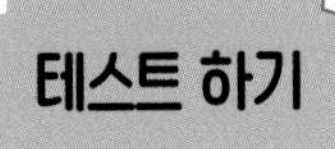

그럼 테스트 데이터를 입력하여 모델의 성능을 평가해 보아야겠죠?

학습을 완료한 후, 학습이 잘되었는지 성능을 테스트합니다. 테스트할 때는 학습에 사용하지 않은 테스트용 데이터를 이용합니다.

모델이 얼마나 정확하게 분류했는지 한눈에 비교할 수 있도록 테스트용 데이터와 분류한 결괏값을 데이터프레임으로 만들어 확인해 보겠습니다.

```
y_pred = rf.predict(X_test)
result = pd.DataFrame({'Actual Value':y_test,
                       'model prediction': y_pred})
result.head()
```

	Actual Value	model prediction
110	1	0
419	0	0
565	0	0
77	0	0
181	1	0

해석

테스트용 독립변수에 대해 실젯값과 모델이 분류한 결괏값을 일부만 출력해 보았습니다. 실행 결과에서 비흥행으로 분류한 데이터와 흥행으로 분류한 데이터를 확인할 수 있습니다.

평가하기

테스트용 데이터로 예측한 결괏값은 성능을 평가할 때 테스트용 종속변수와 비교하여 분류의 정확도를 살펴보는 데 활용합니다.

```
print(rf.score(X_test, y_test))
```

```
0.8083333333333333
```

해석

결과를 해석해 보면 배급사, 장르, 상영 등급, 감독의 전작 평균 관객 수, 감독의 전작 작품 수, 참여한 스태프 수, 그리고 주연 배우 수를 알면 그 영화가 100만 관객을 넘겨 흥행할지 그렇지 않을지를 80%의 확률로 예측할 수 있다는 것을 보여 준 것입니다.

당연히 훈련용 데이터를 입력한 것에 비해서는 떨어지지만 비교적 좋은 성능을 나타내고 있습니다.

classification_report 출력하기

앞서 확인한 정확도 외에 다양한 분류 모델의 성능 평가 지표(정밀도, 재현율, f1 score)를 확인하기 위해 classification report를 출력해 보겠습니다.

```
from sklearn.metrics import classification_report
print(classification_report(y_test, y_pred))
```

```
              precision    recall  f1-score   support

           0       0.82      0.96      0.88        92
           1       0.69      0.32      0.44        28

    accuracy                           0.81       120
   macro avg       0.76      0.64      0.66       120
weighted avg       0.79      0.81      0.78       120
```

해석

support는 각 클래스의 샘플 개수를 의미합니다. 실행 결과에서 타깃값이 0인 데이터는 92개, 1인 데이터는 28개임을 알 수 있습니다. 앞에서 확인했듯이 accuracy(정확도)는 약 0.81% 정도이고 precision(정밀도), recall(재현율), f1-score(조화 평균) 외 macro avg(매크로 평균), weighted avg(가중 평균)을 확인할 수 있습니다.

각 평가 지표의 계산식은 아래와 같습니다.

	precision	recall	f1-score	support
0	88/(88 + 19) = 0.82	88/92 = 0.96	2×(0.82×0.96)/(0.82 + 0.96) = 0.88	92
1	9/(9 + 4) = 0.69	9/28 = 0.32	2×(0.69×0.32)/(0.69 + 0.32) = 0.44	28
accuracy			(88 + 9)/120 = 0.81	120
macro avg	(0.82 + 0.69)/2 = 0.76	(0.96 + 0.32)/2 = 0.64	(0.88 + 0.44)/2 = 0.66	120
weighted avg	(0.82×92 + 0.69×28)/120 = 0.79	(0.96×92 + 0.32×28)/120 = 0.81	(0.88×92 + 0.44×28)/120 = 0.78	120

오른쪽 표에 제시된 평가 지표에 관해 120쪽에서 다시 한 번 학습해 보세요.

혼동 행렬 출력하기

각 평가 지표의 의미를 이해하기 위해서는 우선 혼동행렬을 이해해야 합니다.

혼동행렬은 분류 모델의 성능을 평가하는 데 사용되며 모델이 분류한 결과와 실젯값을 비교하여 만들어지는 행렬입니다. 혼동행렬은 오른쪽 그림과 같은 4가지 항목(TP, TN, FP, FN)으로 구성됩니다. 이 활동에서는 영화의 흥행, 비흥행 여부를 분류하므로 흥행 여부를 양성(Positive)이나 음성(Negative)으로 분류하는 경우를 생각해 볼 수 있습니다.

예측 결과

실젯값		1 (흥행)	0 (비흥행)
	1 (흥행)	**TP** 실제 흥행을 흥행이라고 **맞게** 분류 (True Positive)	**FN** 실제 흥행을 비흥행이라고 **잘못** 분류 (False Negative)
	0 (비흥행)	**FP** 실제 비흥행을 흥행이라고 **잘못** 분류 (False Positive)	**TN** 실제 비흥행을 비흥행이라고 **맞게** 분류 (True Negative)

그럼 분류 결과에 대한 혼동행렬을 출력해 보겠습니다.

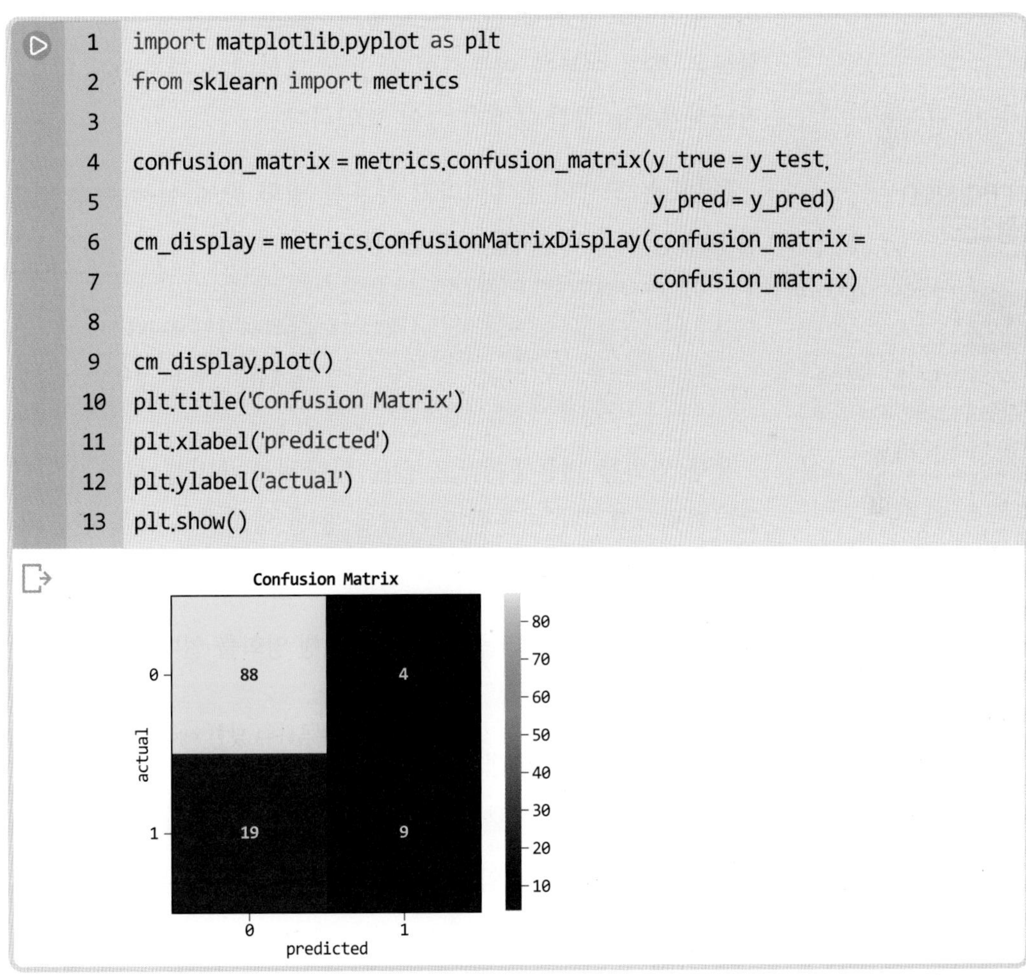

```
import matplotlib.pyplot as plt
from sklearn import metrics

confusion_matrix = metrics.confusion_matrix(y_true = y_test,
                                            y_pred = y_pred)
cm_display = metrics.ConfusionMatrixDisplay(confusion_matrix =
                                            confusion_matrix)

cm_display.plot()
plt.title('Confusion Matrix')
plt.xlabel('predicted')
plt.ylabel('actual')
plt.show()
```


해석

실젯값이 비흥행인 데이터 92개 중에서 88개는 비흥행으로 맞게 분류(True Negative)했고, 4개는 흥행으로 잘못 분류(False Positive)하였습니다. 실젯값이 흥행인 데이터 28개 중에서 19개는 비흥행으로 잘못 분류(False Negative)했고, 9개는 흥행으로 맞게 분류(True Positive)했습니다.

5 모델 테스트 및 평가하기

평가 지표 확인하기

다양한 평가 지표를 영화 데이터 예시로 설명해 보겠습니다.

accuracy (정확도)

정확도는 모델이 분류한 전체 건수 중에서 흥행인지, 비흥행인지를 맞게 분류한 건수의 비율입니다.

$$\text{accuracy(정확도)} = \frac{\text{분류 결과가 실젯값과 동일한 데이터 건수}}{\text{전체 분류 데이터 건수}} = \frac{TP + TN}{TP + TN + FP + FN}$$

일반적으로 흥행 영화보다 비흥행 영화가 더 많다고 할 때 모델이 모든 영화를 무조건 비흥행이라고 분류를 한다면 모델의 정확도는 높게 나올 수가 있을 수 있습니다. 이번 활동은 흥행 여부를 예측하여 폭망할 영화에는 투자하지 않을 것이므로 정확도만으로 판단하기에는 약간 문제가 있어 보입니다.

precision (정밀도)

정밀도는 음성을 양성으로 잘못 판단하면 문제가 되는 경우에 사용합니다.

정밀도는 모델이 흥행이라고 분류한 영화 중에 실제 흥행 영화로 맞게 분류한 데이터 건수가 얼마나 되는지를 나타냅니다.

$$\text{precision(정밀도)} = \frac{\text{'양성'으로 분류하여 맞힌 데이터 건수}}{\text{'양성'으로 분류한 데이터 건수}} = \frac{TP}{TP + FP}$$

흥행 영화를 비흥행이라고 잘못 판단해서 투자를 하지 않았다면 투자하지 않은 것을 안타까워하겠지만 비흥행 영화인데 흥행 영화라고 잘못 판단해서 투자를 했을 때는 큰 손실이 있을 수 있겠죠?

recall(재현율)

재현율은 양성을 음성으로 잘못 판단하면 문제가 되는 경우에 사용합니다.

재현율은 전체 데이터 중에서 실제 흥행 영화를 얼마나 많이 예측하였는지를 나타냅니다.

$$\text{recall(재현율)} = \frac{\text{'양성'으로 분류하여 맞힌 데이터 건수}}{\text{실젯값이 '양성'인 데이터 건수}} = \frac{TP}{TP + FN}$$

만일 실제 암환자를 암이 아니라고 판단하면 큰 문제가 되므로 이때에는 재현율이 중요한 지표가 될 수 있습니다.

이 활동의 영화 투자자 입장에서 위험해도 대박은 놓치고 싶지 않다면 재현율이 평가 지표가 될 수 있습니다. 또 대박을 놓쳐도 쪽박은 피하고 싶다면 정밀도가 높아야 합니다.

정밀도와 재현율은 상호 보완적인 평가 지표이며 서로 반대되는 성격을 가지고 있어 트레이드오프입니다. 어느 한쪽의 평가 지표를 강제로 높이면 한쪽의 평가 지표는 떨어지기 쉽습니다.

f1-score (조화 평균)

f1-score는 정밀도와 재현율을 조합한 평가 지표입니다. 데이터의 클래스가 불균형 구조일 때, 정밀도와 재현율은 어느 한쪽으로도 치우지지 않고 모델의 성능을 평가할 수 있습니다.

$$\text{f1-score(조화 평균)} = 2 \times \frac{precision \times recall}{precision + recall}$$

의사결정트리와 성능 비교하기

이쯤에서 그럼 랜덤 포레스트 대신 그냥 의사결정트리로 하면 어느 정도 성능이 나오는지도 궁금합니다. 궁금하면 해 봐야겠죠?

```
from sklearn.tree import DecisionTreeClassifier
dt = DecisionTreeClassifier(random_state = 42)
dt.fit(X_train, y_train)
print(dt.score(X_train, y_train))
print(dt.score(X_test, y_test))
```

```
1.0
0.7583333333333333
```

성능을 보니 약 76% 정도이네요. 그래도 물러설 수는 없습니다.

여기서 앞에서 배운 대로 의사결정트리에서 과대적합(모델이 훈련 데이터에 과도하게 학습되어 훈련 데이터에서는 좋은 성능을 보이지만, 다른 데이터가 들어오게 되면 정확도가 떨어지는 현상)을 줄이는 옵션을 적용해 봅시다.

```
from sklearn.tree import DecisionTreeClassifier
dt = DecisionTreeClassifier(max_depth = 3, random_state = 42)
dt.fit(X_train, y_train)
print(dt.score(X_train, y_train))
print(dt.score(X_test, y_test))
```

의사결정트리의 최대 깊이를 설정하는 옵션

```
0.9104166666666667
0.7833333333333333
```

'max_depth'는 과대적합(overfitting) 문제를 방지하기 위해 사용됩니다. 트리의 깊이가 깊어질수록 복잡한 모델이 되므로, 'max_depth'를 작게 설정하면 모델의 복잡도가 줄어들어 일반화 성능이 향상됩니다.

오! 역시 과대적합을 줄이기 위해 max_depth 옵션을 주었더니 테스트 데이터의 성능이 좀 더 좋아졌습니다. 물론 훈련 데이터에 대한 성능은 더 이상 100%가 아닙니다.

결론적으로 보면 랜덤 포레스트는 의사결정트리와 4% 정도 차이밖에 없다고 할 수 있으나(옵션을 조정하면 차이가 더 줄어들긴 합니다.) 데이터가 많아지고 속성이 더 복잡하면 랜덤 포레스트의 힘은 더 강력해집니다.

더 자세히 앙상블 모델

앙상블 모델의 개념

캐글 등에서는 아직도 앙상블 모델을 많이 사용합니다.

앙상블 모델에는 많은 종류가 있습니다. 앙상블 모델은 특히 정형 데이터를 이용하여 모델을 만들 때 좋은 성능을 나타냅니다.

앙상블 모델의 기본 개념은 집단지성입니다. 한 개의 성능 좋은 분류기가 아닌 조금 성능이 떨어질지 몰라도 여러 개의 분류기를 만들고 그 결과를 종합하여 정확한 예측을 도출합니다.

앙상블 모델은 기본적으로 보팅(Voting), 배깅(Bagging), 부스팅(Boosting)이라는 기법을 사용합니다.

보팅 (Voting)

보팅은 이름처럼 서로 다른 알고리즘 기반 모델(선형 회귀, Logistic Regression, Decision Tree, k-NN, SVM 등)의 분류기가 투표를 통해 최종 예측 결과를 결정합니다.

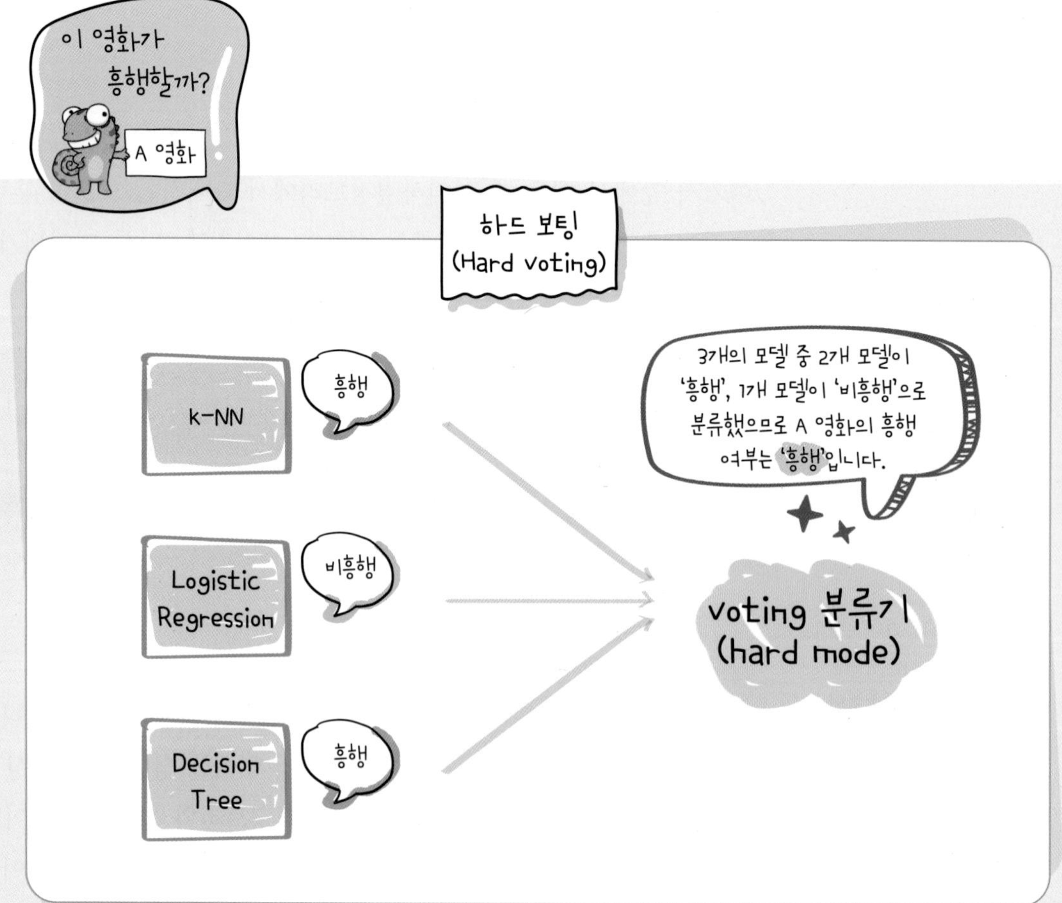

하드 보팅은 다수의 분류기가 결정한 예측값을 최종 보팅 결괏값으로 선정하는 방식(다수결 방식)입니다.

배깅 (Bagging)

보팅과는 다르게 단일 알고리즘 기반의 모델을 다른 데이터를 기반으로 학습시켜 투표를 통해 최종 예측 결과를 결정합니다.

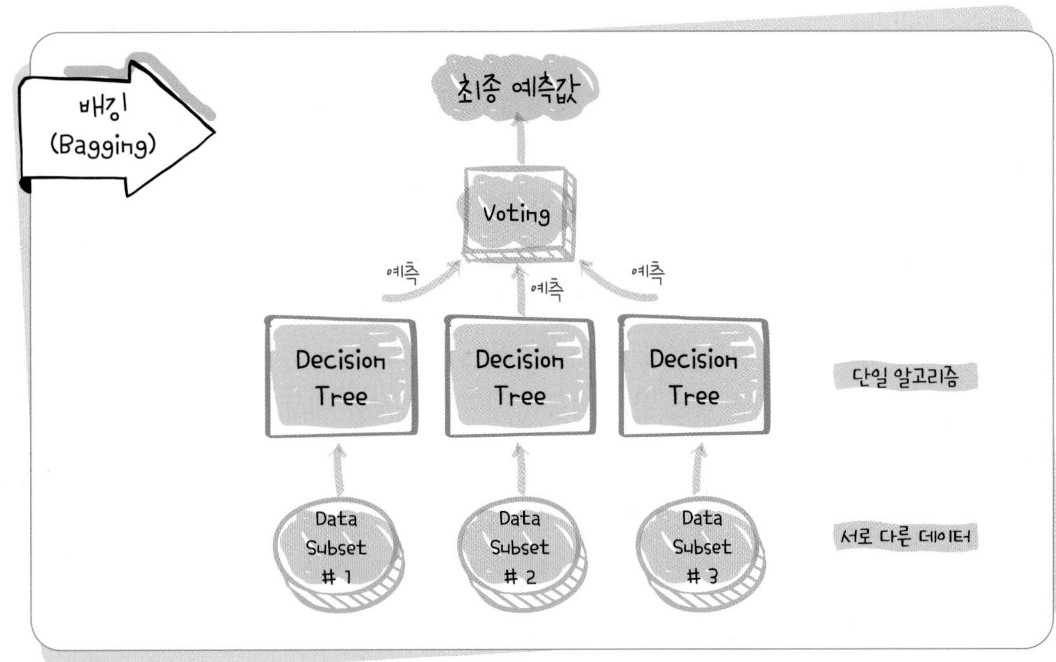

소프트 보팅은 분류기들의 레이블값 결정 확률을 모두 더하고 이를 평균해서 이들 중 가장 높은 레이블값을 최종 보팅값으로 선정하는 방식입니다.

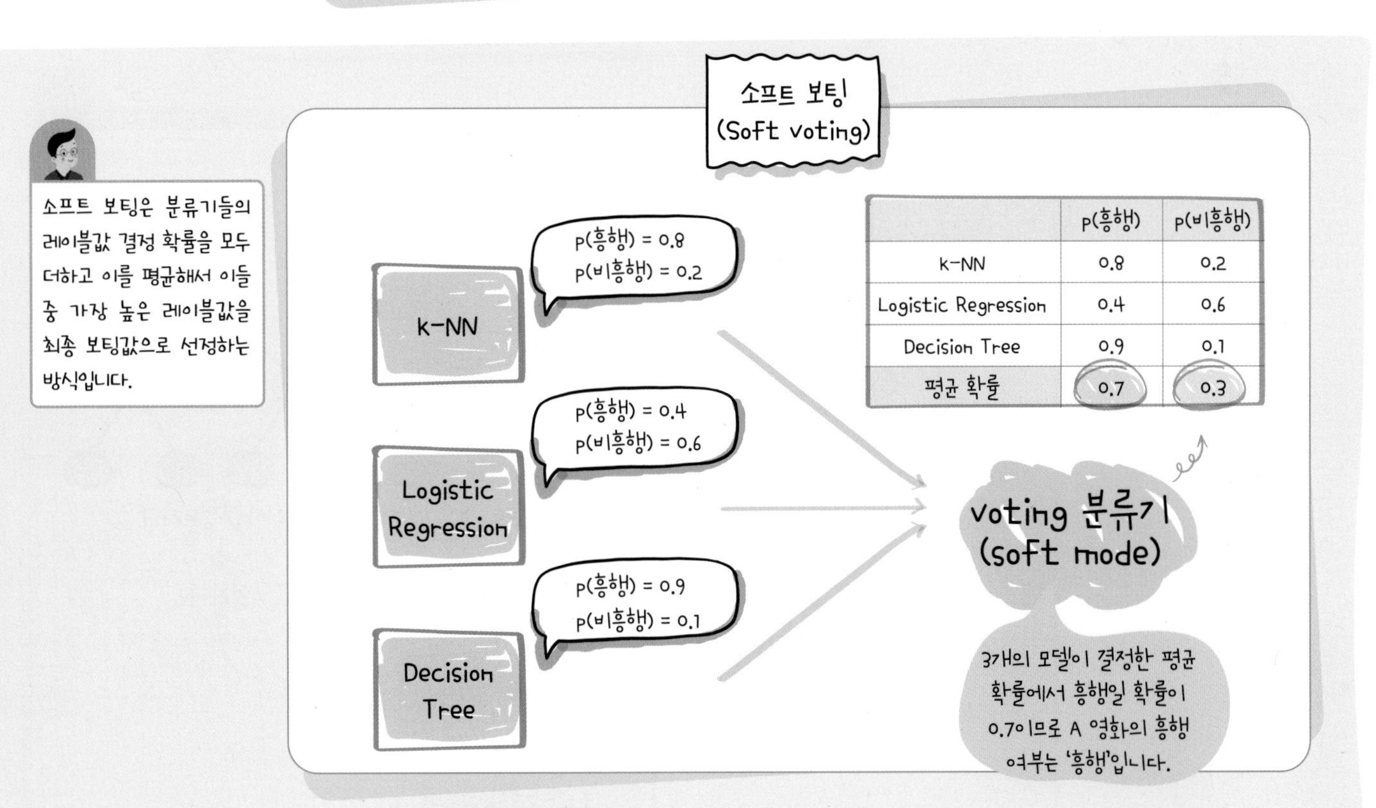

	P(흥행)	P(비흥행)
k-NN	0.8	0.2
Logistic Regression	0.4	0.6
Decision Tree	0.9	0.1
평균 확률	0.7	0.3

더 자세히 앙상블 모델

부스팅 (Boosting)

여러 개의 트리를 만들되 만드는 과정에서 서로 영향을 주면서 만듭니다. 즉, 한 트리의 성능이 다른 트리에 영향을 줍니다. 대표적으로 그래디언트 부스팅(Gradient Boosting), XGBoost(eXtra Gradient Boosting), LightGBM 등이 있습니다.

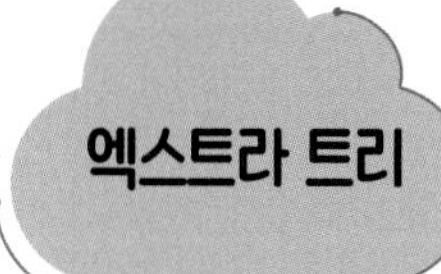

엑스트라 트리

앙상블 모델에서 랜덤 포레스트와 매우 유사한 엑스트라 트리라는 모델이 있습니다. 엑스트라 트리는 랜덤 포레스트와 매우 비슷하게 동작합니다.

100개의 트리를 만들어 평균을 이용하는 것도 같습니다. 즉 아래 그림과 같이 여러 개의 트리를 만들고 각 트리의 평균 또는 투표를 통해 결론을 얻습니다. 하지만 엑스트라 트리는 부트스트랩 샘플링을 사용하지 않습니다.

기본적으로 앞서 배운 랜덤 포레스트는 주어진 모든 특징에 대한 정보 이득을 계산하고 가장 높은 정보 이득을 가지는 속성을 대상으로 분할합니다. 반면 엑스트라 트리는 랜덤 포레스트를 만들 때와 같은 데이터셋을 계속 이용하는데 노드를 분할할 때 완전히 랜덤으로 분할한다는 겁니다.

> 엑스트라 트리에서는 완전히 랜덤으로 선택하여 노드를 분할합니다.
> 그러니까 정보 이득을 계산하여 그 결과를 따르지 않습니다

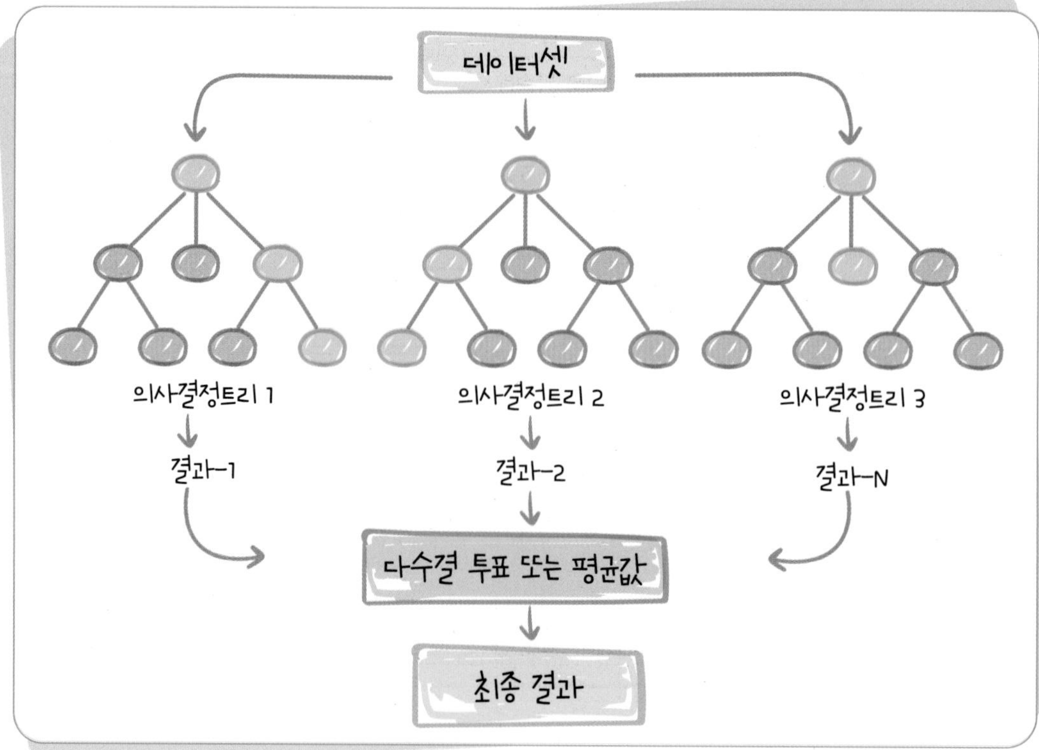

최적의 분할을 찾는 계산을 하지 않기 때문에 트리를 만드는 속도가 매우 빠릅니다. 그런데 그렇게 만들어도 되냐구요? 엑스트라 트리가 좋은 성능을 낼 수 있는 중요한 이유에는 의사결정트리가 가지고 있는 중요한 문제를 엑스트라 트리가 보완하기 때문입니다.

그렇습니다. 엑스트라 트리는 과대적합의 문제를 랜덤이라는 방법을 통해서 어느 정도 해소해 줍니다. 훈련 데이터에만 잘 맞는 것이 아닌 실제 잘 맞추는 모델을 만들어 줍니다. 랜덤, 즉 무작위가 실제 데이터에 더 잘 맞게 된다는 게 이상하지만 실제는 이 방법이 잘 동작합니다.

사이킷런 라이브러리를 이용하여 엑스트라 트리를 이 활동의 데이터에 맞추어 간단히 구현해 보고, 의사결정트리와 비교해 봅시다.

n_job 매개 변수를 -1로 지정하는 것은 컴퓨터의 모든 가능한 코어를 사용하여 작업을 병렬로 처리하는 것을 의미합니다.

```
from sklearn.ensemble import ExtraTreesClassifier
et = ExtraTreesClassifier(n_jobs = -1, random_state = 42)
et.fit(X_train, y_train)
print(et.score(X_train, y_train))
print(et.score(X_test, y_test))
```

실제 코랩에서 한 번 실행해 보세요. 랜덤의 위력을 볼 수 있습니다.

Random Forest 문제 해결 과정

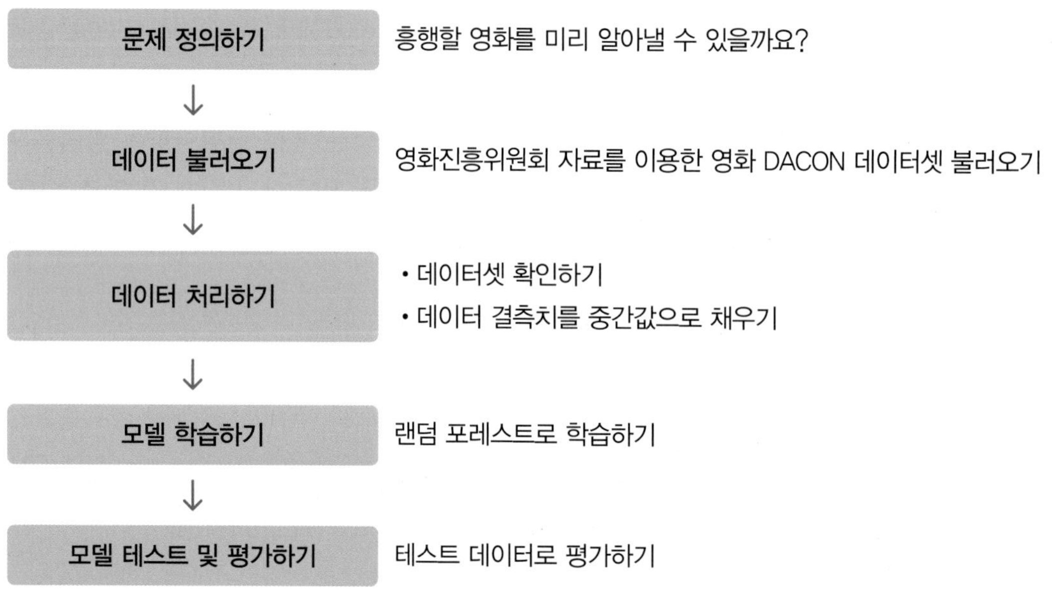

우리가 알게 된 정보

1. 이번 활동에서 해결할 문제는 무엇이었나요?

   ▶ 영화가 흥행인지 아닌지 분류하는 문제입니다.

2. 이 활동에 필요한 데이터셋은 무엇이고, 이 데이터셋은 어디에서 수집할 수 있었나요?

   ▶ 인공지능 경진대회 플랫폼인 DACON에서 제공한 '영화 관객수'의 'movies_train.csv' 파일을 사용합니다.

3. 모델 학습에 사용한 알고리즘은 무엇이었나요?

   ▶ 랜덤 포레스트 알고리즘을 사용했습니다.

4. 모델 학습을 위해 어떤 처리를 했나요?

   ▶ 영화 관객 수를 기준으로 '흥행'과 '비흥행'을 구분하여 'hit'라는 종속변수를 생성했고 배급사, 장르, 상영 등급, 감독의 전작 작품 수, 스태프 수, 주연 배우 수를 독립변수로 설정하였으며 독립변수 중 범주형 데이터는 원-핫 인코딩했습니다.

5. 활동을 마치며 새롭게 알게 된 용어를 정리해 보세요.

부트샘플링	
보팅	
배깅	
앙상블	
부스팅	

소스 코드

소스 코드는 씨마스 에듀 홈페이지와 구글 드라이브에서 제공합니다.

```
!sudo apt-get install-y fonts-nanum
!sudo fc-cache-fv
!rm ~/.cache/matplotlib-rf
# 한글 나눔 폰트 설치

import pandas as pd
movies = pd.read_csv('movies_train.csv')
movies

movies.info()  # 데이터 기초 정보 확인하기

numeric_cols = movies.select_dtypes(include = 'number')
median = numeric_cols.median()
data = movies.fillna(median)  # 데이터 결측치를 중간값으로 채우기
data.info()

data.describe()  # 데이터 통계치 확인하기

print(data['distributor'].unique())  # 배급사 종류 확인하기
print(data['distributor'].value_counts())  # 배급사별 개수 확인하기

print(data['genre'].unique())  # 장르 종류 확인하기
print(data['genre'].value_counts())  # 장르별 개수 확인하기

print(data['screening_rat'].unique())  # 상영 등급 종류 확인하기
print(data['screening_rat'].value_counts())  # 상영 등급별 개수 확인하기

import matplotlib.pyplot as plt
plt.rc('font', family = 'NanumBarunGothic') # 한글 폰트 설정
import seaborn as sns
sns.pairplot(data, hue = 'genre', palette = 'RdBu', corner = True)  # 장르를 pairplot 그리기

corr = data.corr(numeric_only=True).round(2)  # 상관계수 구하기
corr

sns.heatmap(corr, annot = True, cmap = 'Blues')  # 상관계수 히트맵 그리기

import numpy as np
```

```
data['hit'] = np.where(data['box_off_num'] > = 1000000, 1, 0)  # 흥행 속성 추가하기
data.tail()

print(data['hit'].sum())

X = data.iloc[:, [1, 2, 5, 7, 8, 9, 10]]
y = data['hit']

display(X)
display(y)

X = pd.get_dummies(X, columns = ['distributor', 'genre', 'screening_rat'])  # 범주형 데이터 원-핫 인코딩
X

from sklearn.model_selection import train_test_split
X_train, X_test, y_train, y_test = train_test_split(X, y, test_size = 0.2, random_state = 42)

from sklearn.ensemble import RandomForestClassifier
rf = RandomForestClassifier(random_state = 42)  # 랜덤 포레스트 모델 생성하기
rf.fit(X_train, y_train)

print(rf.score(X_train, y_train))

y_pred = rf.predict(X_test)
result = pd.DataFrame({'Actual Value':y_test, 'model prediction': y_pred})
result.head()

print(rf.score(X_test, y_test))

from sklearn.tree import DecisionTreeClassifier
dt = DecisionTreeClassifier(random_state = 42)
dt.fit(X_train, y_train)
print(dt.score(X_train, y_train))
print(dt.score(X_test, y_test))

from sklearn.tree import DecisionTreeClassifier
dt = DecisionTreeClassifier(max_depth = 3, random_state = 42)
```

```
dt.fit(X_train, y_train)
print(dt.score(X_train, y_train))
print(dt.score(X_test, y_test))


from sklearn.ensemble import ExtraTreesClassifier
et = ExtraTreesClassifier(n_jobs = -1, random_state = 42)
et.fit(X_train, y_train)
print(et.score(X_train, y_train))
print(et.score(X_test, y_test ))
```

활동 정리하기

원본 데이터셋에서 무작위로 중복 추출을 허용하여 동일한 사이즈의 데이터셋을 여러 개 만드는 부트스트랩 샘플링 방식을 이용한 앙상블 모델 중 랜덤 포레스트를 사용하여 영화의 흥행 여부를 분류해 보았습니다.

종속 변수는 영화의 흥행 여부 속성으로 설정하였고 범주형 데이터는 원-핫 인코딩하여 전처리했습니다.

영화에 흥행 요소를 알아보기 위해 pairplot과 히트맵을 그려본 결과, 영화 관객 수와 상관관계가 높은 속성은 스태프 수이었으며 주연 배우 수는 상관관계가 낮음을 확인하였습니다.

전체 데이터 중에서 흥행한 영화를 얼마나 정확하게 예측했는지 알아보려면 정확도를 평가 지표로 설정할 수 있습니다.

위험을 감수하더라도 전체 흥행 영화 중에서 흥행 영화를 예측해 큰 수익을 얻고자 한다면 재현율이 높아야 하고, 큰 수익을 높쳐도 큰 손해는 피하고 싶다면 정밀도가 높아야 합니다.

해결하고자 하는 문제에 따라 모델의 성능을 확인하는 데 적절한 평가 지표를 적용하는 것이 중요합니다.

MEMO

실습활동

SVM(Support Vector Machine) 다재다능

어떤 장르의 음악일까?

여러 가지 모델을 공부하다 보면 공통적인 문제점을 발견할 수 있습니다. 그것은 바로 과적합(overfitting) 문제입니다. 이 과적합 문제는 모든 머신러닝 모델들이 가지는 숙명적인 문제점이라 해도 과언이 아닙니다. 따라서 머신러닝 모델들은 샘플 데이터로 학습하여 전체 집단의 데이터를 잘 맞추려고 노력합니다. 즉, 과적합을 피하려고 노력하는데 여기서 배우는 SVM은 과적합을 방지하는 아주 매력적인 방법을 활용하는 모델입니다.
이번 활동에서는 샘플 데이터를 이용하여 학습하되 전체 데이터를 잘 맞추는 가장 좋은 모델을 생성하는 방법을 제시합니다.

이 장에서는 다음의 순서로 살펴봅시다.

맛보기 — 서포트 벡터 머신의 원리

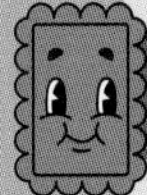

문제 해결하기

- 문제 정의하기 — 이 음악의 장르는 무엇일까요?
- 데이터 불러오기 — 캐글의 음악 데이터셋 불러오기
- 데이터 처리하기
  - 데이터 살펴보기
  - 데이터 시각화하기
  - 데이터 전처리하기
- 모델 학습하기 — 서포트 벡터 머신으로 학습하기
- 모델 테스트 및 평가하기 — 테스트 데이터로 평가하고 커널 적용하기

더 자세히 — 손실함수와 RBF 커널

서포트 벡터 머신의 원리

SVM(Support Vector Machine, 서포트 벡터 머신)은 지도학습 모델로, 대부분의 분야에서 많이 사용되고 있는 머신러닝 모델 중 하나입니다. SVM은 기본적으로 이진 분류를 위한 기법이지만, 일반적으로 다중 분류에 많이 사용됩니다. 다중 분류를 위해 SVM을 사용할 때는 일대다 또는 일대일 방법을 사용합니다.

SVM의 기본 개념을 이해하기 위해 이진 분류를 그림과 함께 예시로 설명하겠으며, 개념을 익히는 데 그림을 활용하면 이해하기 쉬울 것입니다.

선형 분류의 한계

먼저, 선형 분류에 관해 알아보겠습니다.

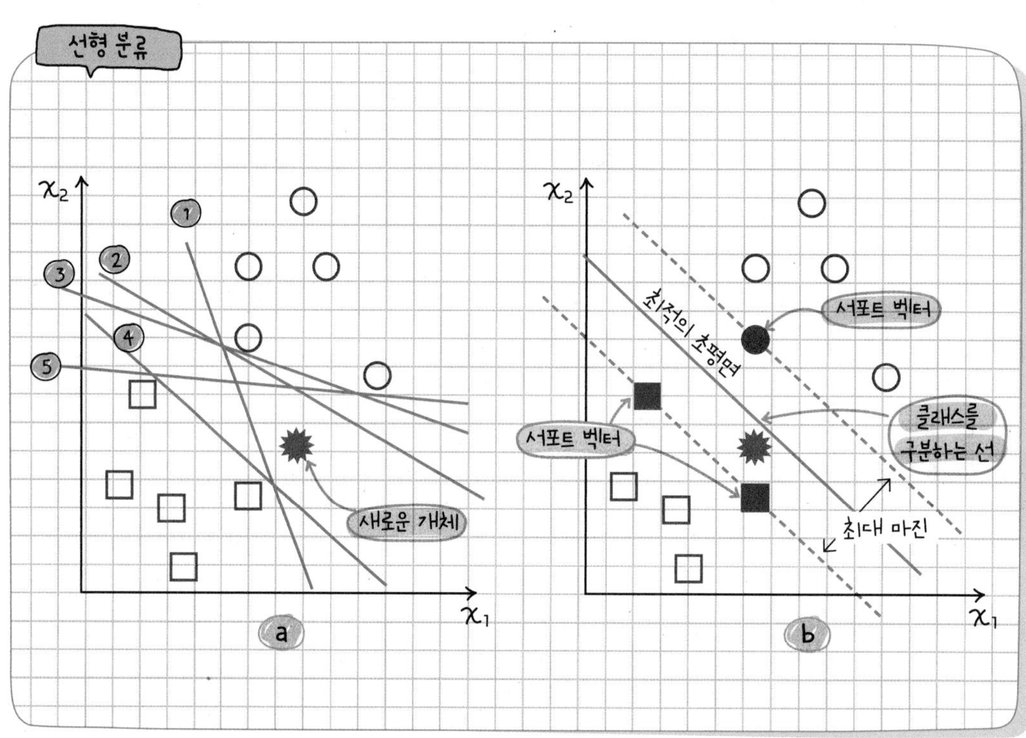

그림 ⓐ 를 보면 두 그룹을 나누는 다섯 개의 직선(가설)을 볼 수 있습니다. 두 그룹은 선형적으로 구분이 되고 5개의 직선은 두 그룹을 잘 나누고 있습니다. 그런데 정말 잘 나눈다고 할 수 있을까요? 분명 두 그룹을 나누고는 있지만 뭔가 좀 불안합니다.

①번 직선을 볼까요?

분명 기존 두 그룹을 잘 나누기는 하지만 별 모양의 새로운 개체가 들어와서 이것은 동그라미 그룹인가 네모 그룹인가를 물어보면 동그라미 그룹이라고 분류하게 됩니다. 그렇지만 사실 별 모양 개체는 네모에 더 가깝죠. 하지만 ①번 직선은 동그라미라고 분류합니다. 사실 이런 현상은 선형 분류기에서 흔히 일어나는 현상입니다.

SVM의 핵심 기술

SVM은 이 문제를 그림 ⓑ 와 같은 방법으로 해결합니다. 두 그룹을 구별하는 수없이 많은 직선(가설) 중 최적의 가설을 찾는 방식을 제안합니다. 이 방법에서 중요한 역할을 하는 것이 서포트 벡터(Support Vector)입니다. 그림 ⓑ 에서는 사각형 그룹에서 최전방에 나와 있는 두 개의 사각형, 그리고 동그라미 그룹에서 최전방에 나와 있는 한 개의 동그라미가 서포트 벡터가 됩니다.

"서포트 벡터 머신은 수없이 많은 가설에서 최적의 가설을 찾는 방식이다."

잠깐, 이제 서포트 벡터가 무엇인지 이해가 될까요? 위 경우처럼 두 개의 클래스(그룹)를 구분하는 선에 가장 가까운 샘플을 서포트 벡터라고 합니다. 이 서포트 벡터를 가장 공평하게 가르는 직선 즉, 각 서포트 벡터의 입장에서 마진(두 클래스 간 거리)이 가장 큰 직선을 찾고 그 직선이 바로 두 그룹을 구분하는 가설이 됩니다. 가설이라고도 하고 초평면이라고도 합니다. 이렇게 하면 가설이 한쪽으로 치우치는 일이 없어 새로운 데이터가 들어와서도 잘 구분할 것입니다. 서포트 벡터의 능력은 여기서 끝나지 않습니다.

SVM은 비선형 분류에도 우수성을 발휘합니다.

비선형 분류란 직선 하나로는 구별할 수 없는 분류입니다.

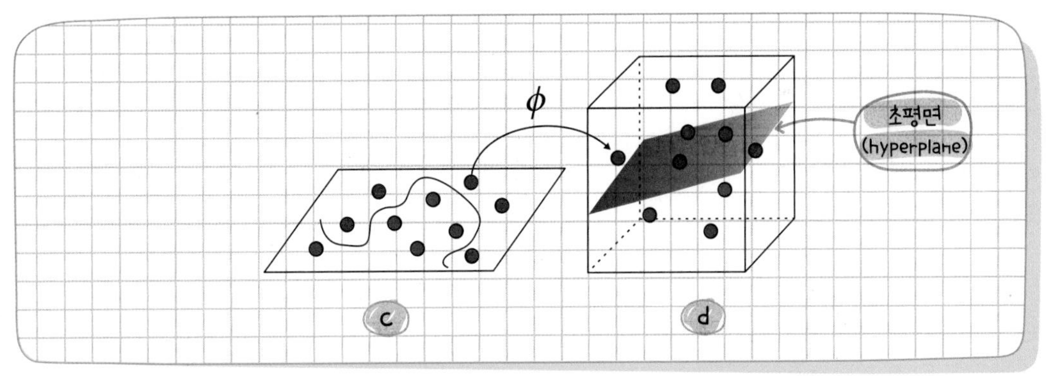

그림 ⓒ 처럼 데이터가 2차원 평면 즉, 두 개의 특성으로 표현되는 데이터가 있다고 가정합니다. 이 상태에서는 도저히 직선으로는 두 그룹을 분류할 수 없습니다. 그래서 그림 ⓓ 처럼 그림 ⓒ 의 두 개의 특성을 가지고 있으며 이 두 개의 특성을 이용한 또 한 개의 특성을 만들어 냅니다. 따라서 그림 ⓓ 는 원래 두 개의 특성을 그대로 가지고 있으면서 새로운 세 번째 특성을 만들어 내어 두 그룹을 구별해 낼 수 있습니다. 이 방법이 SVM에서 커널 방법이라고 합니다. 새로운 특성을 추가해서 선형적으로 분리하기 어려운 데이터를 분리해 내는 방법입니다.

정리하면, 서포트 벡터와 커널 방법은 SVM의 핵심 기술입니다. 이 방법 덕분에 SVM이 다른 머신러닝 분류 모델에 비해 우수한 성능을 가질 수 있습니다.

1 문제 정의하기

문제 상황 이해하기

이 음악의 장르는 무엇일까요?

K-POP이 전 세계를 휩쓸고 있습니다. 대중음악은 록, 발라드, 힙합 등 다양합니다. 음악에 관심이 많은 사람은 음악을 들으면 록인지, 발라드인지, 댄스인지 구별할 수 있는데, 기계도 이 분류가 가능할까요? 다음과 같은 문제 상황을 살펴보겠습니다.

> ○○엔터테인먼트에 근무하는 홍 이사는 새로 론칭한 걸그룹의 K-POP을 전 세계적으로 홍보하는 역할을 합니다. 나라마다 좋아하는 음악의 장르가 달라서 주력으로 내세워 홍보할 곡이 다릅니다. 이에 각 나라에서 최신 유행하는 대중음악의 장르를 자동으로 파악하는 인공지능의 지원을 받으려고 합니다. 인공지능은 대중음악 장르를 자동으로 분류할 수 있을까요?

지금부터 댄스 적합도, 음높이, 소리 크기 등을 이용해서 음악 장르를 분류하는 인공지능을 만들어 보겠습니다.

문제 해결에 필요한 정보 살펴보기

문제 해결 과정에서 필요한 정보를 미리 살펴봅시다.

1. 이 활동에 필요한 데이터셋은 무엇이고, 이 데이터셋은 어디에서 수집할 수 있나요?

   음악 장르와 관련 있는 속성을 모아 놓은 음악 장르 데이터셋입니다. 우리나라의 경우는 경진 대회용으로 만들어 제공하는 데이터(https://dacon.io/community/forum)도 있습니다. 이번 활동에서는 '문제 상황 이해하기'에서 언급한 속성을 가지고 있는 캐글의 'Music Genre Classification' 데이터를 이용하려고 합니다.

2. 모델 학습에 사용할 알고리즘은 무엇인가요?

   SVM(Support Vector Machine) 알고리즘을 사용합니다. 머신러닝 모델 중 1990년대에 블라디미르 베프닉(Vladimir Vapnik)에 의해 개발된 모델이며 뛰어난 분류 성능을 가지고 있습니다.

3. 모델 학습을 위해 우리가 해야 할 작업은 무엇일까요?

   정형 데이터에서 특징(Feature)을 살펴봅니다. 이번 활동은 대중음악의 장르를 분류하는 것이므로 원래 가지고 있던 데이터에서 결측치나 이상치를 잘 정리해 주는 것이 필요합니다.

2 데이터 불러오기

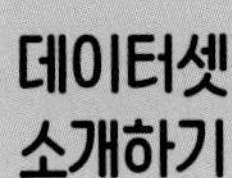

데이터셋 소개하기

이번 활동에 사용할 음악 장르 데이터셋은 캐글에서 제공하는 데이터셋입니다. 원래 이 데이터셋은 오디오 스트리밍업체인 Spotify(https://open.spotify.com)가 제공하는 데이터입니다. 이 데이터셋은 17개의 속성을 가진 약 1만 8천 개의 훈련 데이터 샘플과 레이블이 없는 약 7,800개의 테스트 데이터 샘플이 있습니다.

• Artist Name: 가수 이름 • Track Name: 노래 제목 • Popularity: 인기도 • danceability: 댄스 적합도 • energy: 활기찬 정도 • key: 음높이 • loudness: 소리 크기 • mode: 모드, 메이저인지 마이너인지 • speechiness: 음성의 포함 정도	• acousticness: 어쿼스틱(음향) 정도 • instrumentalness: 악기 포함 정도 • liveness: 라이브 음악 인지 정도 • valence: 가사의 긍정성, 이 값이 크면 행복이나 명랑한 느낌이 강함. • tempo: 속도 • duration: 음악 길이 • time_signature: 마디당 박자 • Class: 음악 장르

음악 장르(Class)를 숫자로 구분하고 그 의미를 아래와 같이 정해보겠습니다.

숫자	의미	숫자	의미
0	Acoustic Folk	5	HipHop
1	Alt Music	6	Indie Music
2	Blues	7	Instrumental Music
3	Bollywood Music	8	Metal Music
4	Country Music	9	Pop Music

음악 데이터셋 다운로드하기

캐글에서 'Music Genre Classification' 데이터셋을 선택합니다.

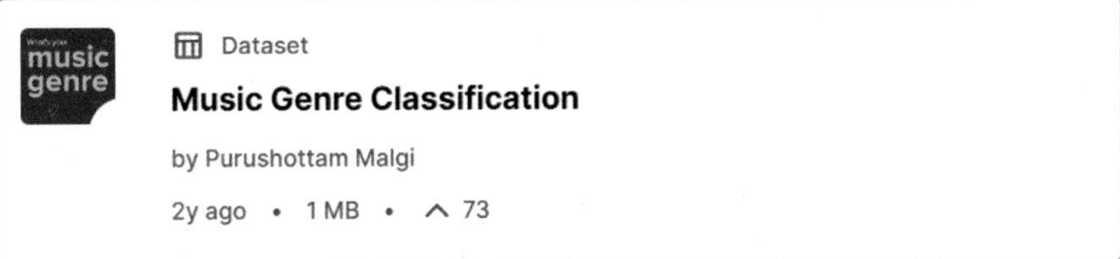

우측 Data Explorer에서 train.csv를 선택한 후, 다운로드(⤓) 아이콘을 클릭해서 내 컴퓨터에 데이터셋을 다운로드합니다.

'train.csv' 파일만 다운로드해도 됩니다.

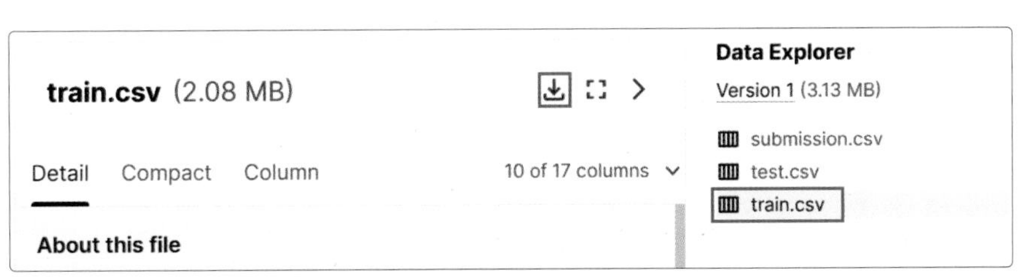

2 데이터 불러오기

데이터셋 불러오기

코랩으로 파일을 업로드하는 방법은 다양하게 있습니다. 이번 활동에서는 파일을 여러 개 사용해야 하므로 직접 코랩 서버에 업로드하는 방법을 이용하겠습니다.

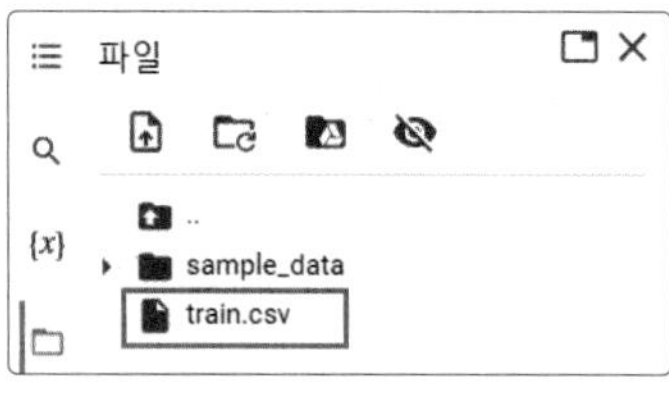

코랩 화면의 왼쪽 폴더를 클릭하면 현재 코랩의 Working directory를 볼 수 있습니다. 이곳에 이 활동에서 사용할 'train.csv' 파일을 드래그 앤 드롭하여 옮겨놓습니다.

'test.csv' 파일을 다운로드해서 'train.csv'파일과 비교해 보세요.

이번 활동에서는 음악 데이터 중에서 'train.csv' 파일만 사용하기로 했습니다. 'test.csv' 파일은 사용하지 않냐고요? 'test.csv' 파일에는 우리가 예측하려는 종속변수(target)가 없기 때문입니다. 다시 말해, 'test.csv' 파일에는 음악의 장르 속성인 'Class' 속성이 없으므로 성능 측정을 할 수가 없습니다. 따라서 이번 활동에서는 'train.csv' 파일을 사용하여 훈련용 데이터와 테스트용 데이터를 만들어 사용하겠습니다.

파일 읽어 들이기

판다스 라이브러리를 사용하여 파일을 데이터프레임으로 읽어 들입니다. 이때 원본 데이터가 csv이므로 read_csv()를 사용합니다. 파일을 읽어왔으면 제대로 가져왔는지 확인해야겠죠? 이때 마지막까지 제대로 읽어왔는지 쉽게 확인할 수 있는 tail() 함수를 많이 사용합니다.

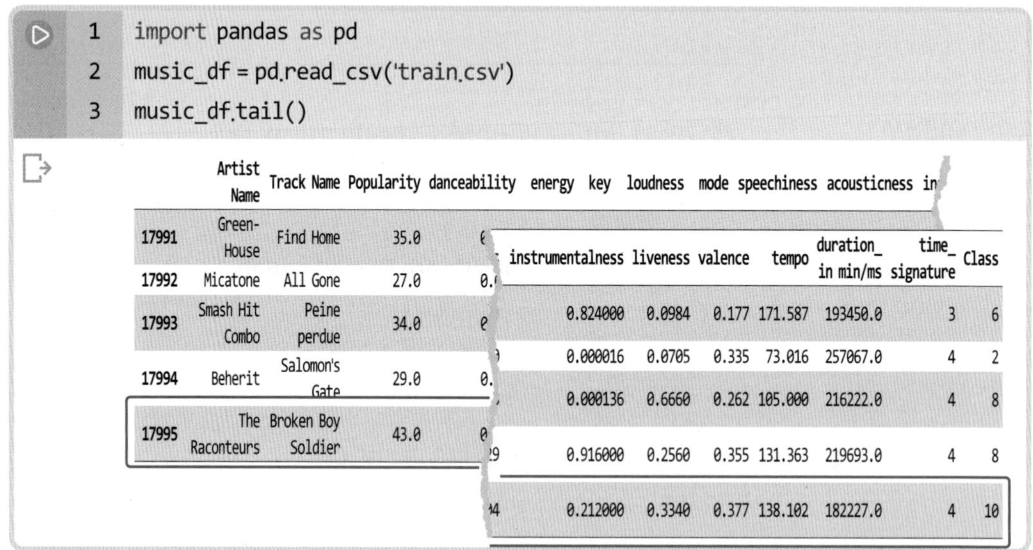

```
import pandas as pd
music_df = pd.read_csv('train.csv')
music_df.tail()
```

	Artist Name	Track Name	Popularity	danceability
17991	Green-House	Find Home	35.0	
17992	Micatone	All Gone	27.0	
17993	Smash Hit Combo	Peine perdue	34.0	
17994	Beherit	Salomon's Gate	29.0	
17995	The Raconteurs	Broken Boy Soldier	43.0	

instrumentalness	liveness	valence	tempo	duration_in min/ms	time_signature	Class
0.824000	0.0984	0.177	171.587	193450.0	3	6
0.000016	0.0705	0.335	73.016	257067.0	4	2
0.000136	0.6660	0.262	105.000	216222.0	4	8
0.916000	0.2560	0.355	131.363	219693.0	4	8
0.212000	0.3340	0.377	138.102	182227.0	4	10

해석

코랩의 작업 폴더로 업로드한 파일을 판다스 데이터프레임 형태로 읽어옵니다. tail( ) 함수를 이용해서 music_df 값을 출력해 보면 총 17개의 속성(columns), 마지막 행(17995)의 데이터를 확인할 수 있습니다.

3 데이터 처리하기

데이터셋을 불러와서 이 데이터셋이 가진 속성(Feature)을 살펴보고 독립변수와 종속변수를 정한 후, 훈련 데이터와 테스트 데이터로 구분할 수 있도록 처리합니다.

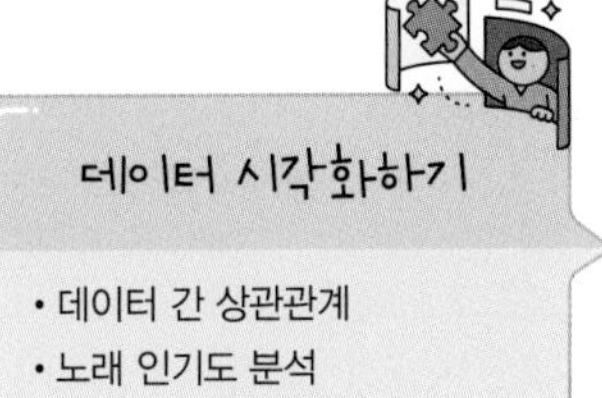

데이터 살펴보기

- 데이터 기초 정보
- 결측치 처리
- 데이터 통계량

데이터 시각화하기

- 데이터 간 상관관계
- 노래 인기도 분석

모델 학습을 위한 전처리하기

- 훈련 데이터와 테스트 데이터 분리

데이터 살펴보기

데이터 기초 정보 확인하기

데이터프레임의 info() 메소드로 저장된 음악 데이터셋의 기초 정보를 확인해 보겠습니다.

```
1 music_df.info()
```

```
<class 'pandas.core.frame.DataFrame'>
RangeIndex: 17996 entries, 0 to 17995
Data columns (total 17 columns):
 #   Column              Non-Null Count  Dtype
---  ------              --------------  -----
 0   Artist Name         17996 non-null  object
 1   Track Name          17996 non-null  object
 2   Popularity          17568 non-null  float64
 3   danceability        17996 non-null  float64
 4   energy              17996 non-null  float64
 5   key                 15982 non-null  float64
 6   loudness            17996 non-null  float64
 7   mode                17996 non-null  int64
 8   speechiness         17996 non-null  float64
 9   acousticness        17996 non-null  float64
 10  instrumentalness    13619 non-null  float64
 11  liveness            17996 non-null  float64
 12  valence             17996 non-null  float64
 13  tempo               17996 non-null  float64
 14  duration_in min/ms  17996 non-null  float64
 15  time_signature      17996 non-null  int64
 16  Class               17996 non-null  int64
dtypes: float64(12), int64(3), object(2)
memory usage: 2.3+ MB
```

속성명	설명
Artist Name	아티스트 이름(가수)
Track Name	노래 제목
Popularity	인기도
danceability	댄스 적합도
energy	활기찬 정도
key	음높이
loudness	소리 크기
mode	모드(메이저 또는 마이너)
speechiness	음성의 포함 정도
acousticness	어쿼스틱(음향) 정도
instrumentalness	악기 포함 정도
liveness	라이브 음악 인지 정도
valence	가사의 긍정성
tempo	속도
duration_in min/ms	음악 길이
time_signature	마디당 박자
Class	음악 장르

해석

이 데이터셋은 총 17,996개의 데이터로 구성되어 있고, 속성은 17개입니다. 각 속성별 값의 개수가 대부분 17,996개인데 인기도, 음높이, 악기 포함 정도 등의 속성은 결측치가 있는 것이 확인됩니다. 속성별 데이터 유형은 실수형(float64), 정수형(int64), 그리고 문자열로 되어 있는 값은 문자형(object)으로 구성되어 있습니다.

3 데이터 처리하기

결측치 확인하기

얼마나 많은 결측치가 있는지 빠르게 확인할 때는 isnull() 메소드를 사용합니다. null 값을 가진 속성값을 표시해 주는데, 이것을 sum()과 함께 사용하면 null의 개수를 빠르게 파악할 수 있습니다.

결측치 확인을 위해 isna() 메소드를 사용해도 됩니다.

```
데이터프레임 객체.isnull().sum()
# 데이터셋에서 결측치에 해당하는 속성과 개수 출력
```

```
music_df.isnull().sum()
```

```
Artist Name              0
Track Name               0
Popularity             428
danceability             0
energy                   0
key                   2014
loudness                 0
mode                     0
speechiness              0
acousticness             0
instrumentalness      4377
liveness                 0
valence                  0
tempo                    0
duration_in min/ms       0
time_signature           0
Class                    0
dtype: int64
```

해석

기초 정보에서 확인한 것처럼 결측치가 있는 속성과 개수를 확인할 수 있습니다.

결측치 처리하기

이제 결측치를 어떻게 해야 할지 결정해야 합니다. 보통 값이 없는 null인 경우에는 해당하는 행 전체를 삭제하는 것이 좋은 결정이지만, 데이터가 많이 사라질 수 있으므로 중간값이나 평균값을 이용하기도 합니다. 여기서 사용하는 음악 데이터는 17,996개 정도로 샘플 수가 아주 많은 것은 아닙니다. 따라서 삭제하기보다는 성능에 영향을 미치겠지만 중간값이나 평균값을 이용하는 것으로 정하겠습니다.

여러분들은 학습할 때 중간값으로 변경하여 입력하고 성능을 측정해 보아도 좋습니다.

이번 활동에서는 해당 속성의 평균값을 이용하겠습니다. 원본 데이터에 null 값들 즉, 비어 있는 값이 있으면 해당 속성의 평균값으로 채우기 위해 fillna() 함수와 매개 변수로 mean() 함수를 사용해 보겠습니다.

```
데이터프레임 객체.fillna(평균값)
# 데이터프레임에서 비어 있는 값을 평균값으로 채우기
```

결측치에 평균값을 채우고 다시 기초 정보를 확인해 보겠습니다.

```
numeric_cols = music.select_dtypes(include = 'number')
mean = numeric_cols.mean()
data = music_df.fillna(mean)
data.info()
```

```
<class 'pandas.core.frame.DataFrame'>
RangeIndex: 17996 entries, 0 to 17995
Data columns (total 17 columns):
 #    Column              Non-Null Count   Dtype
---   ------              --------------   -----
 0    Artist Name         17996 non-null   object
 1    Track Name          17996 non-null   object
 2    Popularity          17996 non-null   float64
 3    danceability        17996 non-null   float64
 4    energy              17996 non-null   float64
 5    key                 17996 non-null   float64
 6    loudness            17996 non-null   float64
 7    mode                17996 non-null   int64
 8    speechiness         17996 non-null   float64
 9    acousticness        17996 non-null   float64
 10   instrumentalness    17996 non-null   float64
 11   liveness            17996 non-null   float64
 12   valence             17996 non-null   float64
 13   tempo               17996 non-null   float64
 14   duration_in min/ms  17996 non-null   float64
 15   time_signature      17996 non-null   int64
 16   Class               17996 non-null   int64
dtypes: float64(12), int64(3), object(2)
memory usage: 2.3+ MB
```

앞서 사용했던 isnull()과 sum() 메소드를 사용하여 결측치가 제거되었는지 확인해 보세요.

해석

원본 데이터의 인기도(Popularity), 키(key), 악기 포함 정도(instrumentalness) 값들이 모두 17,996으로 바뀐 것을 확인할 수 있습니다. 평균값을 채운 데이터는 data라는 이름의 데이터프레임으로 만들었습니다. 즉, 원본 데이터 자체가 변한 것은 아닙니다. 새로운 데이터프레임이 생긴 것입니다.

데이터 통계량 살펴보기

이번에는 수치 데이터들의 통계량을 알아봅시다. 데이터프레임에 대하여 다음과 같이 describe() 함수를 사용합니다.

```
1  data.describe()
```

	Popularity	danceability	energy	key	loudness	mode	spe
count	17996.000000	17996.000000	17996.000000	17996.000000	17996.000000	17996.000000	179
mean	44.512124	0.543433	0.662777	5.952447	-7.910660	0.636753	
std	17.218436	0.166268	0..				
min	1.000000	0.059600	0.0				
25%	33.000000	0.432000	0.				
50%	44.000000	0.545000	0.7				
75%	56.000000	0.659000	0.8				
max	100.000000	0.989000	1.				

ence	tempo	duration_in min/ms	time_ signature	Class
000	17996.000000	1.799600e+04	17996.000000	17996.000000
5208	122.623294	2.007445e+05	3.924039	6.695821
195	29.571527	1.119891e+05	0.361618	3.206073
8300	30.557000	5.016500e-01	1.000000	0.000000
7000	99.620750	1.663370e+05	4.000000	5.000000
31000	120.065500	2.091600e+05	4.000000	8.000000
2000	141.969250	2.524900e+05	4.000000	10.000000
6000	217.416000	1.477187e+06	5.000000	10.000000

해석

describe( )는 수치 데이터에 대한 기술(descriptive) 통계치를 제시해 줍니다. 그래서 17개의 속성이 아닌 가수와 노래 제목을 뺀 15개 속성만 통계량을 출력합니다. 인기도나 속도, 음악 길이의 표준편차가 큰 값이고 속도와 음악 길이의 평균값은 다른 값과도 차이가 크게 난다는 것을 확인할 수 있습니다.

데이터 시각화하기

이제부터는 데이터 시각화를 통해 데이터를 좀 더 살펴보겠습니다. 과거 통계 기반의 분석이나 전통적인 머신러닝에서는 머신러닝 모델을 만들 때 필요한 속성은 결과 예측값과 관련 있는 속성을 이용했습니다. 하지만 빅데이터 시대에 데이터 마이닝이나 요즘의 딥러닝 시스템에서는 데이터의 관계성을 사람이 먼저 설정하지 않고 기계가 스스로 찾아 활용하는 쪽을 선택하기도 합니다.

명목변수의 예를 들면 성별, 직업, 종교, 국적 등이 있습니다. 따라서 명목변수는 값을 카테고리로 분류하여 분석합니다.

음악 장르를 의미하는 'Class' 속성은 정수형(int64)으로 표현되어 있지만 명목변수(Categorical variable)입니다. 명목변수는 범주형 변수의 일종으로, 서로 구분되기만 할 뿐 크기 순서가 있는 것이 아닙니다.

따라서 상관계수를 구하는 것이 큰 의미가 없으나 여기서는 음악 장르와 다른 속성과의 관계를 알기 위해 히트맵을 이용해 보겠습니다.

장르(Class) 속성을 포함한 문자형 변수를 제외한 모든 수치형 데이터의 상관계수를 구하고 히트맵으로 출력해 봅시다.

상관계수 분석하기

```python
import seaborn as sns
import matplotlib.pyplot as plt
plt.figure(figsize = (16, 8))  # 그래프의 가로 크기를 16인치, 세로 크기를 8인치로 설정
corr = data.corr(numeric_only = True)
sns.heatmap(corr, annot = True, cmap = 'YlGnBu')  # 녹색에서 노란색으로 변하는 색상
```

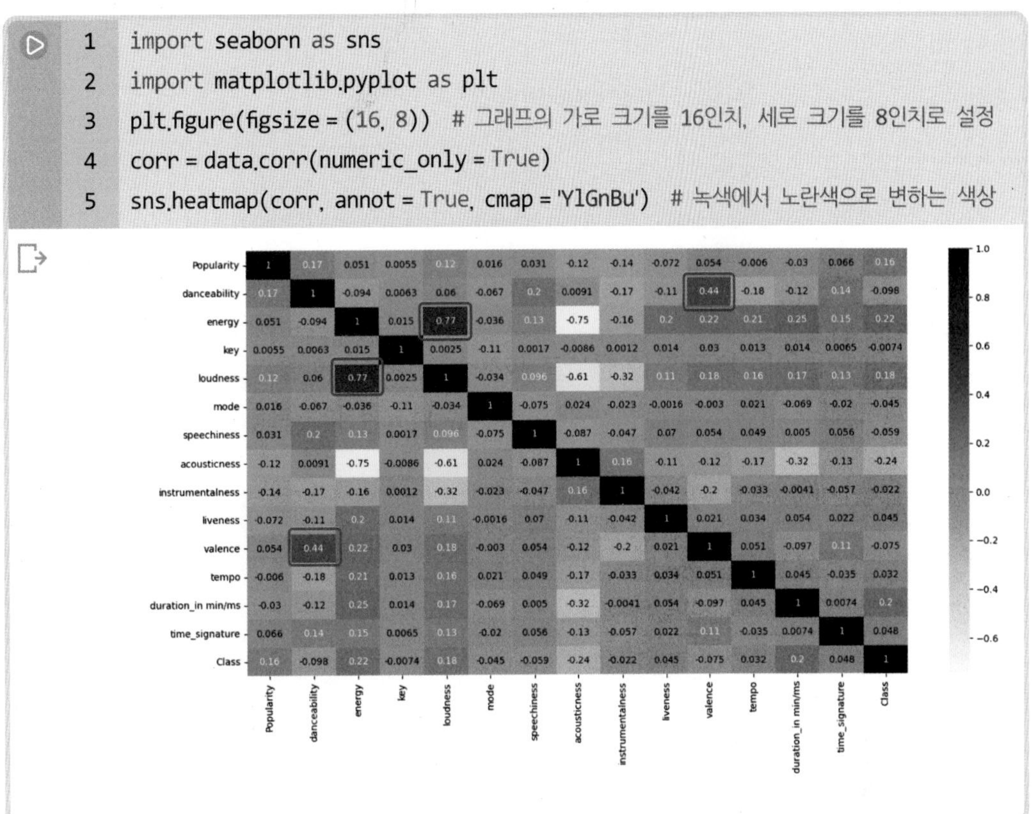

해석

실행 결과를 보면 모든 속성 간에 0.5 이상의 강한 상관을 나타내는 것들은 많지 않아 보입니다. 활기찬 정도(energy)와 소리 크기(loudness)가 강한 상관이 있는데 생각해 보면 상식적으로 그럴 것 같습니다. 그리고 댄스 적합도(danceability)와 가사의 긍정성(valence)도 어느 정도 정적 상관이 있는 것으로 나타났습니다. 재미있는 결과네요. 댄스 음악이 가사가 명랑하고 긍정적 요소가 많나 봅니다.

노래 인기도 분석하기

이번 활동에서 음악적 요소를 이용한 장르 분류와 직접적인 관련이 있는 것은 아니지만 다른 분석을 해 보겠습니다. 여러분은 대중가요 중 어느 노래가 가장 인기가 높은지 궁금하지 않나요? 인기도가 높은 상위 10개 노래를 찾아 그래프로 그려 봅시다.

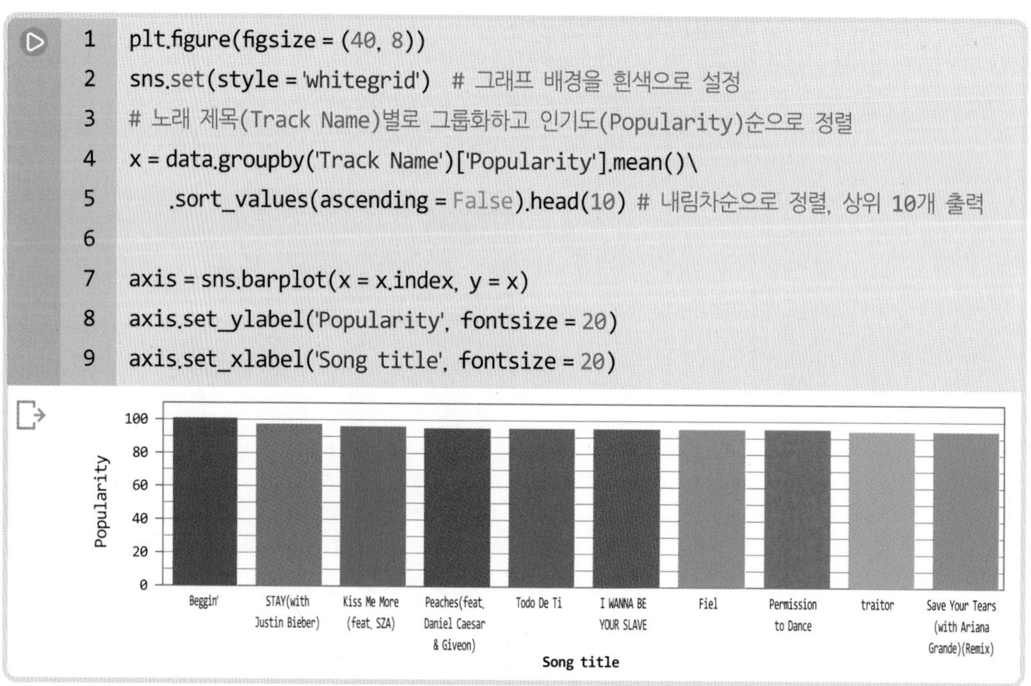

```
plt.figure(figsize = (40, 8))
sns.set(style = 'whitegrid')  # 그래프 배경을 흰색으로 설정
# 노래 제목(Track Name)별로 그룹화하고 인기도(Popularity)순으로 정렬
x = data.groupby('Track Name')['Popularity'].mean()\
    .sort_values(ascending = False).head(10) # 내림차순으로 정렬, 상위 10개 출력

axis = sns.barplot(x = x.index, y = x)
axis.set_ylabel('Popularity', fontsize = 20)
axis.set_xlabel('Song title', fontsize = 20)
```


해석

실행 결과로 보면 Beggin이라는 노래의 인기도가 가장 높은 것을 확인할 수 있습니다. 노래 제목인 Track Name을 기준으로 인기도를 내림차순 정렬하여 상위 10개만 뽑아서 x 변수에 넣은 코드입니다. 다만 여기서 mean( ) 함수는 같은 이름을 가진 노래가 여러 개 있음을 고려한 것이 아닌 sort( ) 함수를 이용하기 위해 사용한 것입니다.

노래 인기도 분석하기의 코드를 수정하여 인기도에 따라 energy(활력 정도) 값을 출력하는 그래프를 그려 봅시다. (x축은 인기도, y축은 에너지가 되게 합니다.)

데이터 전처리하기

데이터에 범주형 변수가 있다면 범주형 변수를 원-핫 인코딩해 주어야 합니다. 하지만 지금 다루고 있는 데이터셋에는 종속변수를 제외하고는 범주형 데이터가 없습니다. 따라서 범주형으로 바꾸어 주는 작업은 하지 않아도 됩니다.

독립변수와 종속변수 구분하기

독립변수와 종속변수는 다음과 같습니다.

독립변수(14개)	종속변수(1개)
Popularity, danceability, energy, key, loudness, mode, speechiness, acousticness, liveness, valence, tempo, duration_in min/ms, time_signature	Class

```
X = data.iloc[:, 2:16]
y = data['Class']
```

해석

종속변수인 'Class' 속성을 열 방향으로 삭제하여 X에 저장하고, 종속변수인 'Class' 속성을 y에 저장합니다.

훈련 데이터와 테스트 데이터로 분리하기

독립변수와 종속변수로 나누고 나면 이를 훈련에 사용할 훈련 데이터와 테스트에 사용할 테스트 데이터 총 4개로 분할합니다. 이때 사이킷런 라이브러리의 train_test_split() 함수를 사용합니다.

```
from sklearn.model_selection import train_test_split
X_train, X_test, y_train, y_test = train_test_split(X, y, test_size = 0.2,
                                                    random_state = 42)
print(X_train.shape, X_test.shape, y_train.shape, y_test.shape)
```

```
(14396, 16) (3600, 16) (14396,) (3600,)
```

해석

훈련 데이터가 80%, 테스트 데이터가 20%가 되게 나누었습니다. 전체가 17,996개의 데이터이므로 훈련 데이터의 수는 14,396개가 되겠군요. 실제 데이터가 몇십만 개이기 때문에 테스트 데이터를 더 늘려 주기도 합니다.

	독립변수	종속변수
훈련 데이터	X_train(14396, 16)	y_train(14396,)
테스트 데이터	X_test(3600,0)	y_test(3600,)

4 모델 학습하기

모델 생성하기

이번 활동에서 사용하는 모델은 SVM입니다. 사이킷런 라이브러리를 이용하면 SVM 모델을 만들고 학습하는 것을 구현하는 것은 어렵지 않습니다.

여기서는 Pipeline() 함수를 사용해서 SVM 객체를 만들어 보겠습니다. 데이터 처리 컴포넌트들이 연속된 형태를 데이터 파이프라인이라고 합니다. 사이킷런에는 이를 순서대로 처리할 수 있게 하는 Pipeline 클래스가 있습니다. Pipeline의 매개 변수로 리스트를 입력하는데, 리스트 안에 이름과 데이터 처리 함수가 쌍으로 입력되는 구조입니다.

선형 분리하기

```
from sklearn.pipeline import Pipeline
from sklearn.preprocessing import StandardScaler
from sklearn.svm import LinearSVC  # 선형 분류 지원
svm_clf = Pipeline([
    ('scaler', StandardScaler()), # 데이터 스케일링
    ('linear_svc', LinearSVC(C = 1, loss = 'hinge', random_state = 42))]) # 서포트 벡터
svm_clf.fit(X_train, y_train)
```

해석

SVM 객체를 만들기 위해 Pipeline 객체를 이용하여 두 가지 데이터 처리 기능을 연결하였습니다. 하나는 표준화 작업을 해 주는 StandardScaler이고 또 하나는 SVM 모델입니다. SVM 모델은 사이킷런의 LinearSVC를 사용하였으며 loss function은 hinge(힌지) 함수를 사용합니다.

사이킷런의 Pipeline() 함수로 데이터 전처리 및 모델 학습 단계를 조합하여 코드를 간결하게 작성할 수 있습니다.

학습을 마친 후 훈련 데이터를 사용하여 모델 성능이 어느 정도인지 측정해 보겠습니다.

```
svm_clf.score(X_train, y_train)
```

```
0.3184912475687691
```

해석

먼저 훈련에 사용한 독립변수(X_train)와 종속변수(y_train)의 성능은 약 32%가 측정되었습니다.

훈련 데이터의 성능 측정값은 생각보다 잘 나오지 않습니다.

훈련 데이터의 성능이 왜 잘 나오지 않았을까요?

우리가 머신러닝 공부할 때 많이 사용하는 붓꽃과 타이타닉 데이터 등은 성능이 잘 나오는 데이터입니다. 하지만 실제 데이터 대부분은 성능이 잘나오지 않습니다. 비정형 데이터뿐만 아니라 정형 데이터를 사용하여도 대부분 이번 활동에서 사용한 음악 데이터 성능처럼 잘 나오지 않습니다. 그래서 많은 사람들은 머신러닝, 딥러닝을 더 공부하여 조금이라도 성능을 높이기 위한 노력을 합니다. 일단 만족스럽지 않지만 여기서는 가장 기본적인 모델을 만든 것으로 위안을 삼겠습니다.

5 모델 테스트 및 평가하기

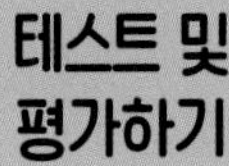

테스트 및 평가하기

학습을 완료한 후, 학습이 잘되었는지 성능을 테스트합니다. 테스트할 때는 학습에 사용하지 않은 테스트용 데이터를 이용합니다. 테스트용 데이터로 예측한 결괏값은 성능을 평가할 때 테스트용 종속변수와 비교하여 분류의 정확도를 살펴보는 데 활용합니다.

먼저 선형 분류를 적용한 SVM 모델의 성능을 평가해 봅시다.

```
svm_clf.score(X_test, y_test)
```

```
0.3163888888888889
```

해석

테스트 데이터를 이용한 결과는 약 31.6%의 정확도를 보여 주었습니다. 전제적인 성능은 낮습니다.

SVM과 랜덤 포레스트를 비교해 보면 아주 중요한 점이 있습니다. 그것은 SVM에서는 과적합이 되지 않는다는 것입니다. 즉, 훈련 데이터의 성능 결과와 테스트 데이터를 넣은 것이 별로 차이가 없습니다. 그리고 우리는 지금 SVM의 큰 두 가지 기능 중 하나인 선형 분류를 사용했습니다.

커널을 이용하여 분리하기

이번에는 SVM의 또 다른 기능인 비선형 분류 지원으로 다항식 커널을 이용하여 모델의 성능을 측정해 보겠습니다.

SVM 모델의 다양한 커널 사용법은 146쪽 〈더 자세히〉에서 확인해 보세요.

```
from sklearn.svm import SVC  # 비선형 분류 지원
poly_kernel_svm_clf = Pipeline([
        ('scaler', StandardScaler()),
        ('svm_clf', SVC(kernel = 'poly', degree = 3, coef0 = 1, C = 5)) ])
poly_kernel_svm_clf.fit(X_train, y_train)
```

```
poly_kernel_svm_clf.score(X_train, y_train)
```

```
0.6250347318699638
```

```
poly_kernel_svm_clf.score(X_test, y_test)
```

```
0.5036111111111111
```

약 50.4%의 정확도를 보여 줍니다. 훈련 데이터와 비교하면 과적합이 발생하기는 하지만 선형식을 적용할 때보다 훨씬 성능이 좋습니다. 그러면 모델의 차수를 높여서 측정하면 더 잘 나올까요? 여러분들이 직접 한번 해 보세요.

더 자세히

손실함수와 RBF 커널

힌지 손실함수

hinge loss function(힌지 손실함수)

힌지(hinge) 손실함수는 통계적 분류 작업에서 자주 사용되며 SVM에서 손실함수로 사용합니다.

힌지 손실함수의 수식은 다음과 같습니다.

$$loss = \max\{0, 1 - (\hat{y} \times y)\}$$

분류 모델에서 위 식의 $\hat{y}$은 예측값이고 y는 실젯값입니다. y는 -1 또는 1의 값을 가지고 (맞으면 1, 그렇지 않으면 -1의 의미) 예측값은 스칼라 값입니다. 식을 풀어 보면 실젯값 1을 1에 가깝게 예측하면 loss는 0 또는 0에 가까운 값이 되고 -1을 1로 예측하거나 하면 loss는 더 커집니다.

이를 나타낸 힌지 손실함수의 그래프는 오른쪽 [그림 1]과 같습니다.

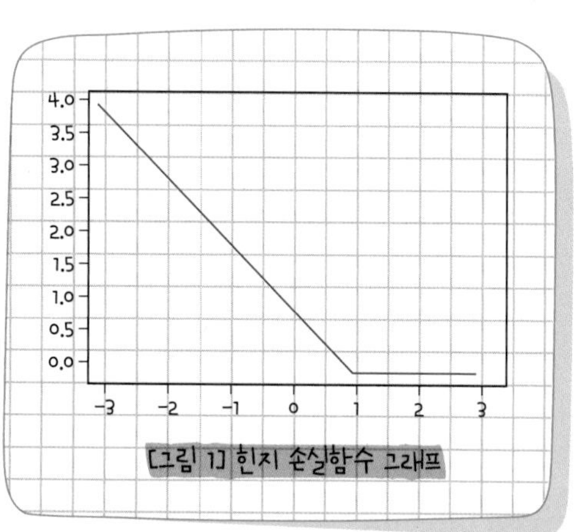

[그림 1] 힌지 손실함수 그래프

가우시안 RBF 커널

가우시안 RBF 커널

사이킷런에서 제공하는 SVM 분류 모델은 다양한 커널을 제공합니다. 그중에서도 주로 'linear', 'poly', 'rbf' 이렇게 세 가지가 주로 쓰이는데 SVM 분류 모델을 일반적으로 적용할 때 default 값인 'rbf'를 쓰는 경우가 많습니다.

실제 코드는 다음과 같이 구현합니다.

```
rbf_kernel_svm_clf = Pipeline([
    ('scaler', StandardScaler()),
    ('svm_clf', SVC(kernel = 'rbf', gamma = 1, C = 0.001) ])
```

RBF는 가우시안 방사 기저 함수(radial basis function)로 불리며, 특정 샘플을 랜드마크로 지정해서 각 샘플이 랜드마크와 얼마나 유사한지를 구하는 유사도 함수를 대입하고 나온 결괏값을 해당 샘플의 새로운 특성으로 추가합니다. 이를 기준으로 결정 경계를 만드는 방식이죠. 어렵나요? 그림으로 쉽게 접근해 봅시다.

데이터가 [그림 2]의 왼쪽 그래프와 같이 2차원 평면상에 존재한다고 가정합시다. 직선으로는 두 그룹을 구별하지 못하겠죠?

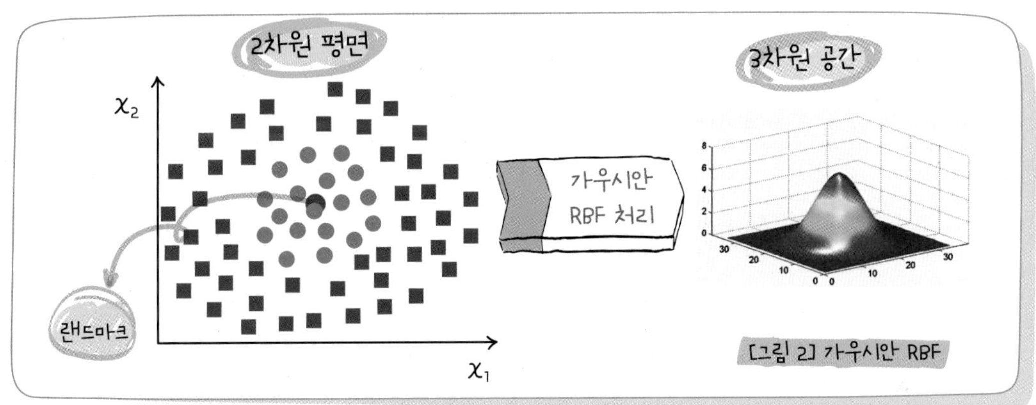

[그림 2] 가우시안 RBF

이때 앞서 배운 다항식 커널은 기존 값을 이용한 3차항, 4차항을 추가하는 방식으로 차원을 늘려 2차원에서는 직선 하나로 구별하지 못하는 데이터를 분류합니다. 앗! 이것도 어려우신가요? 그럼 아래 두 그림을 봅시다.

원본 데이터가 1차원 직선에 있는데 두 개의 그룹으로 나눠 있습니다.

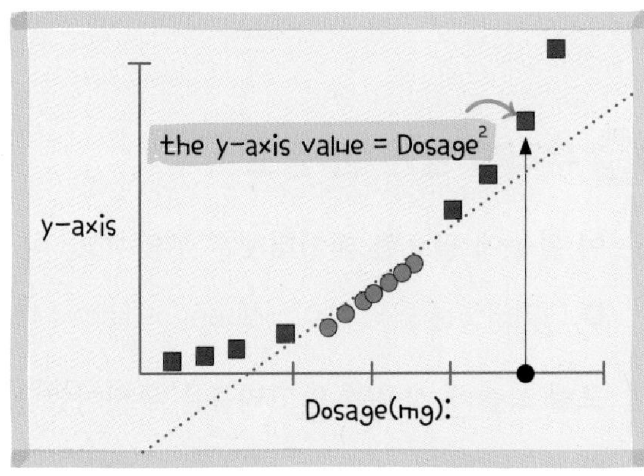

다항식 커널 방법으로 간단하게 2차항을 추가하면 우리가 흔히 아는 평면 좌표계의 y축이 2차항이 되고 현재값을 제곱한 값이 축에 표현됩니다. 요소를 설명하는 특성이 1개 더 추가됩니다. 그렇게 만들어진 오른쪽 그림을 보면 절묘하게 직선 1개로 나눌 수 있습니다. 물론 이때 몇 차항을 추가하는지는 중요합니다.

자 이제 다시 위의 [그림 2]가 설명하는 가우시안 RBF 커널 방법으로 넘어갑시다.

복잡한 수학적인 문제는 컴퓨터가 해결하도록 하고 우리는 개념을 이해해 봅시다. RBF에서는 제곱항, 3제곱항을 추가하는 방식이 아니고 데이터에 랜드마크(가운데 붉은 점)인 점을 기준으로 정규 분포 함수를 이용하여 데이터의 차원을 늘려 줍니다.

즉, [그림 2]에서 보듯이 2차원 평면에서 3차원 공간으로 늘고, 이렇게 되면 다시 선형식으로 두 그룹의 데이터를 구별할 수 있게 됩니다.

Support Vector Machine 문제 해결 과정

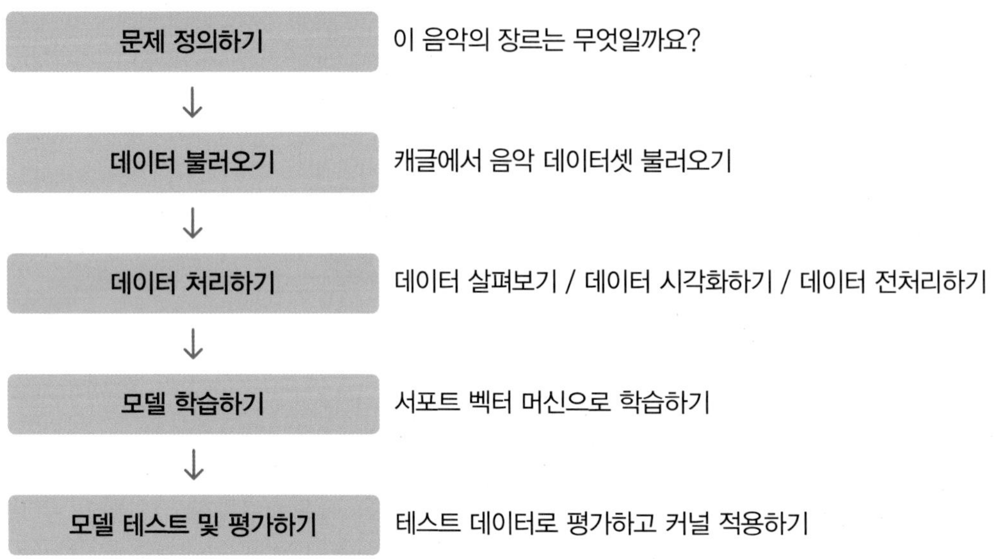

우리가 알게 된 정보

1. 이 활동에 필요한 데이터셋은 무엇이고, 이 데이터셋은 어디에서 수집할 수 있었나요?
   - 데이터셋은 음악 데이터셋으로, 캐글에서 다운로드할 수 있습니다.

2. 모델 학습에 사용할 알고리즘은 무엇이었나요?
   - 서포트 벡터 머신 알고리즘을 사용합니다. 서포트 벡터 머신은 지도학습 모델로 현재에도 많이 사용되고 있는 머신러닝 모델 중 하나입니다. 기본적으로 이진 분류를 위한 기법이지만 다중 분류에 많이 사용됩니다.

3. 모델 학습을 위해 우리가 해야 할 작업은 무엇이었나요?
   - 음악 데이터셋에서 결측치가 있는 속성은 그 속성의 평균값으로 대체하여 새로운 데이터셋을 만들어 사용합니다.

4. 활동을 마치며 새롭게 알게 된 용어를 정리해 보세요.

서포트 벡터	
마진	
커널	
힌지 손실함수	

소스 코드

소스 코드는 씨마스 에듀 홈페이지와 구글 드라이브에서 제공합니다.

```
import pandas as pd
music_df = pd.read_csv('train.csv')
music_df.tail()

music_df.info()
music_df.isnull().sum()

numeric_cols = movies.select_dtypes(include = 'number')
mean = numeric_cols.mean()
data = music_df.fillna(mean)
data.info()
data.describe()

import seaborn as sns
import matplotlib.pyplot as plt
plt.figure(figsize = (16, 8))  # 그래프의 가로 크기를 16인치, 세로 크기를 8인치로 설정
sns.set(style = 'whitegrid')
corr = data.corr(numeric_only = True)
sns.heatmap(corr, annot = True, cmap = 'YlGnBu')
# 녹색에서 노란색으로 변하는 색상

plt.figure(figsize = (40, 8))
sns.set(style = 'whitegrid')
# 노래 제목(Track Name)별로 그룹화하고 인기도(Popularity)순으로 정렬
x = data.groupby('Track Name')['Popularity'].mean()\
    .sort_values(ascending = False).head(10)  # 인기도를 내림차순으로 정렬, 상위 10개 출력
axis = sns.barplot(x = x.index, y = x)
axis.set_ylabel('Popularity', fontsize = 20)
axis.set_xlabel('Song title', fontsize = 20)

X = data.iloc[:, 2:16]
y = data['Class']

from sklearn.model_selection import train_test_split
X_train, X_test, y_train, y_test = train_test_split(X, y, test_size = 0.2, random_state = 42)
print(X_train.shape, X_test.shape, y_train.shape, y_test.shape)
```

```
from sklearn.pipeline import Pipeline
from sklearn.preprocessing import StandardScaler
from sklearn.svm import LinearSVC

svm_clf = Pipeline([
    ('scaler', StandardScaler()),
    ('linear_svc', LinearSVC(C = 1, loss = 'hinge', random_state = 42))])

svm_clf.fit(X_train, y_train)

svm_clf.score(X_train, y_train)
svm_clf.score(X_test, y_test)
# 비선형 분류 - 다항식 커널
from sklearn.svm import SVC
poly_kernel_svm_clf = Pipeline([
          ('scaler', StandardScaler()),
          ('svm_clf', SVC(kernel = 'poly', degree = 3, coef0 = 1, C = 5))
          ])
poly_kernel_svm_clf.fit(X_train, y_train)
poly_kernel_svm_clf.score(X_train, y_train)
poly_kernel_svm_clf.score(X_test, y_test)
```

활동 정리하기

SVM은 블라디미르 베프닉이 소프트 마진과 커널 개념을 도입하여 획기적으로 성능을 향상시킨 머신러닝 모델입니다.

지도학습에서 분류나 회귀를 담당하는 모델은 여러 가지가 있습니다. 선형 회귀, 로지스틱 회귀, k-NN, Decision Tree 등 다양한 모델이 분류나 회귀에 사용됩니다. 이런 대부분의 데이터를 기반으로 한 머신러닝 모델은 필연적으로 한 가지 큰 약점이 있는데 그것은 바로 과적합(Overfitting) 문제입니다.

SVM은 기본적으로 이 과적합의 문제를 해결하기 위한 모델입니다. SVM의 특징인 소프트 마진과 서포트 벡터의 개념을 도입하여 훈련 데이터만 잘 맞추는 과적합의 문제를 해결했습니다.

또한 그동안 직선 형태를 사용하는 많은 모델들이 해결하지 못한 비선형 분리 문제를 kernel 기법을 사용하여 해결했습니다.

이러한 SVM은 자동차 번호판 인식 등 다양하게 일상생활에 활용되며, 현재도 많이 사용하는 머신러닝 모델로 자리매김하고 있습니다.

MEMO

'묶어 주는 인공지능' 영역에서는 정답이 주어지지 않은 데이터의 특징들을 분석한 다음, 유사한 성질을 가진 데이터끼리 모아 같은 그룹으로 묶는 군집화(clustering)에 대해 배웁니다.

k-means(k-평균)로 품종명을 제거한 붓꽃 데이터를 이용해서 군집화하는 방법과, PCA(주성분 분석)로 원 데이터의 분포를 최대한 보존하면서 고차원의 데이터를 저차원으로 간소화하는 방법을 알아봅니다.

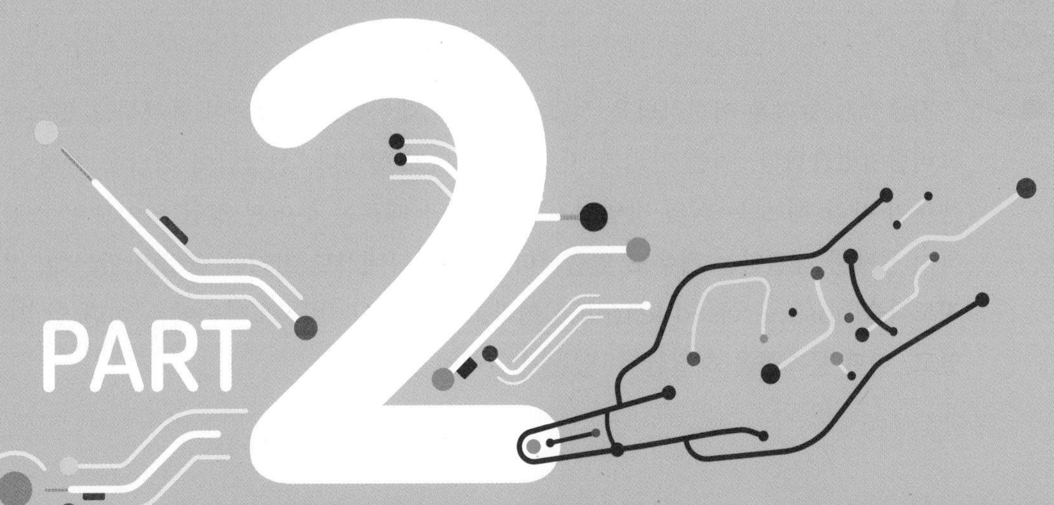

묶어 주는 인공지능

개념 학습 같은 것끼리 묶어 주는 비지도학습

실습 활동 1 품종 정보가 없는 붓꽃을 어떻게 분할할까?

2 고차원의 데이터를 저차원으로 줄일 수 있을까?

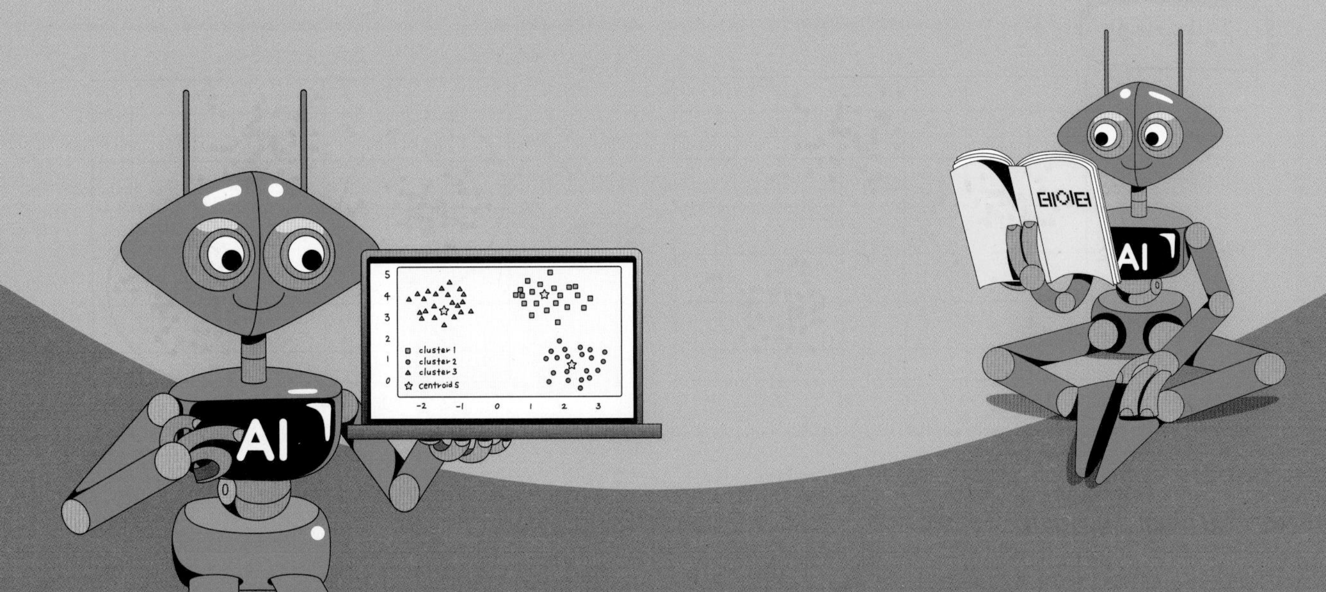

같은 것끼리 묶어 주는 비지도학습

지금까지 살펴본 머신러닝은 정답이 주어진 데이터를 학습하여 예측하고 인식하는 알고리즘이었습니다. 이를 가리켜 지도학습이라고 합니다. 선생님이 정답을 알려 주고 학생들이 따라 해 보는 식의 방법이지요. 하지만 때로는 주어진 정답 없이도 스스로 학습하여 문제를 해결하는 경우도 있습니다. 머신러닝에서도 이러한 방법이 있는데, 이를 비지도학습(unsupervised learning)이라고 부릅니다. 비지도학습에는 어떤 알고리즘이 있고, 어떤 문제들을 해결할 수 있는지 알아보겠습니다.

"정답이 주어지지 않은 데이터를 이용하라."

앞서 분류하는 'PART 1인공지능'에서 소개한 k-NN(k-Nearest Neighbors)을 다시 떠올려 봅시다. 사실 k-NN은 학습할 때, 주어진 정답을 이용해서 학습하는 알고리즘입니다. 나와 비슷한 데이터들이 어떤 클래스인지 이미 주어져 있으므로, 나와 거리가 가장 가까운 데이터의 클래스를 선택하여 '나는 누구(클래스)야'를 정하는 방식입니다.

만일 데이터에 정답이 주어져 있지 않으면 나와 유사한(similar) 것을 어떻게 알 수 있을까요? 정답이 없는 데이터들이 몽땅 있는데, 나는 누구와 비슷하고, 누구와 다른지 어떻게 판단할 수 있을까요? 이렇게 정답이 없는 데이터로부터 너랑 나랑 서로 같은지 다른지를 확인하고, 비슷한 것끼리 군집화하는 학습 방법을 비지도학습이라고 합니다.

"비슷한 패턴의 데이터를 모아라! 군집화"

군집화(clustering)는 비슷한 패턴을 가진 데이터끼리 군집으로 모으는 방법입니다. 다음 예제 그림을 보면서 군집화가 무엇인지 살펴보겠습니다. 하단 왼쪽의 데이터 산점도를 보면 세 개의 군집으로 이루어져 있다는 것을 누구든지 쉽게 알 수 있습니다. 아마도 군집화를 한다면 오른쪽 그림처럼 데이터를 3개의 군집으로 나눌 것입니다.

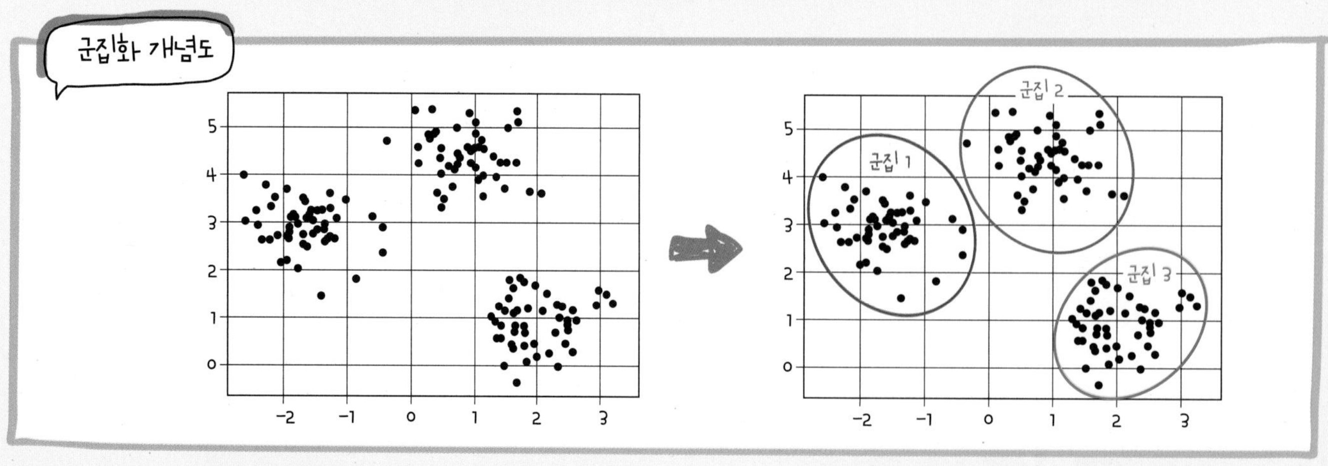

마치 우리 두뇌가 근접한 점들을 하나의 그룹으로 생각하는 것과 같이, 데이터 샘플을 나타내는 각 점들이 빽빽하게 모여 있는 영역을 하나의 군집으로 생각할 것이고 하나의 군집과 다른 군집의 거리가 다소 떨어져 있으면 서로 다른 군집으로 생각할 것입니다.

이처럼 비지도학습은 정답이 주어지지 않은 데이터를 군집화하여 분할하는 기능을 수행합니다. 사람의 개입 없이 정답이 없는 데이터의 학습을 통해 그 속의 내재된 특징과 규칙을 찾아내고, 비슷한 특징의 데이터들끼리 군집화하는 학습 방법이지요. 이렇게 정답 없이도 군집화한 결과를 이용하여 다음 단계의 데이터 분석을 위한 기초를 다지게 됩니다. 다시 말해 정답이 없는 데이터에 내재한 구조를 파악해서 새로운 정보를 발견하는 작업 정도로 생각해 볼 수 있습니다.

"정답이 없는 데이터의 구조를 파악해서 새로운 정보를 찾다."

비지도학습을 사용하면 어떤 장점이 있을까요?

예를 들어, 정답이 부여되지 않은 일련의 과일 데이터들이 많이 주어졌다고 생각해 봅시다. 이 데이터에서 색상은 무엇인지, 어떤 모양인지, 크기는 어떤지를 찾아내어 딸기 사진들 , 귤 사진들, 배 사진들로 분할하는 알고리즘이 있다면, 데이터에 정답을 라벨링 하는 것이 정말 간편해지겠죠?

그뿐만 아니라 분할된 과일 군집별로 데이터들을 살펴보면 각 군집에 속한 과일의 특징들을 빠르게 파악할 수 있습니다. 딸기 군집을 보면 딸기의 색상, 모양, 크기에 대한 속성을 빠르게 확인할 수 있다는 것입니다. 귤과 배에 대해서도 마찬가지이겠지요.

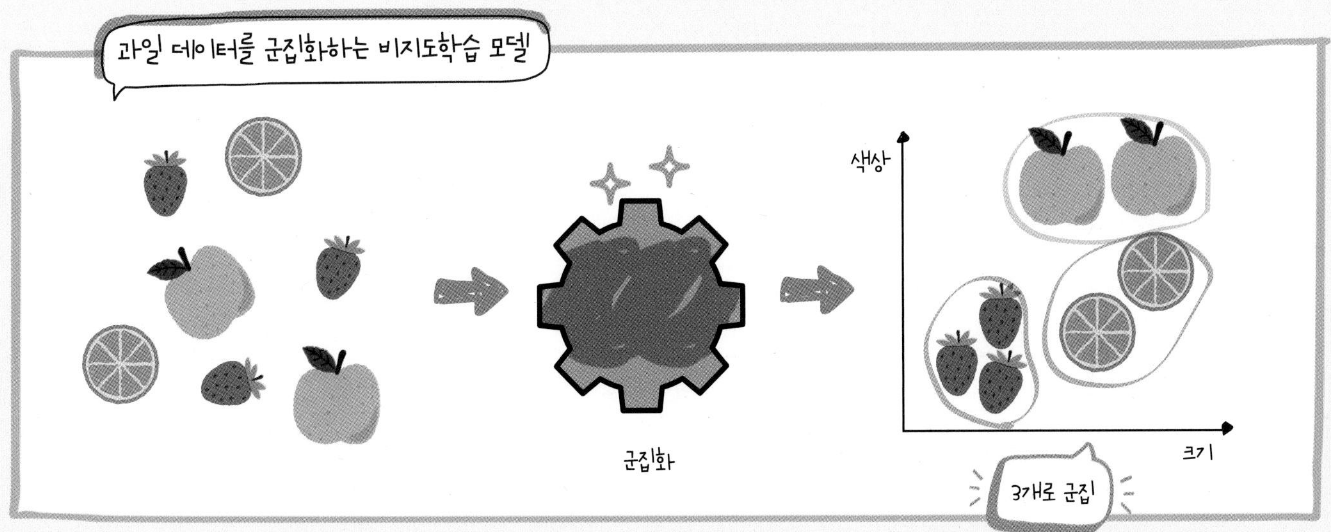

이렇듯 비지도학습을 사용하면 정답이 없는 데이터에서 데이터의 분포, 내재된 특징 및 규칙을 찾아내고, 스스로 찾아낸 정보를 이용해서 정답을 쉽게 부여하거나, 클래스로 사용할 중요한 특징들을 알려 주지요.

이를 더 응용하면 군집에서 멀리 떨어진 데이터들 또는 점들의 빽빽한 정도가 아주 작은 지역의 데이터를 특이한 값으로 간주해서 많은 데이터로부터 이상치를 탐지하는 방법으로도 사용되기도 합니다. 이상치는 군집화 결과를 왜곡시키거나 분석 결과를 신뢰할 수 없게 만들 수 있습니다. 따라서 이상치 처리는 군집화에서 중요한 작업입니다.

"우리 두뇌처럼 여러 사실에서 패턴, 관계성, 연관성, 공통된 성질을 파악해 일반화된 지식으로 만들어가는 과정"

최근 딥러닝이 발전하면서 비지도학습은 더욱 중요한 문제로 주목받고 있습니다. 본디 인간의 학습은 정답이 없는 상황에서 과거의 데이터만으로 새로운 지식을 획득하거나, 과거의 경험을 통해 새로운 기술을 습득하는 과정으로 볼 수 있습니다. 여기서 중요한 현상이 우리 두뇌에서 발생하는데, 전혀 관계없는 여러 사실 사이에서 패턴, 관계성, 연관성, 공통된 성질을 파악하고 그것을 일반화된 지식으로 만들어가는 과정이지요.

비지도학습은 이것을 닮았습니다. 그저 주어진 데이터를 탐험하면서 데이터에 내재된 구조를 파악하고, 패턴이나 관계성을 찾으며, 결과적으로 유사한 성질을 가진 것끼리 모아서 지식을 삼을 수 있도록 구조화해 줍니다. 그 결과, 우리는 구조화된(또는 군집화된) 데이터에서 군집별로 정답을 붙여 주거나, 군집 간 차이 또는 군집 각각의 특징을 파악하여 군집에 포함될 새로운 데이터를 창조해 낼 수 있습니다.

결국 인간이 학습을 통해 이루는 행위들을 비지도학습이 어느 정도 흉내 낼 수 있다고도 볼 수 있겠죠. 이런 점에서 비지도학습은 데이터에 은닉된 특징들을 학습하는 방법으로써 딥러닝 발전에 공헌하고 있다고 할 수 있겠습니다.

실습 활동 안내

비지도학습에는 군집, 차원 축소, 연관 규칙 학습이 있습니다.
이 중에서 군집(k-means)과 차원 축소(PCA)에 대해 배웁니다.

실습 활동 1	품종 정보가 없는 붓꽃을 어떻게 분할할까? k-means
실습 활동 2	고차원의 데이터를 저차원으로 줄일 수 있을까? PCA

실습활동

k-means 유유상종

품종 정보가 없는 붓꽃을 어떻게 분할할까?

이번 활동에서는 k-means를 이용하여 붓꽃 데이터를 군집화해 봅니다. 붓꽃은 꽃받침과 꽃잎의 너비나 길이에 따라 품종을 분할합니다. 우리는 k-means를 이용하여 정답이 제거된 붓꽃 데이터 중 꽃잎의 너비와 길이의 정보에 따라 세 개의 품종으로 군집화하는 모델을 만들어 보겠습니다.

이 장에서는 다음의 순서로 살펴봅시다.

맛보기 — 군집화와 k-means의 원리

문제 해결하기

- 문제 정의하기 — 품종 정보가 없을 때 붓꽃 품종을 분할할 수 있을까요?
- 데이터 불러오기 — 사이킷런에서 붓꽃(iris) 데이터셋 불러오기
- 데이터 처리하기 — • 데이터셋 살펴보기 • 데이터 시각화하기
- 모델 학습하기 — k-means로 학습하기
- 결과 확인하기 — 군집화 결과 확인 및 시각화하기
- 결과 비교하기 — 최적의 k값 및 지도학습 결과와 비교하기

더 자세히 — k-means 성능 높이는 방법

맛보기

군집화와 k-means의 원리

k-means가 뭐지?

k-means는 대표적인 비지도학습 알고리즘입니다. k-NN처럼 가까이 있는 데이터들끼리 유사성을 확인하고, 유사한 데이터들을 모아 하나의 군집으로 묶어 줍니다. 즉, 데이터끼리 서로 같을까 다를까 판단해서 비슷한 데이터끼리 군집으로 만들어 정답이 없어도 비슷한 데이터들끼리 '유유상종'하도록 분할해 줍니다.

다음 그림은 k-means의 군집화 사례를 나타낸 것입니다.

붓꽃 데이터를 k-means로 군집화한 사례입니다.

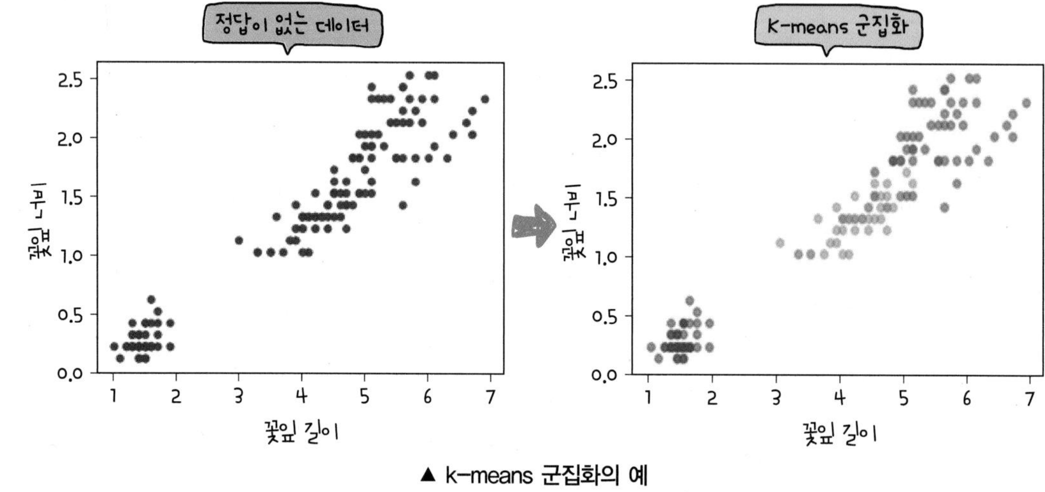

▲ k-means 군집화의 예

군집화

왼쪽 그림은 정답 라벨이 없는 임의의 데이터가 전체적으로 분포된 그림입니다. 단순히 눈으로만 봤을 때, 전체 데이터는 두 개 또는 세 개의 군집으로 나뉘어져 있는 것처럼 보입니다.

우리는 보통 가까이 자리 잡고 있는 것들을 같은 부류로 인식하고, 멀리 떨어져 있는 것들은 다른 부류로 인식하곤 합니다. k-means는 우리의 직관처럼 동작하는 알고리즘입니다. 전체 데이터가 펼쳐져 있을 때, 가까이 있는 것들은 같은 군집으로, 멀리 있는 것들은 다른 군집으로 모아서 분할합니다. k-means가 왼쪽 그림에 있는 데이터를 학습하면 오른쪽 그림처럼 세 개의 군집으로 분할하는 결과를 보여 줍니다. 군집 개수를 정하기 위해서는 중심값을 찾는 과정이 필요합니다.

k-means의 원리

k-means에서 'k'는 데이터셋에서 찾을 것으로 예상되는 군집(클러스터) 수를 말합니다. 그리고 'means'는 각 데이터로부터 그 데이터가 속한 군집의 중심까지의 평균 거리를 말하며, 이 값을 최소화하는 것이 k-means의 목표입니다. k-means에서는 이를 위해 다음과 같은 과정으로 군집화합니다.

군집 개수인 k는 사전에 정해 주어야 합니다. 이때 사람이 정하면 주관적인 판단에 따라 정확한 값을 찾기 어려울 수 있습니다. 따라서 최적의 k값을 찾기 위한 객관적인 방법을 사용하는 것이 좋습니다.

ⓐ
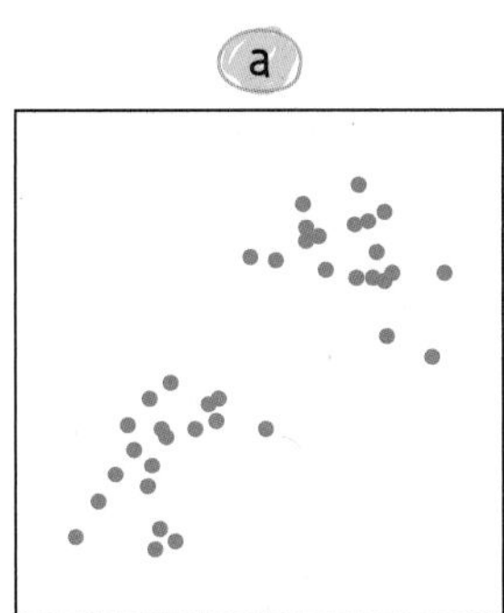
두 개의 무리가 있으므로 k의 값은 2가 됩니다.

ⓑ

중심점 2개(x)를 아무 곳에나 찍습니다.

ⓒ
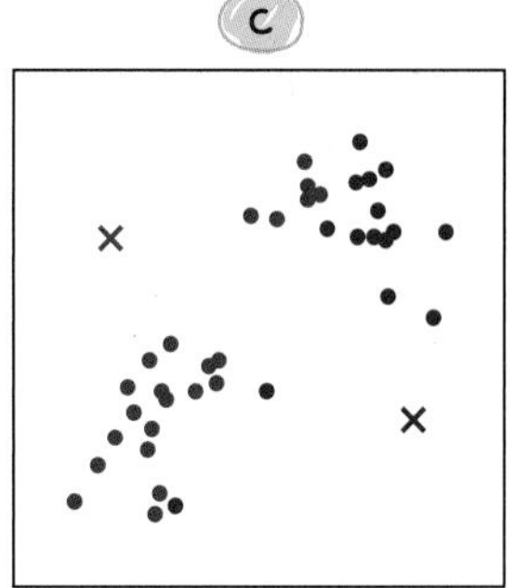
각 데이터들을 2개의 중심점 중 더 가까운 곳으로 모읍니다.

ⓓ
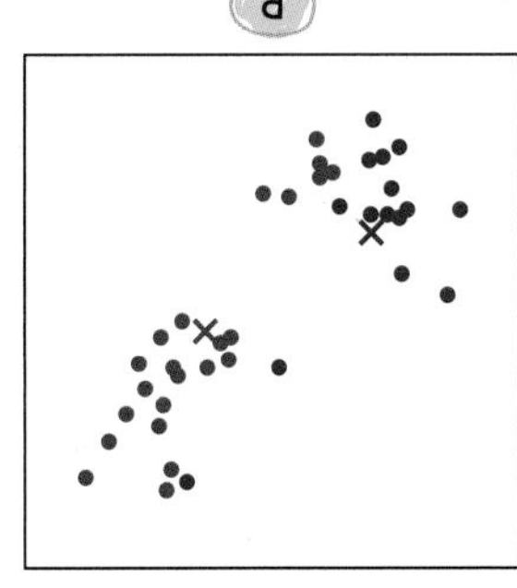
군집이 형성된 상태에서 해당 군집의 중심점을 업데이트합니다.

ⓔ

업데이트된 중심점과 각 데이터들의 거리를 구해서 다시 군집을 설정합니다.

ⓕ
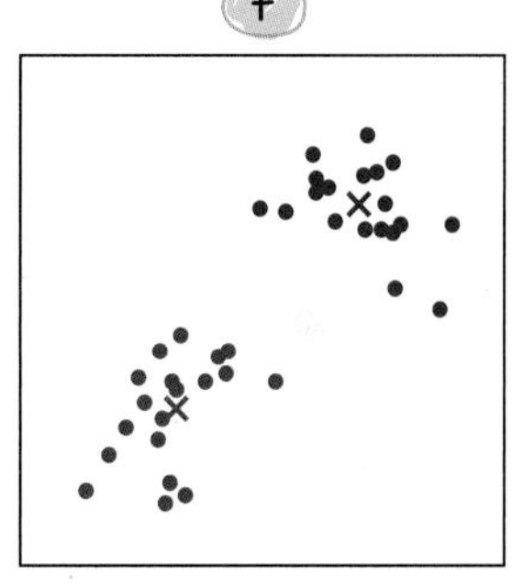
이처럼 중심점이 바뀌지 않을 때까지 ⓒ~ⓔ 과정을 반복하여 데이터들이 속한 군집을 확정하였습니다.

이렇게 군집화해 놓으면 새로운 데이터가 들어와도 어떤 군집에 속할지 할당할 수 있습니다. 이 과정은 〈문제 해결하기〉 이후 〈더 자세히〉에서 다시 한 번 알아보겠습니다.

k-means 알고리즘

k-means는 각 군집의 중심점과 데이터들의 평균 거리를 활용해서 k개의 군집으로 묶습니다.

- STEP 1 데이터셋에 임의의 중심점 k개를 배치한다.
- STEP 2 각 데이터들을 가장 가까운 중심점으로 정하여 군집을 형성한다.
- STEP 3 군집이 형성되면 그 군집 내에서 해당 군집의 중심점을 업데이트한다.
- STEP 4 업데이트한 중심점을 기반으로, 다시 군집을 형성한다.
- STEP 5 더 이상 중심점이 바뀌지 않을 때까지 STEP 2 ~ STEP 4 단계를 반복한다.

1 문제 정의하기

문제 상황 이해하기

품종 정보가 없을 때 붓꽃 품종을 분할할 수 있을까요?

붓꽃 품종 정보가 없을 때, 인공지능 알고리즘은 붓꽃을 세 개 품종으로 분할할 수 있을까요? 프랑스 국화인 붓꽃의 품종은 세 가지입니다. 우리는 이미 개발된 지도학습 알고리즘으로 세 개 품종으로 분할하는 방법은 여러 교재를 통해 알고 있습니다.

Iris Versicolor

Iris Setosa

Iris Virginica

그렇다면 붓꽃 데이터에서 정답에 해당하는 품종 정보가 없을 때 붓꽃의 속성 정보, 예를 들어 꽃잎의 너비와 꽃잎의 길이 정보만을 학습하여 세 개 품종으로 분할할 수 있을까요? 비지도학습 방법을 이용하여 세 개의 군집으로 분할해 보도록 하겠습니다.

여기서 비지도학습 알고리즘은 품종명을 찾아내지는 못합니다. 다만 모든 데이터를 학습하여, 각 품종에 해당하는 군집으로 분할해 낼 수 있습니다. 이것을 확인해 보겠습니다.

문제 해결에 필요한 정보 살펴보기

문제 해결 과정에서 필요한 정보를 미리 살펴봅시다.

1 이 문제 해결에 필요한 데이터셋은 무엇이고, 이 데이터셋은 어디에서 수집할 수 있나요?

붓꽃(iris) 데이터셋으로 사이킷런 라이브러리에서 불러올 수 있습니다. 단, 편의를 위해 꽃잎 길이와 꽃잎 너비, 이렇게 2차원 정보만 사용하겠습니다.

2 모델 학습에 사용할 알고리즘은 무엇인가요?

k-means를 사용합니다. k-means는 데이터들이 내포하고 있는 특징과 규칙을 찾아내고, 서로 같을까 다를까 판단해서 비슷한 데이터끼리 군집화합니다. 정답이 없어도 비슷한 데이터들끼리 '유유상종'하도록 분할해 주는 알고리즘입니다.

3 모델 학습을 위해 어떤 처리를 해야 할까요?

붓꽃 데이터에서 꽃잎 너비와 꽃잎 길이만 선택하여 사용합니다.

소스 코드

소스 코드는 씨마스 에듀 홈페이지와 구글 드라이브에서 제공합니다.


```
from sklearn.datasets import load_iris
from sklearn.cluster import KMeans
import matplotlib.pyplot as plt
iris = load_iris()  # 데이터셋 불러오기
iris_petal = iris.data[:, [2, 3]]  # 꽃잎 길이와 꽃잎 너비를 iris_petal에 저장
labels = iris.target  # 품종(target)을 labels에 저장
plt.scatter(iris_petal[:, 0], iris_petal[:, 1], c = 'b', alpha = 0.5)
plt.xlabel('petal length')
plt.ylabel('petal width')
plt.show()
Kmean = KMeans(n_clusters = 3)  # k-means 모델 생성
Kmean.fit(iris_petal)  # k-means 모델 학습
print(Kmean.cluster_centers_)  # 중심값 좌푯값
print(Kmean.labels_)  # 군집 구분(군집 결과)
# 결과 시각화하기
colours = ['tab:blue', 'tab:green', 'tab:orange']
center_colours = ['b', 'g', 'r']
for i in range(len(Kmean.labels_)):
    label = Kmean.labels_[i]
    plt.scatter(iris_petal[i][0], iris_petal[i][1], c = colours[label], alpha = 0.5)
for i in range(len(Kmean.cluster_centers_)):
    plt.scatter(Kmean.cluster_centers_[i][0], Kmean.cluster_centers_[i][1], s = 200,
                c = center_colours[i])
plt.xlabel('petal length')
plt.ylabel('petal width')
plt.show()
# 최적의 k값과 비교하기
inertia_a = []
k_range = range(1, 10)
for k in k_range:
    kmeans = KMeans(n_clusters = k, random_state = 21)
    kmeans.fit(iris_petal)
    inertia = kmeans.inertia_  # 이너셔 값 변수에 저장
    inertia_a.append(inertia)  # 이너셔 값(변수) 리스트 inertia_a에 추가
plt.plot(k_range, inertia_a, marker = 'o')
plt.xlabel('number of clusters, k', fontsize = 13)
plt.ylabel('inertia', fontsize = 13)
plt.show()
```

이번 활동에서는 k-means를 활용하여 정답이 없는 데이터를 군집화하는 방법을 살펴보았습니다.

먼저 k-means가 얼마나 정확하게 군집화를 할 수 있는지 알아보기 위해, 정답이 제거된 붓꽃 데이터셋을 다루어 보았습니다. 같은 클래스끼리 같은 군집으로 모이는지 확인하기 위해서입니다.

붓꽃 데이터셋을 불러온 후, 정답이 제거된 상태에서 좌표 평면에 시각화했습니다. 정답이 없기 때문에 몇 개의 군집이 형성되었는지 알 수 없는 형태로 시각화되었습니다.

이 상태에서 k-means를 적용하여 군집화를 시도했습니다. 일단 군집의 개수를 3개로 설정하고(k = 3) k-means가 군집화를 수행하도록 했습니다.

3개로 군집화된 결과는 붓꽃 데이터의 정답 값과 유사한 형태로 군집화된 것을 알 수 있었습니다. 우리가 데이터의 내부적인 정보를 하나도 주지 않았지만, k-means는 데이터의 내부적 특성과 내재적인 패턴을 비지도학습하여 멋지게 군집화하는 것을 알 수 있었습니다.

실습활동

PCA 차원축소

고차원의 데이터를 저차원으로 줄일 수 있을까?

이번 활동에서는 PCA(Principal Component Analysis, 주성분 분석)를 이용하여 붓꽃 데이터를 군집화하고 시각화해 봅니다. 붓꽃의 꽃받침의 너비와 길이, 꽃잎의 너비와 길이 총 네 가지 변수를 데이터로 삼아 4차원 데이터를 군집화하고 시각화해 보겠습니다. 우리는 이미 k-means 실습을 통해 붓꽃이 세 개의 군집으로 나뉠 것이라는 것을 알고 있으므로, 주성분 분석으로 시각화했을 때 정답과 동일한 개수로 군집이 형성된다면, 그 효과성을 쉽게 확인할 수 있을 것입니다.

이 장에서는 다음의 순서로 살펴봅시다.

맛보기 — 차원 축소와 PCA의 원리

문제 해결하기

- 문제 정의하기 — 4차원 데이터를 2차원 평면에 시각화할 수 있을까요?
- 데이터 불러오기 — 사이킷런에서 붓꽃(iris) 데이터셋 불러오기
- 모델 학습하기 — PCA로 학습하기
- 결과 확인하기 — 저차원으로 시각화하기
- 결과 비교하기 — 붓꽃 데이터셋 정답 산점도와 비교하기

더 자세히 — PCA와 선형 결합

맛보기 차원 축소와 PCA의 원리

"고차원 데이터를 효율적으로 처리하려면?"

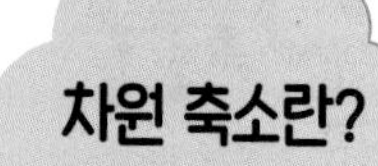

차원 축소란?

우리는 k-means 실습에서 한눈에 군집화 결과를 볼 수 있도록, 2차원 데이터(2개 변수 또는 2개 칼럼)만을 사용했었습니다. 이것은 데이터를 단순하게 만들어서 쉽게 이론을 이해하려고 하는 목적도 있지만 시각화하기도 편하기 때문이었습니다. 그러나 실세계 데이터는 이것보다 훨씬 복잡합니다. 일단 4차원만 넘어도 좌표 공간이 어떻게 생겼을지, 이것을 어떻게 시각화해야 하는지 생각하는 것만으로도 매우 머리가 복잡해집니다. 이럴 때는 어떻게 해야 할까요?

차원 축소의 개념

차원 축소는 저차원 표현이 고차원 원본 데이터의 의미 있는 특성을 이상적으로 원래의 차원에 가깝게 유지할 수 있도록 고차원 공간에서 저차원 공간으로 데이터를 변환하는 것을 말합니다. 차원 축소와 군집화 모두 정답 없이 특성 변수만을 가지고 데이터의 구조와 특성을 파악하는 비지도학습에 속합니다. 군집화가 객체 간의 유사성을 측정해서 유사한 관측치끼리 그룹을 만들었다면, 차원 축소는 특성 변수를 대상으로 변수 간 상관성에 기초해서 고차원에서 저차원 공간으로 재표현하는 것이지요.

차원 축소가 필요한 이유

차원 축소를 하는 이유는 차원의 저주를 피하고 과적합을 방지하기 위함입니다. 일반적으로 데이터의 차원이 커지면 데이터를 표현할 공간이 커지고, 이에 따라 공간 내에 모든 경우를 다 탐색하는 데 필요한 데이터가 기하급수적으로 늘어납니다. 이러한 현상을 차원의 저주라고 합니다.

차원의 저주

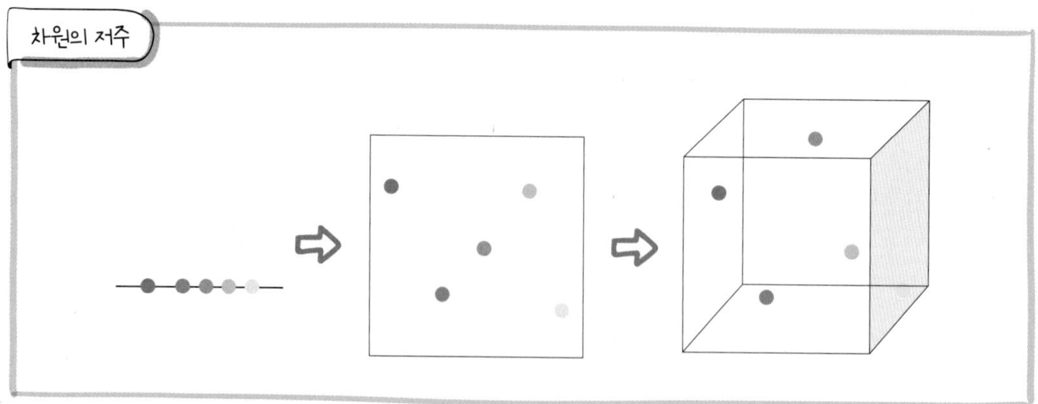

위 그림을 보면 차원이 증가함에 따라 벡터 사이의 거리들이 멀어져 빈 공간이 생겼습니다. 이렇게 차원은 커졌지만 데이터의 양의 부족하다면 학습된 것만 잘 맞추는 과적합이 발생하게 되지요. 이러한 과적합을 방지하기 위해 차원을 축소하거나 데이터를 많이 획득해야 합니다.

또한 데이터 분석 단계에서 변수 간의 관계를 파악하기 위해서는 산점도로 시각화해서 보면 효과적인데요, 만약 특성 변수의 개수가 여러 개일 경우에는 2개 특성 변수 간 조합의 개수가 기하급수적으로 늘어나기 때문에 모든 조합을 시각화해서 살펴보는 것에 어려움이 있습니다. 이때 차원 축소를 통해 많은 양의 정보를 효과적으로 탐색할 수 있습니다.

이처럼 저차원으로 변환하면 계산이 간단해지고 시각화가 쉬워져 데이터의 분석이 용이해지는 장점이 있는 반면 단점도 있습니다. 변환 과정에서 정보의 손실이 발생하게 되어 원본 데이터의 분포와 성질을 동일하게 유지하기 어렵습니다.

"차원을 축소하는 방법에는 변수 선택과 변수 추출이 있다."

차원 축소의 대표적 방법 PCA

그럼 어떻게 원본 데이터의 정보량을 최대한 덜 훼손시키며 차원을 축소시킬 수 있을까요? 차원을 축소하는 방법은 변수 선택(feature selection)과 변수 추출(feature extraction)이 있습니다. 변수 선택은 말 그대로 데이터 특징을 잘 살릴 수 있는 변수만을 선택하는 것이고, 변수 추출은 기존 변수를 요약하는 새로운 변수로 압축시켜 추출하는 방법입니다. 이렇게 새롭게 추출된 중요 특성은 기존 변수의 특성을 반영하고 있지만, 기존 변수와는 다른 새로운 값이 되는 것이지요.

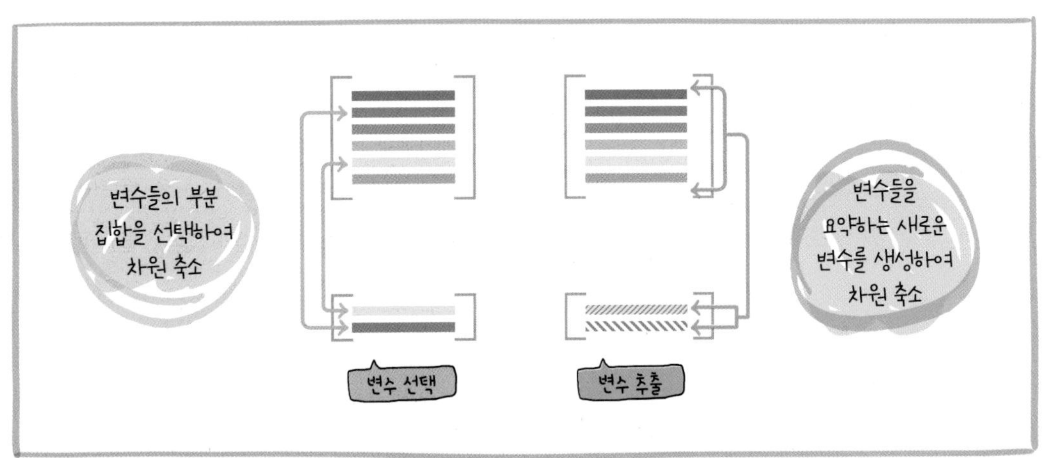

이 중 PCA(Principal Component Analysis)는 변수 추출의 대표적인 기법으로, 여러 변수 간에 존재하는 상관관계가 있다고 가정하고 이를 반영하는 새로운 변수(주성분)를 찾아 차원을 축소시키는 방법입니다. 높은 차원(많은 변수, 많은 칼럼) 수를 가진 원래 데이터의 정보를 최대한 유지하면서 고차원의 데이터를 저차원의 데이터로 환원시키는 기법이지요.

맛보기 차원 축소와 PCA의 원리

"PCA의 목적은 정보의 손실을 최소화, 고차원 데이터를 저차원으로 변환하는 것이다."

PCA의 원리

주성분은 전체 데이터(독립변수들)의 분산을 가장 잘 설명하는 성분을 말합니다. 따라서 주성분에 대한 중요함의 기준은 전체 데이터(독립변수들, 모든 차원)의 분산을 얼마나 잘 설명하는가에 있습니다. 그림을 예로 들어 살펴보겠습니다.

정보 손실이 가장 적은 차원 축소 방법은?

다음 그림은 2차원 데이터를 1차원으로 변환하는 사례를 보여 줍니다. 그림의 파란색 점을 2차원 데이터라고 가정했을 때, 세 그림 중 1차원으로 가장 적절하게 변환한 사례는 무엇일까요?

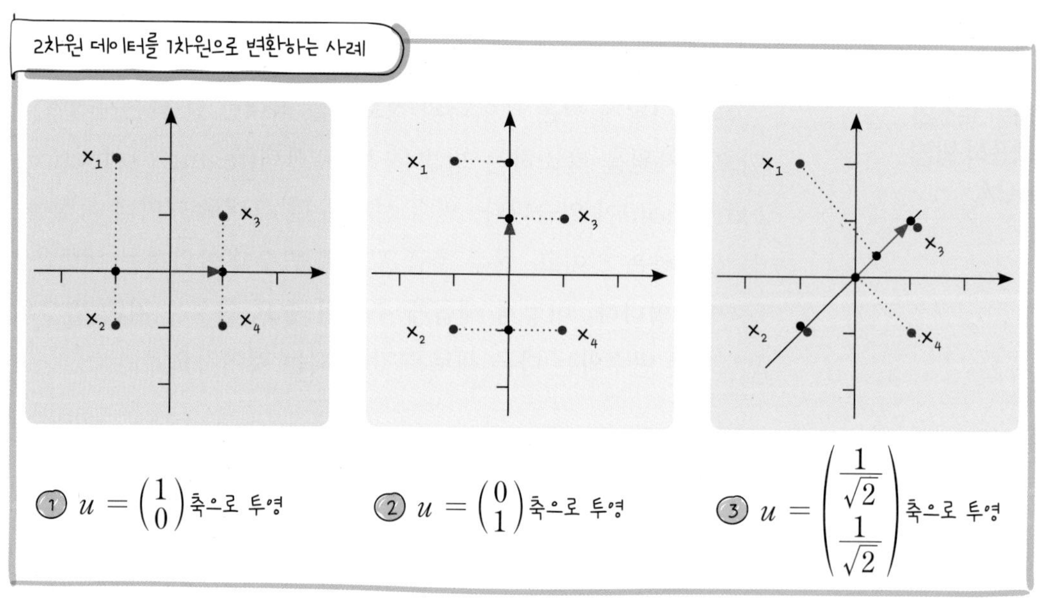

그림 ①은 분명히 정보의 손실이 있습니다. x축으로 투영하였을 때, 점 x1과 x2가 같은 점으로 매핑되었으며, 점 x3과 x4도 같은 점으로 매핑되었습니다. 이에 따라 2차원 데이터 4개는 1차원 데이터 2개로 변환되어 정보의 손실이 발생합니다.

그림 ②는 어떨까요? y축으로 투영하였을 때, 그림 ①과 마찬가지 현상이 발생합니다. 점 x2와 x4가 같은 점으로 매핑되면서 역시 정보의 손실이 발생합니다.

만일 매핑되는 축을 그림 ③처럼 하면 어떨까요? 2차원 데이터 4개의 점이 모두 다른 점으로 매핑되므로 정보의 손실이 발생하지 않습니다. 점들 사이의 거리는 다소 줄어들었지만, 세 가지 경우 중 정보 손실은 가장 적은 것으로 보입니다. 다시 말해, 여기서 선택한 축은 각 점들이 퍼져 있는 정도인 분산이 최대로 보존될 수 있는 형태로써, 각 점이 서로 다른 성질을 그대로 보유하고 있으면서 차원은 축소된 형태인 것이죠.

PCA는 가장 높은 분산을 가지는 데이터의 축을 찾아, 그 새로운 축으로 데이터를 투영시키고, 그 축을 기준으로 데이터를 표현합니다.

주성분의 기준

이렇듯 주성분이란 전체 데이터(독립변수들)의 분산을 가장 잘 보존하여 설명하는 축을 말합니다. 주성분에 대한 중요함의 기준은 당연히 전체 데이터(독립변수들, 모든 차원)의 분산을 얼마나 잘 설명하는가에 있습니다. 이렇게 찾은 축을 우리는 주성분(principal component)이라고 부릅니다.

분산이 최대화되어야 하는 이유

그럼 분산이 최대화되는 축을 주성분으로 선택하는 이유는 무엇일까요? 데이터들 사이의 분산이 커져야 데이터들 사이의 차이점이 명확해지고, 그것이 머신러닝 모델을 더욱 좋은 방향으로 만들 수 있을 것이기 때문입니다. 그래서 PCA는 먼저 분산이 최대인 축을 찾습니다. 그 다음 이 첫 번째 축에 직교하는 동시에, 남은 분산을 최대한 보존하는 두 번째 축을 찾습니다.

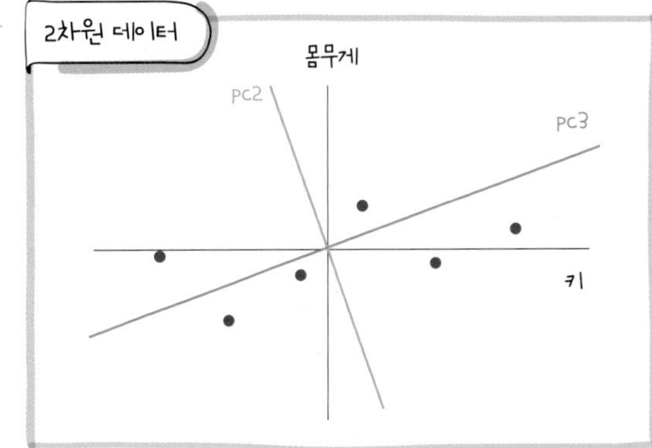

오른쪽에서 확인한 2차원 데이터 그림에서는 1차원으로 축소하는 상황이므로 더 이상 축을 찾을 수 있는 여지가 없지만, 3차원 이상 고차원 데이터라면 여러 방향의 직교하는 축을 찾을 수 있을 것입니다.

PCA는 공분산 행렬, 고윳값 분해 등 선형 대수학의 관점에서 해석이 가능한데 이는 〈더 자세히〉에서 알아보겠습니다. LINK 192쪽

PCA의 주성분과 활용 분야

PCA는 기존 변수를 조합해 새로운 변수를 만들고, 그 기준으로 결괏값을 잘 표현하는 기법입니다. PCA로 차원을 축소할 때는 원본 데이터의 손실을 최소화시키는 것이 당연합니다. 이를 위해서 PCA는 가장 높은 분산을 가지는 데이터의 축을 찾아 이 축으로 차원을 축소하는데, 이것이 PCA의 주성분이 됩니다.

PCA란?	원 데이터의 분포를 최대한 보존하면서 고차원의 데이터를 저차원으로 축소하는 기법
주성분이란?	전체 데이터(독립변수들)의 분산을 가장 잘 보존하여 나타내는 성분(축)
활용 분야는?	예측 모델 생성, 통계 데이터 분석, 데이터 압축, 노이즈 제거 등에 사용

문제 정의하기

문제 상황 이해하기

4차원 데이터를 2차원 평면에 시각화할 수 있을까요?

우리는 앞에서 k-means를 통해 붓꽃의 속성 중 두 개의 정보를 이용하여 세 개 품종으로 군집화해 보았습니다. 두 개의 변수만 추출해 사용한 것은 2차원 평면에 시각화하기 쉽게 하려는 목적도 있었습니다. 하나의 변수는 하나의 차원을 의미하니까요.

그렇다면 붓꽃 데이터의 모든 속성, 즉 꽃받침의 너비와 길이 그리고 꽃잎의 너비와 길이까지 총 네 개 변수(4차원)를 모두 이용해 군집을 이해하기 쉽게 시각화하려면 어떻게 해야 할까요?

변수가 많을 때는 변수들의 상관관계를 반영하여 원래의 특징을 최대한 살린 새로운 기준을 만들어 그 기준으로 데이터를 다시 표현할 수 있습니다. 우리가 키와 몸무게를 가지고 BMI(Body Mass Index, 체질량 지수)라는 새로운 기준을 만들어 건강 상태를 평가하는 것처럼 말이죠.

문제 해결에 필요한 정보 살펴보기

문제 해결 과정에서 필요한 정보를 미리 살펴봅시다.

1. 이 활동에 필요한 데이터셋은 무엇이고, 이 데이터셋은 어디에서 수집할 수 있나요?
   붓꽃(iris) 데이터셋으로 사이킷런 라이브러리에서 불러올 수 있습니다. k-means와 달리 꽃잎의 길이와 너비, 꽃받침의 길이와 너비, 4개 속성 모두 사용할 계획입니다.

2. 모델 학습에 사용할 알고리즘은 무엇인가요?
   PCA(주성분 분석)를 사용합니다. PCA는 널리 사용되는 차원 축소 기법 중 하나로, 원본 데이터의 분포를 최대한 보존하면서 고차원 공간의 데이터들을 저차원 공간으로 변환하는 알고리즘입니다.

3. 모델 학습을 위해 우리가 해야 할 작업은 무엇일까요?
   붓꽃 데이터셋 전체를 PCA에 넣고 실행합니다. 이렇게 하면 붓꽃 데이터에 내재된 주성분들이 추출됩니다. 주성분의 차원 수는 원래 붓꽃 차원 수보다 작거나 같습니다. 여기서는 4차원 데이터로부터 2차원에 시각화할 수 있는 주성분을 찾을 계획입니다. 이를 이용해서 2차원 평면에 시각화했을 때 실제 군집 개수와 동일하게 출력되는지 확인할 것입니다.

2 데이터 불러오기

데이터셋 소개하기

앞서 살펴본 붓꽃 데이터셋의 모든 정보를 사용하겠습니다. 품종(Species) 정보는 PCA에서 사용하지 않지만, 저차원 공간으로 변환한 후 시각화된 성능을 확인하기 위해 사용할 예정입니다.

	sepal length (cm)	sepal width (cm)	petal length (cm)	petal width (cm)	Species
0	5.1	3.5	1.4	0.2	0
⋮					
51	7	3.2	4.7	1.4	1
⋮					
149	5.9	3.0	5.1	1.8	2

데이터셋 불러오기

다음과 같이 사이킷런의 datasets 모듈에서 붓꽃 데이터셋(load_iris)을 불러옵니다.

```
from sklearn.datasets import load_iris
```

붓꽃 데이터셋 불러오기

붓꽃 데이터셋의 구성은 이미 살펴보았으므로, 여기서는 전체 데이터를 가져오는 과정만 알아보겠습니다.

```
iris = load_iris()
print(iris)
feature = iris.data
labels = iris.target
```

```
{'data': array([[5.1, 3.5, 1.4, 0.2],
       [4.9, 3. , 1.4, 0.2],
       [4.7, 3.2, 1.3, 0.2],
        ⋮
       [5.9, 3. , 5.1, 1.8]]), 'target': array([0, 0, 0, 0, 0, 0, 0, 0, 0, 0, 0, 0, 0, 0, 0, 0,
       0, 0, 0, 0, 0, 0, 0, 0, 0, 0, 0, 0, 0, 0, 0, 0, 0, 0, 0, 0, 0, 0, 0, 0, 0, 0, 0, 0, 0, 0, 0,
       0, 0, 0, 0, 1, 1, 1, 1, 1, 1, 1, 1, 1, 1, 1, 1, 1, 1, 1, 1, 1, 1, 1, 1, 1, 1, 1, 1, 1, 1, 1,
       1, 1, 1, 1, 1, 1, 1, 1, 1, 1, 1, 1, 1, 1, 1, 1, 1, 1, 1, 1, 1, 1, 1, 2, 2, 2, 2, 2, 2, 2, 2,
       2, 2, 2, 2, 2, 2, 2, 2, 2, 2, 2, 2, 2, 2, 2, 2, 2, 2, 2, 2, 2, 2, 2, 2, 2, 2, 2, 2, 2, 2, 2,
       2, 2, 2, 2, 2, 2, 2, 2, 2, 2, 2]), 'frame': None, 'target_names': array(['setosa',
       'versicolor', 'virginica'], … ['sepal length (cm)', 'sepal width (cm)', 'petal…
```

해석

iris 데이터셋은 딕셔너리로 구성되어 있으며, data 부분은 위와 같이 (순서대로) 꽃받침 길이, 꽃받침 너비, 꽃잎 길이, 꽃잎 너비로 구성되어 있습니다. 모든 정보를 feature에 저장합니다. 4차원 데이터를 저차원으로 변환하여 성능을 확인하기 위해 정답에 해당하는 품종 정보를 labels에 저장합니다.

3 모델 학습하기

PCA로 학습하기

데이터를 이용하여 차원 축소를 수행하기 위해 PCA를 사용합니다. 여기서 차원 축소는 PCA로 하여금 4개의 특징을 갖는 4차원 붓꽃 데이터로부터 그보다 낮은 차원을 갖는 데이터로 바꾸는 작업이라고 볼 수 있습니다.

```
PCA(n_components = n)
# n은 주성분의 개수를 결정하는 함수 인자
```

```
from sklearn.decomposition import PCA
pca = PCA(n_components = 4)
pcs = pca.fit_transform(feature)
```

해석

PCA의 n_components는 4로 설정하였습니다. 이 함수 인자는 주성분을 몇 개로 할지 결정하는 인자입니다. 보통은 현재 입력된 데이터의 차원과 동일하게 설정합니다.

만일 이 값을 넣지 않으면 현재 입력된 데이터의 차원과 입력된 데이터 전체 개수 중 더 작은 수로 설정합니다(n_components=min(n_samples, n_features)). 만일 n_components를 0과 1 사이의 값으로 넣어 준다면, 해당 분산 비율이 필요한 차원 수로 자동 설정합니다.

43쪽 정규화 코드를 참고하여 붓꽃 데이터를 표준화해 봅시다. 여기서는 붓꽃 데이터의 속성별 값의 차이가 크지 않기 때문에 그냥 사용했습니다.

```
import pandas as pd
from sklearn.preprocessing import StandardScaler
```

4 결과 확인하기

주성분 확인하기

학습을 완료한 후 주성분이 잘 만들어졌는지 결과를 확인합니다. PCA를 통해 4차원 붓꽃 데이터로부터 4개의 주성분을 잘 추출했는지 확인할 수 있으며, 각각의 주성분이 얼마나 영향력을 갖고 있는지 확인할 수 있습니다.

```
components_                # 주성분 벡터
explained_variance_        # 분산값
explained_variance_ratio_  # 분산률
```

설명된 분산(explained variance)이란 주성분이 원본 데이터의 분산을 얼마나 잘 나타내는지 기록한 값을 말합니다.

```
print(len(pca.components_))
print(pca.components_)
print(pca.explained_variance_)  # 설명된 분산
print(pca.explained_variance_ratio_) # 설명된 분산의 비율
```

```
4
[[ 0.36138659 -0.08452251  0.85667061  0.3582892 ]
 [ 0.65658877  0.73016143 -0.17337266 -0.07548102]
 [-0.58202985  0.59791083  0.07623608  0.54583143]
 [-0.31548719  0.3197231   0.47983899 -0.75365743]]
[4.22824171 0.24267075 0.0782095  0.02383509]
[0.92461872 0.05306648 0.01710261 0.00521218]
```

해석

실행 결과를 통해 몇 개의 주성분이 구성되었는지 확인 가능합니다. 앞서 n_components를 4로 설정했으니 주성분은 모두 4개로 구성된 것을 확인했습니다. 각각의 주성분은 pca.components_로 확인 가능합니다. 4개의 주성분을 상세하게 볼 수 있습니다.

pca.explained_variance_ 변수를 통해 주성분 각각의 축으로 투영된 데이터들의 분산값을 확인할 수 있습니다. 첫 번째 주성분의 분산은 약 4.23, 두 번째는 약 0.24, 세 번째는 약 0.08, 네 번째는 약 0.02로 산출되었습니다.

pca.explained_variance_ratio_ 변수는 분산의 비율을 보여줍니다. 위 수치를 보면, 첫 번째 주성분 축에 데이터셋 분산의 약 92%가 놓여 있고, 두 번째 주성분 축에 데이터셋 분산의 약 5%가 놓여 있는 것을 볼 수 있습니다. 이는 표시한 첫 번째 주성분만 선택해도 원래 4차원 데이터를 탐색하고 분석하는 데 큰 무리가 없음을 내포한다고 해석할 수 있습니다.

14 결과 확인하기

손실이 가장 적은 주성분 확인하기

보통 PCA를 이용하면, 기존의 특징들을 조합하여 같은 개수 또는 그보다 더 적은 주성분을 추출할 수 있습니다. 앞에서는 n_components를 4로 설정해서 4개의 주성분을 만들었습니다.

앞서 확인한 분산률은 다음과 같습니다.

```
[0.92461872    0.05306648    0.01710261    0.00521218]
```

붓꽃 데이터셋의 변수
sepal length
sepal width
petal length
petal width

주성분 생성	분산 비율
첫 번째 주성분(pc_1)	92%
두 번째 주성분(pc_2)	5%
세 번째 주성분(pc_3)	1%
네 번째 주성분(pc_4)	0.5%

붓꽃 데이터셋의 경우, 원래는 4개의 특징(또는 변수)이 있었는데 PCA는 이 특징들을 조합한 후, 서로 연관성이 없는 주성분들을 만들어내게 됩니다.

> 첫 번째 주성분이 원래 데이터의 분포(또는 성질)를 가장 많이 보존하고, 두 번째 주성분이 그 다음으로 원래 데이터의 분포를 많이 보존하는 방식입니다. 따라서 낮은 순위의 주성분은 상대적으로 원래 데이터의 분포를 더 적게 보존한다고 볼 수 있습니다.

위의 사례에서 보듯이, 만일 첫 번째 주성분과 두 번째 주성분이 원래 특징들의 분포(또는 성질)를 92% 이상 보존한다면, 8% 미만의 정보 손실이 있더라도 첫 번째 주성분과 두 번째 주성분만 가지고도 데이터를 탐색하고 분석하는 것에 큰 어려움이 없을 것입니다. 이런 믿음에 근거하여 첫 번째 주성분과 두 번째 주성분만 선택하여 원래 4차원이었던 데이터를 2차원 데이터로 줄일 수 있습니다. 시각화도 2차원 평면에 수행할 수 있으므로, 데이터 탐색을 더 효율적으로 진행할 수 있습니다.

이제 첫 번째 주성분과 두 번째 주성분만 선택하여 시각화해 보겠습니다.

저차원으로 시각화하기

두 개의 주성분만 이용해서 시각화를 진행해 보겠습니다. 당연히 4차원 데이터에서 첫 번째, 두 번째 주성분만 선택하면, 2차원 평면에 표현할 수 있는 점들이 집합이 됩니다. 이것을 이용해 산점도를 그려 보겠습니다.

```
import matplotlib.pyplot as plt
import seaborn as sns
from matplotlib.colors import ListedColormap

PALETTE = sns.color_palette('deep', n_colors = 3)
CMAP = ListedColormap(PALETTE.as_hex())

pc_1 = pcs[:, 0]  # 첫 번째 주성분
pc_2 = pcs[:, 1]  # 두 번째 주성분

plt.figure(figsize = (10, 5))
plt.scatter(pc_1, pc_2, c = labels, s = 70, cmap = CMAP)
title = 'Iris dataset visualised using PCA'
xlabel = '1st principal component'
ylabel = '2nd principal component'

plt.title(title, fontsize = 20, y = 1.03)
plt.xlabel(xlabel, fontsize = 16)
plt.ylabel(ylabel, fontsize = 16)
plt.show()
```

Iris dataset visualised using PCA

2nd principal component

1st principal component

오른쪽 산점도 결과를 통해, 두 개의 주성분으로도 붓꽃 데이터셋이 세 개의 군집으로 분할된 것을 확인할 수 있어요. 191쪽 〈정답과 비교하기〉 산점도 결과와도 비교해 보세요.

해석

첫 번째, 두 번째 주성분만을 이용해서 산점도를 그리고, 각 붓꽃 데이터들의 종류에 따라 다른 색을 지정하여 시각화했습니다. 주성분 두 개로 시각화하고, 각 샘플들의 라벨을 구분해서 시각화하였더니, 원본 데이터처럼 크게 세 가지 종류로 구분되어 위치하는 것을 확인할 수 있습니다.

4 결과 확인하기

첫 번째 주성분만 이용해 시각화하기

이처럼 PCA를 활용하면, 4차원 붓꽃 데이터셋은 2차원으로 차원 축소해도 원래 성질을 유지하면서 원본 데이터셋 라벨과 비슷하게 구분되고 시각화되는 것을 볼 수 있습니다. 만일 분산 비율이 제일 높은 첫 번째 주성분만 이용해서 시각화한 결과는 어떨까요? 다음과 같이 확인해 봅시다.

```
from sklearn.preprocessing import StandardScaler
from sklearn.decomposition import PCA
import seaborn as sns
import matplotlib.pyplot as plt

iris = sns.load_dataset('iris')
scaler = StandardScaler() # 표준화
X_scaled = scaler.fit_transform(iris.iloc[:, :-1])

pcasolo = PCA(n_components = 1)  # 데이터 차원을 단일 차원으로 축소
solopca_vals = pcasolo.fit_transform(X_scaled)
zeros = [0 for i in range(150)]  # 모든 점이 y축을 따라 정렬
solo_components = []
for i in solopca_vals:
    solo_components.append(i[0])

plt.figure(figsize = (10, 4))
plt.scatter(solo_components, zeros, c = labels, cmap = CMAP)
plt.title('Iris Data Set Reduced to Only One Component')
plt.ylabel('Meaningless Y-axis, Just for Visual Purposes')
plt.xlabel('The Axis Representing the Single Component, Essentially Just a Number Line')
plt.show()
```

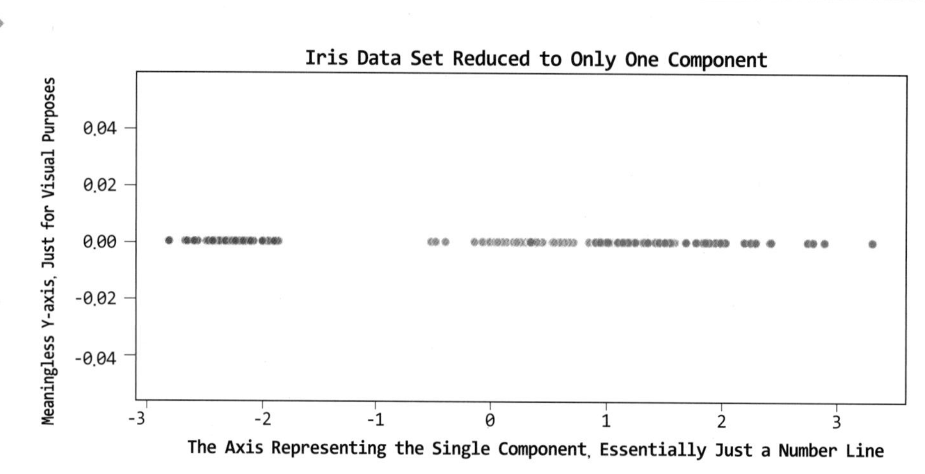

해석

분산 비율이 제일 높은 첫 번째 주성분만을 이용해서 시각화했을 때도, 세 가지의 붓꽃 종류가 라벨과 부합되어 군집화가 잘되는 것을 확인할 수 있습니다.

5 결과 비교하기

정답과 비교하기

사이킷런 라이브러리의 붓꽃 데이터셋을 이용하여 붓꽃의 꽃잎 길이와 너비에 대한 산점도를 그려 보겠습니다. 앞서 학습한 PCA 결과와 비교해 봅시다.

```
import matplotlib.pyplot as plt
from sklearn.datasets import load_iris
import pandas as pd

iris = load_iris()  # 데이터 불러오기
iris_df = pd.DataFrame(data = iris.data, columns = iris.feature_names)
iris_df['label'] = iris.target
colors = ['tab:blue', 'tab:orange', 'tab:green']  # 라벨에 따라 색상 지정

# 산점도 그리기
for i, color in enumerate(colors):
    subset_df = iris_df[iris_df['label'] == i]
    plt.scatter(subset_df['petal length (cm)'], subset_df['petal width (cm)'],
                color = color, label = iris.target_names[i])

plt.xlabel('petal length')
plt.ylabel('petal width')
plt.legend()
plt.show()
```

산점도 결과를 살펴보면 setosa는 잘 분리되고, versicolor와 virginica는 나눠지지만 겹치는 부분이 존재하는데 이는 189쪽 PCA의 결과와도 일치합니다. 이것은 PCA로 차원을 축소하여도 원 데이터가 가진 성질이 그대로 나타나는(결국 데이터가 가진 속성을 그대로 포함하는) 현상을 알 수 있습니다.

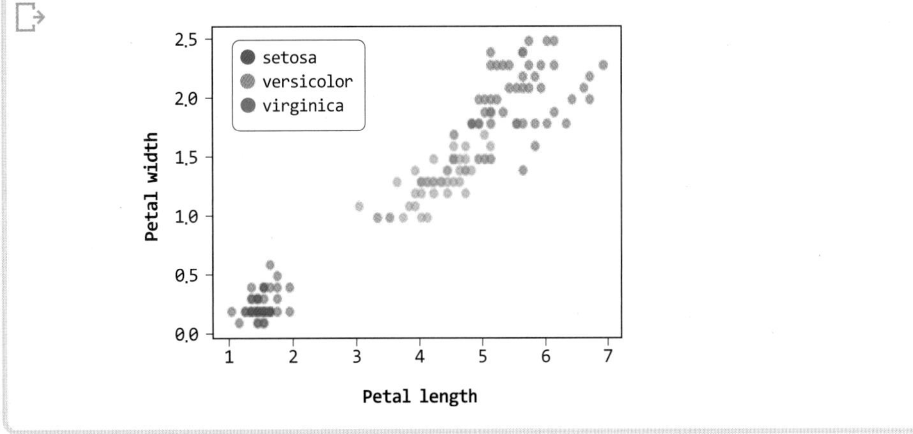

원래 붓꽃 데이터의 정답 산점도 역시 PCA가 표현한 것처럼 세 종류로 구분된 군집을 확인할 수 있습니다. 이를 통해 PCA로 차원을 축소해도 원래 데이터의 성질을 유지함과 동시에, 더 간단한 계산과 표현이 가능함을 알 수 있습니다.

더 자세히 PCA와 선형 결합

PCA와 선형 결합

PCA의 목적은 주어진 원본 데이터의 정보 손실을 최소화하면서 저차원으로 변환하는 것으로 정의할 수 있습니다. PCA는 선형 대수학에서 이야기하는 선형 결합을 통해 이를 해결합니다. PCA는 기존 고차원 변수들을 모두 조합하여 새로운 변수들(다시 말해 주성분)을 만드는 기법인데, 기존 고차원 변수들을 모두 선형 결합하여 새로운 변수인 주성분을 만들어 내는 접근을 취합니다. 개략적인 알고리즘은 다음과 같습니다.

공분산은 두 변수 간의 상관관계를 나타내는 값입니다. 분산과는 다르게 하나의 변수가 아닌 두 변수 사이의 관계를 나타낸다고 생각하면 될 것입니다. 다소 어려운 개념이지만 194~195쪽 설명을 통해 대략적인 내용만 알아봅시다.

① 정규화 또는 표준화를 적용한 후, 고차원 데이터의 공분산 행렬을 구한다.
② 공분산 행렬에서 고윳값과 고유 벡터를 구한다.
③ ②에서 구한 고윳값과 고유 벡터가 있을 때, 고윳값이 큰 고유 벡터부터 고윳값이 작은 고유 벡터를 고윳값 순서대로 정렬한다. 여기서 고유 벡터들은 주성분으로 볼 수 있다.
④ 원하는 수만큼 고유 벡터를 선택함으로써 차원 축소를 완성한다.

이를 구현한 파이썬 코드는 다음과 같습니다.

```
# 패키지 불러오기
import numpy as np
import pandas as pd

from sklearn.datasets import load_iris
from sklearn import preprocessing

import matplotlib.pyplot as plt
from matplotlib.colors import ListedColormap
import seaborn as sns

# 데이터 불러오기
iris = load_iris()
feature = iris.data
labels = iris.target

# 표준화하기
std = preprocessing.StandardScaler()
feature_std = std.fit_transform(feature)

# ① 4차원 붓꽃 데이터의 공분산 행렬 구하기
cov_m = np.cov(feature_std.T)
```

```
# ② 공분산 행렬에서 고윳값과 고유 벡터 구하기
eigen_values, eigen_vectors = np.linalg.eig(cov_m)

# ③ ②에서 구한 고윳값과 고유 벡터가 있을 때, 고윳값이 큰 고유 벡터부터 고윳값이 작은
고유 벡터를 고윳값 순서대로 정렬하기(여기서 고유 벡터들은 주성분으로 볼 수 있다.)
np.sort(eigen_values)[::-1]

# 설명된 분산 구하기
explained_var = []
sums = np.sum(eigen_values)

for v in eigen_values:
    explained_var.append(v/sums)

# ④ 원하는 수만큼 고유 벡터를 선택함으로써 차원 축소 완성하기
pc_1 = feature_std.dot(eigen_vectors.T[0])
pc_2 = feature_std.dot(eigen_vectors.T[1])

df_pc = pd.DataFrame(data = pc_1, columns = ['pc_1'])
df_pc['pc_2'] = pc_2
df_pc['label'] = labels

cols = {0: 'Setosa', 1: 'Versicolour', 2: 'Virginica'}
df_pc['label'] = df_pc['label'].map(lambda x:cols[x])
df_pc.sample(5)

plt.figure(figsize = (10, 5))
sns.scatterplot(x = 'pc_1', y = 'pc_2', data = df_pc, hue = df_pc['label'], s = 100)
plt.show()
```

세 개의 군집이 형성됨을 확인할 수 있습니다.

더 자세히 PCA와 선형 결합

앞서 살펴본 PCA의 알고리즘에는 세 가지 개념이 등장합니다. 바로 공분산 행렬, 고윳값 및 고유 벡터인데요. 선형 대수학에서 나오는 위 개념들이 PCA 맥락과 어떤 관계가 있는지 확인해 봅시다.

PCA 알고리즘 ① 공분산 행렬

공분산과 공분산 행렬은 어떻게 구하는 걸까요?

먼저 공분산(covariance)을 알아봅시다.

공분산이란 이해하기 쉽게 말하면 공통의 분산으로 일컬을 수 있습니다.

예를 들어, 우리가 두 종류의 데이터 x, y를 관측했다고 가정해 봅시다. x의 분산은 x에 속한 데이터들이 평균을 중심으로 얼마나 흩어져 있는지를 나타내는 값입니다. 마찬가지로 y의 분산은 y에 속한 데이터들의 흩어진 정도를 나타내는 값이 되겠죠.

공분산은 데이터 x와 y의 공통의 분산이라고 볼 수 있는데, 더 정확히 말하면 x, y의 흩어진 정도가 서로 얼마나 상관관계를 가지고 흩어졌는지를 나타내는 값입니다. 이는 수식 1 과 같이 정의됩니다.

수식 1 공분산의 정의

$$Cov(x, y) = E[(x - m_x)(y - m_y)] = E[xy] - m_x m_y$$

여기서 m_x는 x의 평균, m_y는 y의 평균, $E[\,]$는 기댓값을 의미합니다. 식으로부터 알 수 있듯이 x, y 각각의 분산은 일정한데, x가 m_x보다 클 때 y도 m_y보다 크면 공분산은 최대가 됩니다. 다른 경우, 즉 x가 m_x보다 클 때 y가 m_y보다 작다면 공분산은 최소(음수)가 될 수 있습니다. 서로 상관관계가 없으면 공분산은 0이 됩니다.

데이터 분석 측면에서 보면, x, y가 확보한 데이터일 때, 공분산은 우리가 수집한 데이터가 특징 공간에 어떤 형태로, 어떤 연관성을 가지고 분포하는지를 나타내는 값으로 간주할 수 있습니다.

그럼 공분산 행렬(covariance matrix)은 무엇일까요?

공분산 행렬은 여러 변수들 간의 공분산을 행렬 형태로 표현한 것입니다. 공분산이 두 변수가 함께 변화하는 정도를 나타내는 지표였다면, 공분산 행렬의 각 요소는 두 변수 간의 공분산을 나타냅니다. 이 행렬은 데이터의 분포와 변동성, 변수들 간의 상관관계를 파악하는 데 유용하게 사용됩니다.

예를 들어, 2차원 데이터 x, y가 n개, 즉 (x_1, y_1), (x_2, y_2), … , (x_n, y_n)이 있다고 가정하면, 공분산 행렬은 수식 2 와 같이 계산됩니다.

수식 2 2차원 데이터의 공분산 예

$$C = \begin{pmatrix} cov(x,x) & cov(x,y) \\ cov(x,y) & cov(y,y) \end{pmatrix} = \begin{bmatrix} \frac{1}{n}\sum(x_i - m_x)^2 & \frac{1}{n}\sum(x_i - m_x)(y_i - m_y) \\ \frac{1}{n}\sum(x_i - m_x)(y_i - m_y) & \frac{1}{n}\sum(y_i - m_y)^2 \end{bmatrix}$$

데이터 측면에서 공분산 행렬은 어떻게 해석할 수 있을까요?

선형 변환으로서의 공분산 행렬

수식 1 처럼 x, y의 두 개 특징에 대한 데이터가 있을 때, 특징 쌍(feature pairs; $x-y$ pair)들의 변동(variance)이 얼마나 닮았는가(특징 쌍끼리 얼마만큼이나 함께 변하는가)를 행렬에 나타낸 것으로 해석할 수 있습니다.

수식 2 의 공분산 행렬은 x축으로 퍼진 정도(1행 1열), y축으로 퍼진 정도(2행 2열), $x-y$축 방향으로 퍼진 정도(1행 2열, 2행 1열)를 확인할 수 있습니다.

그럼 기하학적 측면에서 살펴봅시다. 선형 대수학에서 행렬은 예를 들어, 2차원 영상을 2차원 행렬로 표시가 가능한 것처럼 데이터를 표현할 때 사용합니다. 또 선형 변환을 표현할 때도 사용합니다. 하나의 임의의 원 공간이 있을 때, 선형 변환 행렬을 통해 원래 공간을 선형적으로 다른 벡터 공간으로 맵핑(mapping)할 수 있습니다.

> 앞서 공분산 행렬이 x, y, $x-y$축 방향으로 퍼진 정도를 행렬로 나타냈다고 했습니다. 관점을 바꿔서 공분산 행렬이 선형 변환을 표현한 행렬이라고 생각해 봅시다. 다시 말해, 주어진 행렬에 대해서 x, y, $x-y$축으로 퍼지게 분포하도록 변환하는 행렬이라고 할 수 있습니다.

이를 통해 우리가 가지고 있는 데이터에 대한 공분산 행렬은 주어진 임의의 벡터 하나 v를 선형 변환하여 현재 데이터의 분포로 변환한 행렬이라고 볼 수도 있겠습니다. 다음 그림과 같이 우리의 공분산 행렬을 C라고 했을 때, 현재 데이터는 Cv라고 보는 것이죠.

자, 그럼 PCA에서 v는 무엇이 되어야 할까요?

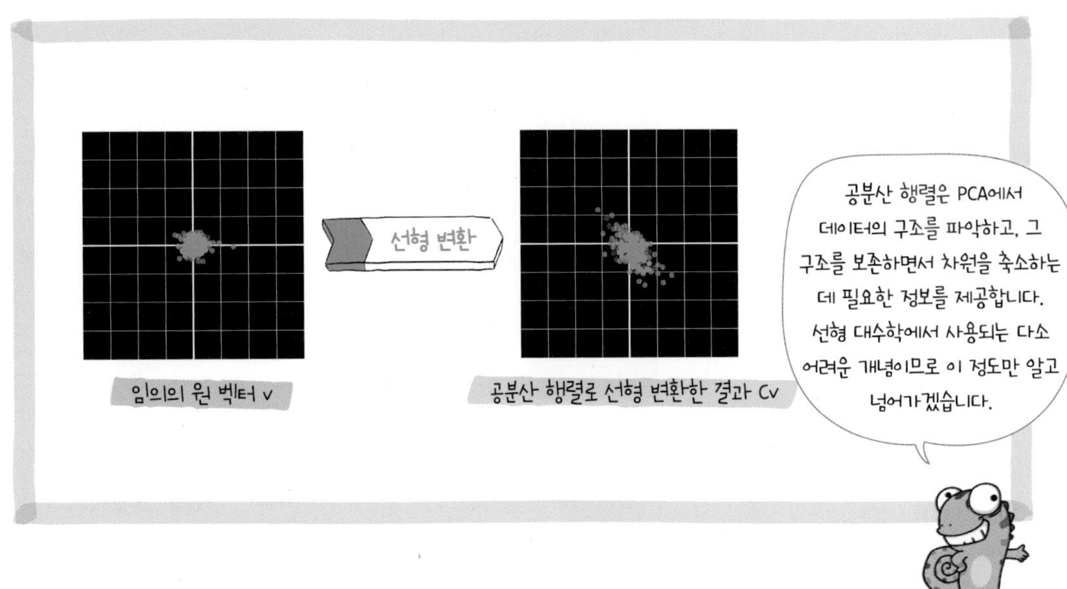

더 자세히 **PCA와 선형 결합**

PCA 알고리즘 ② 고윳값과 고유 벡터

PCA는 우리가 가진 데이터들의 공분산 행렬에 대한 고윳값 분해

결론적으로 PCA는 우리가 가진 데이터들의 공분산 행렬에 대한 고윳값 분해(eigen-decomposition)로 볼 수 있습니다. 바꿔 말하면, 현재 데이터들이 퍼져서 분포되어 있는 형태가 어떤 기본적인 벡터들이 공분산 행렬에 의해 선형 변환되어 퍼져 있는 형태라고 생각하고요, 이러한 데이터 분포를 갖도록 하는 기본 벡터들, 더 정확하게 말하면 고유 벡터(eigen vector)들을 찾는 과정이라고 해석할 수 있습니다. 만일 우리가 고유 벡터들을 찾는다면, 이 고유 벡터들의 선형 결합을 통해 현재 데이터들이 퍼져 있는 상태를 만들 수 있다는 생각인 것이죠. 그리고 우리가 찾은 고유 벡터들을 주성분(principal component)이라고 이야기하는 것입니다. 잘 이해가 가지 않는다고요? 그럼 고윳값과 고유 벡터에 대해 살펴보고, 이것을 PCA와 연결해 봅시다.

고윳값과 고유 벡터

앞서 설명한 바와 같이, 행렬은 벡터를 선형 변환하는 연산자로 볼 수 있습니다. 벡터에 행렬 연산을 취하면 원래 벡터와는 크기와 방향이 다른 벡터가 나온다는 말이죠. 그런데 특정한 벡터와 행렬은 선형 변환을 취했을 때, 벡터의 크기만 바뀌고 벡터의 방향은 바뀌지 않는 경우도 있습니다.

예를 들어, 다음 그림과 같은 경우이죠. 즉, 어떤 벡터 x를 행렬 A로 선형 변환시킨 결과, Ax가 벡터 x의 상수배가 되는 상황을 말하는 것입니다. $Ax = \lambda x$, 여기서 λ는 임의의 상수를 의미합니다.

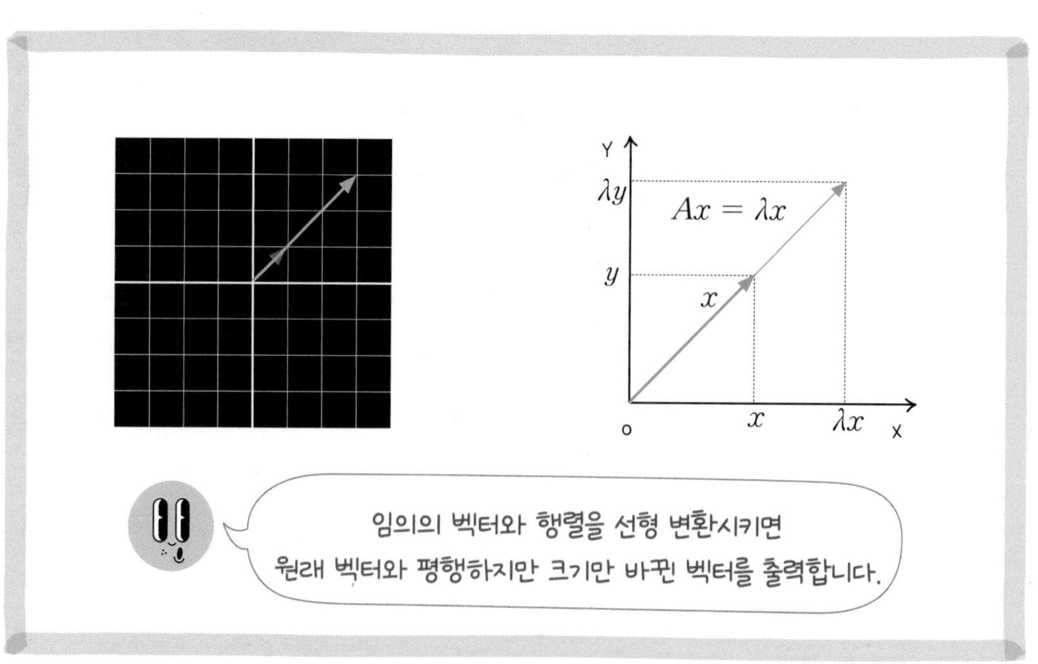

선형 변환은 크게 이동, 회전, 증가로 볼 수 있는데, 이동, 증가만 된 상태를 PCA 맥락에서 고려하는 선형 변환이라 말합니다. 그래서 벡터와 평행하고 크기는 더 큰 것으로 표현할 수도 있습니다.

자, 이제 예전에 많이 보던 식이 등장했습니다. 고윳값과 고유 벡터에서 등장하는 식이죠. 이에 대한 정의는 다음과 같습니다.

$$Ax = \lambda x$$

임의의 $n \times n$ 행렬 A에 대하여, 다음과 같은 식이 있을 때 벡터 x를 행렬 A의 고유 벡터, 스칼라 λ를 그에 대응하는 고윳값이라고 합니다.

이것을 PCA 맥락에 적용해 봅시다. 현재 우리가 데이터를 통해 알고 있는 것은 공분산 행렬입니다. 공분산 행렬을 C라고 했을 때, 위 정의에 따라 $Cx = \lambda x$를 만족하는 벡터 x를 공분산 행렬 C의 고유 벡터, λ는 공분산 행렬 C의 고윳값이라고 할 수 있습니다. $Cx = \lambda x$에서 C로 표시되는 공분산 행렬은 데이터의 흩어진 정도를 나타내는 값이라고 할 때, 우리가 벡터 x를 찾는다면, 우리가 가진 데이터는 벡터 x의 선형 결합으로 이루어진다고 보는 것이죠. 여기서 고윳값 λ는 선형 결합할 때, 각 고유 벡터의 크기를 얼마나 바꿀지를 결정하는 상수입니다. 고윳값은 고유 벡터를 얼마만큼의 크기로 확대 또는 축소할 것인가를 의미합니다.

PCA 알고리즘 ③ 고유 벡터의 정렬

가장 중요한 주성분은 어떻게 정할까요?

PCA는 이 벡터 x, 다시 말해 고유 벡터를 주성분으로 봅니다. 그럼 주성분 중에서 가장 주요한 성분과 그렇지 않은 성분의 순서는 어떻게 정할까요? 고윳값이 이것을 결정합니다. 우리가 주성분을 결정할 때, 분산이 최대화되는 축을 선택한다고 했었죠?

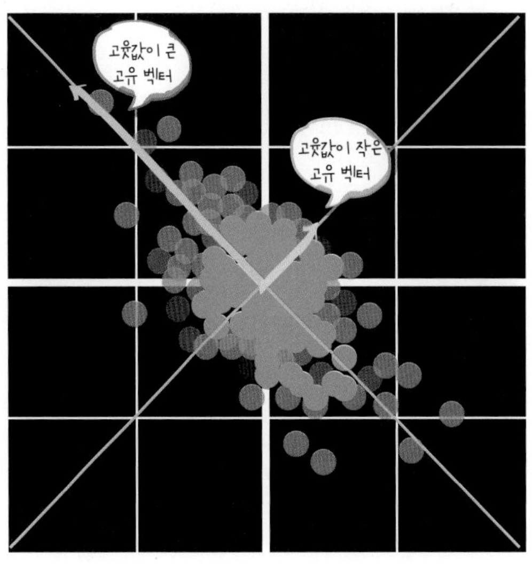

만일 고윳값이 크다면 고유 벡터가 커질 텐데, 이 고유 벡터에 데이터를 투영한다면 가장 분산이 큰 투영을 얻을 수 있을 것입니다.

그럼 고유 벡터와 고윳값을 찾기 위해서는 어떻게 해야 할까요? 여러분들이 잘 알고 있는 고윳값 분해를 통해 찾아냅니다.

고윳값 분해는 기존 선형 대수학 교과서들을 통해 잘 이해할 수 있습니다. 여기서는 따로 언급하지 않겠습니다.

배운 내용 정리하기

PCA 문제 해결 과정

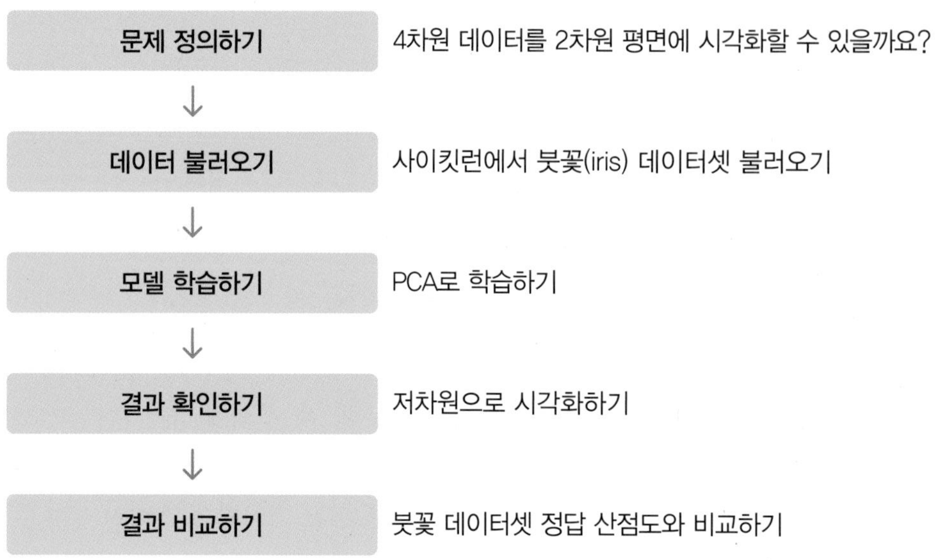

우리가 알게 된 정보

1. 이 문제 해결에 필요한 데이터셋은 무엇이고, 이 데이터셋은 어디에서 수집할 수 있었나요?
   - 붓꽃(iris) 데이터셋으로 사이킷런 라이브러리에서 불러왔습니다.

2. 모델 학습에 사용한 알고리즘은 무엇이었나요?
   - PCA를 사용하였습니다. PCA는 널리 사용되는 차원 축소 기법 중 하나로, 원본 데이터의 분포를 최대한 보존하면서 고차원 공간의 데이터들을 저차원 공간으로 변환하는 알고리즘입니다.

3. 모델 학습을 위해 어떤 작업을 했나요?
   - 붓꽃 데이터셋 전체를 불러와서 PCA에 넣고 주성분을 추출하였습니다. 여기서 2차원에 시각화할 수 있는 주성분을 찾아 시각화하고, 실제 군집 개수와 동일하게 출력되는지 확인하였습니다.

4. 활동을 마치며 새롭게 알게 된 용어를 정리해 보세요.

차원 축소	
PCA	
주성분	

소스 코드

소스 코드는 씨마스 에듀 홈페이지와 구글 드라이브에서 제공합니다.

```
# 데이터 불러오기
from sklearn.datasets import load_iris
iris = load_iris()
feature = iris.data
labels = iris.target

# PCA로 학습하기
from sklearn.decomposition import PCA
pca = PCA(n_components = 4)
pcs = pca.fit_transform(feature)

# 주성분 확인하기
print (len(pca.components_))
print (pca.components_)
print (pca.explained_variance_)
print (pca.explained_variance_ratio_)

# 저차원으로 시각화하기
import matplotlib.pyplot as plt
from matplotlib.colors import ListedColormap
import seaborn as sns

PALETTE = sns.color_palette('deep', n_colors = 3)
CMAP = ListedColormap(PALETTE.as_hex())
pc_1 = pcs[:,0]  # 첫 번째 주성분
pc_2 = pcs[:,1]  # 두 번째 주성분

plt.figure(figsize = (10, 5))
plt.scatter(pc_1, pc_2, c = labels, s = 70, cmap = CMAP)
title = 'Iris dataset visualised using PCA'
xlabel = '1st principal component'
ylabel = '2nd principal component'
plt.title(title, fontsize = 20, y = 1.03)
plt.xlabel(xlabel, fontsize = 16)
plt.ylabel(ylabel, fontsize = 16)
plt.show()
```

배운 내용 정리하기

```
# 첫 번째 주성분만 이용해 시각화하기
from sklearn.preprocessing import StandardScaler
from sklearn.decomposition import PCA
import seaborn as sns
import matplotlib.pyplot as plt

iris = sns.load_dataset('iris')
scaler = StandardScaler() # 표준화
X_scaled = scaler.fit_transform(iris.iloc[:, :-1])

pcasolo = PCA(n_components = 1)  # 데이터 차원을 단일 차원으로 축소
solopca_vals = pcasolo.fit_transform(X_scaled)
zeros = [0 for i in range(150)]  # 모든 점이 y축을 따라 정렬
solo_components = []
for i in solopca_vals:
    solo_components.append(i[0])

plt.figure(figsize = (10, 4))
plt.scatter(solo_components, zeros, c = labels, cmap = CMAP)
plt.title('Iris Data Set Reduced to Only One Component')
plt.ylabel('Meaningless Y-axis, Just for Visual Purposes')
plt.xlabel('The Axis Representing the Single Component, Essentially Just a Number Line')
plt.show()

# 정답과 비교하기
import matplotlib.pyplot as plt
from sklearn.datasets import load_iris
import pandas as pd

iris = load_iris()  # 데이터 불러오기
iris_df = pd.DataFrame(data = iris.data, columns = iris.feature_names)
iris_df['label'] = iris.target
colors = ['tab:blue', 'tab:orange', 'tab:green']  # 라벨에 따라 색상 지정

# 산점도 그리기
for i, color in enumerate(colors):
    subset_df = iris_df[iris_df['label'] = = i]
    plt.scatter(subset_df['petal length (cm)'], subset_df['petal width (cm)'], color = color,
                label = iris.target_names[i])
```

```python
plt.xlabel('petal length')
plt.ylabel('petal width')
plt.legend()
plt.show()
```

이번 활동에서는 PCA를 이용하여 붓꽃 데이터를 군집화하고 시각화하는 방법을 살펴보았습니다. 먼저 붓꽃 데이터셋 전체를 불러와서 PCA에 넣고 실행하였습니다.

붓꽃의 꽃받침의 너비와 길이, 꽃잎의 너비와 길이 총 네 가지 변수를 데이터로 삼아 4차원 데이터를 군집화하고 시각화하였습니다. 이렇게 했더니 붓꽃 데이터에 내재된 주성분들이 추출되었습니다. 주성분의 차원 수는 원래 붓꽃 차원 수보다 작거나 같으므로, 총 네 개의 주성분이 추출되었습니다.

추출한 주성분에서 4차원 데이터로부터 2차원에 시각화할 수 있는 주성분 두 개를 골랐습니다. 이를 이용해서 2차원 평면에 시각화하였더니 세 개의 군집으로 나뉘는 것을 알 수 있었습니다. 우리는 이미 k-means 실습을 통해 붓꽃이 세 개의 군집으로 나뉠 것이라는 것을 알고 있으므로, 주성분 분석으로 정답과 동일한 개수로 군집이 형성되는 것을 확인할 수 있었습니다.

이를 통해 PCA로 차원을 축소해도 원래 데이터의 성질을 유지함과 동시에, 더 간단하게 계산과 표현이 가능함을 알 수 있었습니다.

'예측하는 인공지능' 영역에서는 한 개 이상의 독립변수가 연속적인 값을 갖는 종속변수에 영향을 주어 두 변수 사이에 선형 관계를 갖는 선형 회귀 분석과 0과 1처럼 범주형 값을 예측하는 로지스틱 회귀 분석에 대해 배웁니다.

선형 회귀 알고리즘으로 광고 데이터를 이용하여 광고 플랫폼에 따른 판매량 예측하는 방법을 알아보고, 로지스틱 회귀 알고리즘으로 스팸 데이터를 이용하여 SNS상의 문자가 스팸인지 아닌지를 예측하는 방법을 알아봅니다.

PART 3 예측하는 인공지능

개념 학습 값을 예측하는 회귀

실습 활동
1 광고 플랫폼에 따른 판매량을 예측해 볼까?
2 스팸일까 아닐까?

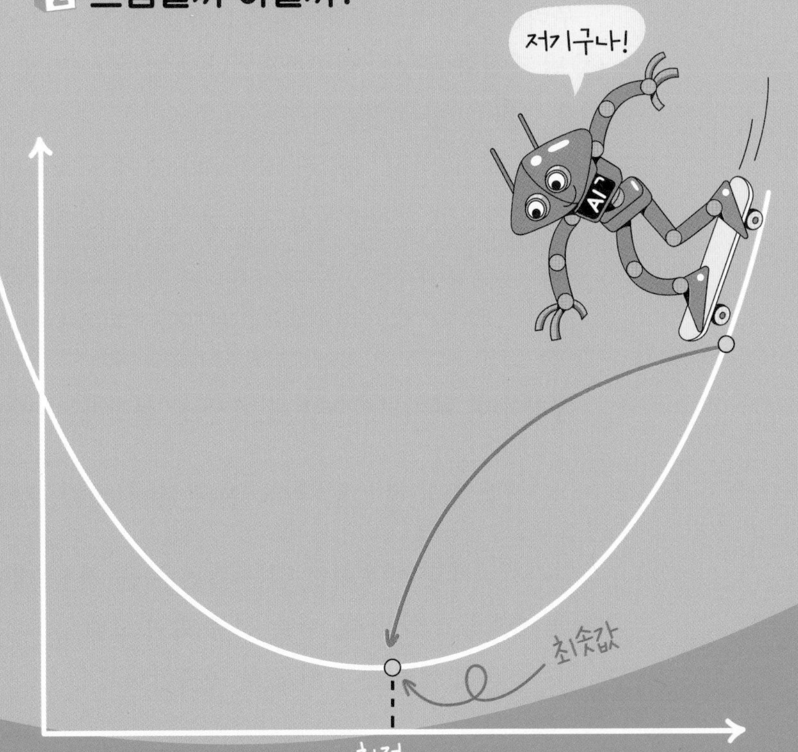

값을 예측하는 회귀

연속적인 값을 예측하는 회귀

지도학습에서 연속적인 값을 예측하는 방법은 무엇일까요? 다시 말해, 학습 시간에 따른 성적, 키에 따른 몸무게처럼 연속적인 값을 예측하는 문제를 말합니다. 이 문제를 해결하는 핵심은 예측하는 데 사용하는 데이터를 잘 설명하는 선을 찾는 것입니다. 먼저, 단순 선형 회귀(simple linear regression)를 이용해 그 원리를 알아 봅시다.

직선 ①, ②, ③ 중 어떤 선이 데이터를 잘 설명하는 선일까요?

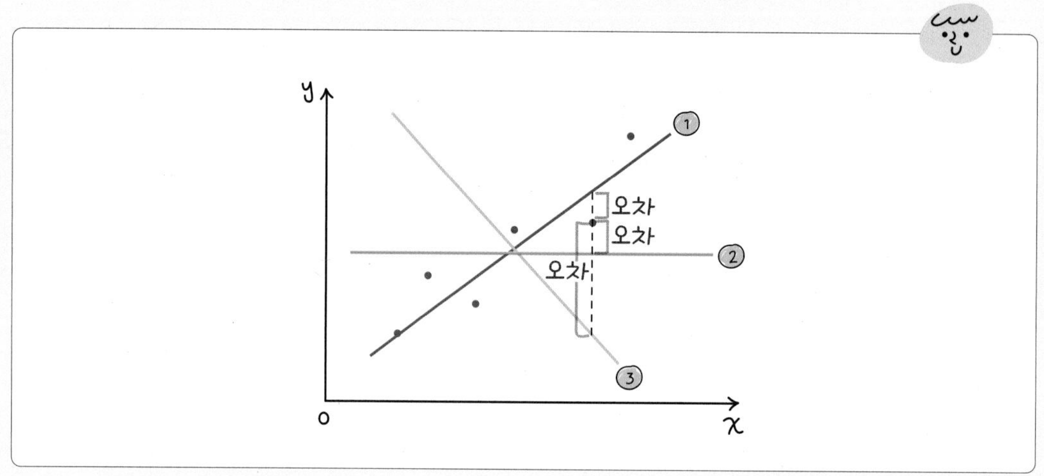

우리는 직감적으로 ① 번 직선이 가장 좋다고 생각합니다. 그럼 ① 번 직선은 ②, ③ 번 직선과 무엇이 다를까요? 다시 말해, 어떻게 직선을 그려야 데이터를 잘 설명하는 선을 그릴 수 있을까요?

① 번 직선은 ②, ③ 번 직선보다 오차가 작습니다. 실젯값과 예측값의 차이인 오차가 작은 직선이 데이터의 분포를 잘 설명하는 직선입니다.

> 한 개의 데이터에 대한 오차(error) = 실젯값(y) - 예측값($\hat{y}$) = 잔차(residual)

정리하면, 데이터의 분포를 가장 잘 설명하는 직선은 오차가 작은 직선을 말합니다.

"선형 회귀 분석은 데이터의 분포에 따라 오차가 작은 직선을 찾는 것이다."

따라서 1개의 연속적인 값(독립변수)을 가진 데이터에서 1개의 연속적인 값(종속변수)을 예측하고 싶을 때, 단순 선형 회귀 모델 $y = wx + b$의 형태를 가집니다.

즉, x의 값에 따른 y의 값을 예측합니다.

이진 분류도 할 수 있는 회귀

선형 회귀 모델은 직선 형태로 연속적인 값을 예측합니다. 하지만 예측해야 하는 값이 연속적인 값이 아니라 성공/실패, 합격/불합격, 양성/음성처럼 이산적인 값인 경우에는 선형 회귀를 사용할 수 없습니다.

아래의 왼쪽 표는 평균 온도(x)에 따른 와인 가격(y)을 나타내며, 연속적인 숫자 x, y값으로 와인 가격을 예측하므로 '회귀'라 할 수 있습니다. 그리고 오른쪽 표는 평균 온도(x)에 따른 와인 품질(y)을 나타내며, 연속적인 x값과 합격(1)과 불합격(0)으로 표현된 이산적인 y값을 나타내는 '분류'라고 할 수 있습니다.

평균 온도와 와인 가격(회귀)

x (평균 온도)	y (와인 가격)
⋮	⋮
24.5	8.5
22.4	7.4
20.8	5.6
18.2	3.2
⋮	⋮

평균 온도와 와인 품질(분류)

x (평균 온도)	y (와인 품질)
⋮	⋮
24.5	합격(1)
22.4	합격(1)
20.8	불합격(0)
18.2	불합격(0)
⋮	⋮

평균 온도와 와인 품질(분류) 표를 그래프로 표현해 보겠습니다.

아래의 ① 번의 직선처럼 범주형 데이터에 선형 회귀 모델을 적용하면 모델의 범위가 맞지 않아 예측하는 것이 정확하지 않습니다. 이 문제를 해결하고자 선형 회귀 함수를 로지스틱 함수에 입력하면, ② 번과 같이 합격인지(1) 아닌지(0)를 잘 분류하는 S자 모양 곡선의 로지스틱 회귀(logistic regression) 모델로 변합니다.

범주형 데이터를 회귀선으로 분류한 모습

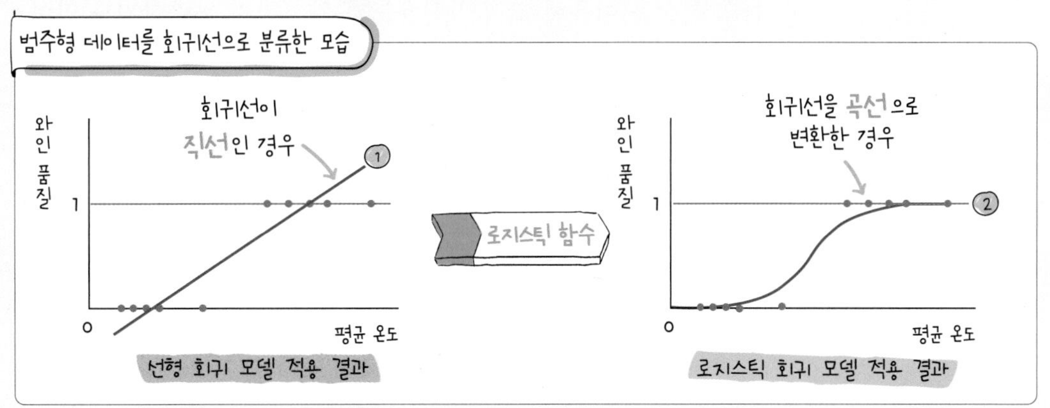

선형 회귀 모델 적용 결과

로지스틱 회귀 모델 적용 결과

로지스틱 함수는 245쪽에 설명되어 있어요!

"로지스틱 회귀는 선형 회귀의 변형으로 연속적인 값인 독립변수를 입력받아 종속변수를 이산적인 값으로 분류한다."

회귀식을 활용한 사례

선형 회귀 분석 사례

1942년 미국 애쉔펠터(Ashenfelter) 교수의 와인 가격을 예측하는 선형 회귀 모델은 와인 전문가인 소믈리에가 판단하는 것보다 더 정확한 결과를 예측하여 성공한 사례입니다.

그 당시 소믈리에는 갓 수확한 와인의 맛을 보고 와인의 가격을 결정했습니다. 애쉔펠터 교수는 와인의 가격을 소믈리에가 결정하는 것을 이상하게 여겼으며, 결국 데이터를 사용하여 선형 회귀 모델을 만들었습니다.

그 결과 와인의 가격은 포도의 품질에 비례하는데, 포도의 품질은 강수량, 평균 온도에 영향을 받는 것을 알아냈습니다. 좀 더 자세히 말하면, 와인의 가격은 당해 연도 평균 온도(0.06의 가중치)가 가장 중요한데 수확할 때 비가 오면 좋지 않고(−0.004의 가중치), 포도 수확 직전 연도 겨울에 비가 충분히 와야 한다는 관계를 알아냈습니다.

로지스틱 회귀 분석 사례

와인의 가격을 예측하는 것이 선형 회귀 모델의 사례였다면 와인의 품질을 예측하는 것은 로지스틱 회귀 모델을 사용한 사례라고 할 수 있습니다. 와인의 밀도, 산도, 발효 후 남아 있는 설탕의 양 등으로 와인 품질의 합격과 불합격 유무를 예측할 수 있습니다.

이밖에 로지스틱 회귀 모델을 적용한 사례로, 특정 인구 집단의 질병 가능성을 예측하거나 종양이 악성인지 여부를 예측하여 예방 치료를 설정할 수 있게 하는 경우를 들 수 있습니다. 그리고 은행에서는 대출금에 대한 채무를 이행하지 않을 가능성이 높은 사람들의 특성을 이용해 고객의 신용도가 양호한지 불량한지도 알아낼 수 있습니다.

실습 활동 안내

선형 회귀와 분류 모델인 로지스틱 회귀에 대해 배웁니다.

실습 활동 1	광고 플랫폼에 따른 판매량을 예측해 볼까? Linear Regression
실습 활동 2	스팸일까 아닐까? Logistic Regression

Linear Regression 선견지명

광고 플랫폼에 따른 판매량을 예측해 볼까?

이번 활동에서는 머신러닝 모델 중 선형 회귀(Linear Regression)를 이용하여 광고 플랫폼에 따른 판매량을 예측해 봅시다.

판매량을 예측하는 데 독립변수 개수를 늘려 단순 선형 회귀와 다중 선형 회귀를 서로 비교하며 광고 플랫폼에 따른 판매량을 예측하는 모델을 만들어 보겠습니다.

이 장에서는 다음의 순서로 살펴봅시다.

맛보기 — 선형 회귀의 이해

문제 해결하기

- 문제 정의하기: 광고 플랫폼에 따른 판매량은 얼마나 될까요?
- 데이터 불러오기: 캐글에서 광고(advertising) 데이터셋 불러오기
- 데이터 탐색하기:
  - 데이터 살펴보기
  - 상관관계 분석하기
- 모델 학습하기:
  - 단순 선형 회귀 (1개의 독립변수와 종속변수 설정하기) → 단순 선형 회귀로 학습하기
  - 다중 선형 회귀 (다수의 독립변수와 종속변수 설정하기) → 다중 선형 회귀로 학습하기
- 모델 테스트 및 평가하기:
  - 테스트 데이터로 평가하기 (단순 선형 회귀)
  - 테스트 데이터로 평가하기 (다중 선형 회귀)

더 자세히 — 회귀 모델 성능 평가 지표와 경사 하강법

선형 회귀의 이해

회귀란?

회귀(regression)라는 용어는 '평균으로 돌아간다.'라는 의미입니다. 영국의 인류학자 프랜시스 골턴(1822~1911)이 928명의 성인 자녀 키와 부모 키의 상관관계를 연구하면서 밝혀낸 자연 현상입니다.

골턴은 부모의 키와 자녀의 키를 산점도로 표현(왼쪽)하였고, 대표적인 데이터를 표현하여 추세선을 그렸더니 오른쪽 그래프처럼 선형적인 관계가 있음을 밝혀냈습니다. 또한 부모의 키에 따른 자녀의 키는 일정한 수준 이상 또는 이하이면 계속 커지거나 작아지는 것이 아니라 평균으로 돌아가려는 경향(회귀)이 있다는 것을 알아냈습니다. 만약 평균으로 돌아가려는 자연 현상이 없다면 키가 작은 부모의 자녀는 지속해서 키가 작아지고, 키가 큰 부모의 자녀가 낳은 자녀들은 지속해서 키가 커질 수 있습니다. 하지만 그렇지 않은 것은 평균으로 돌아가려는 경향이 있기 때문입니다.

• 산점도
데이터 속성 간의 관계를 쉽게 알아보도록 x축과 y축의 두 값이 만나는 위치에 점을 표시하여 그래프로 나타낸 것입니다.

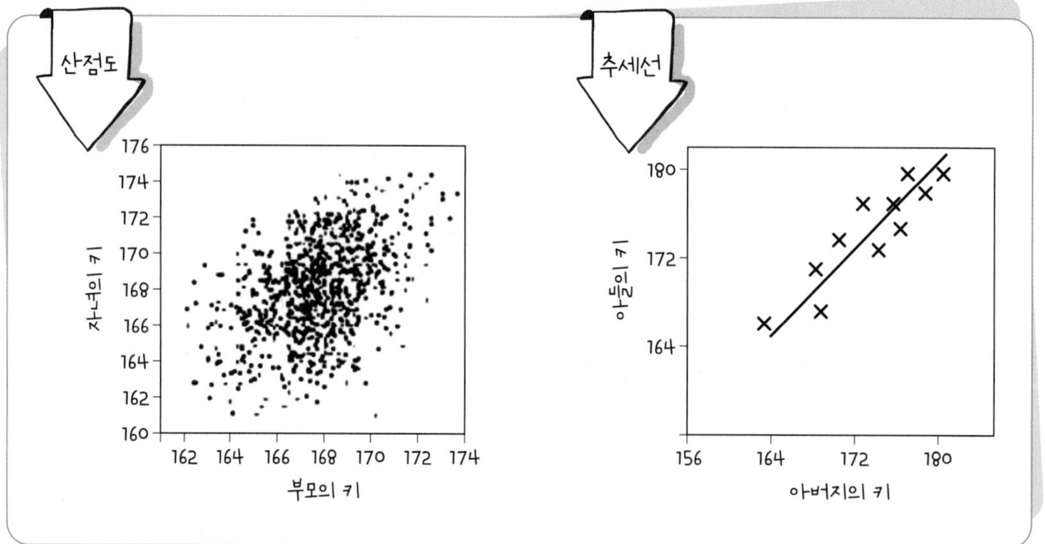

아래의 왼쪽 표처럼 x값에 대한 연속적인 y값을 예측하는 것을 회귀(regression)라고 했습니다. 여기서 자녀의 키(y)를 예측하고자 하는 y값을 종속변수라고 하고, 종속변수를 설명하는 변수인 부모의 키(x)를 독립변수라고 합니다.

반면에 오른쪽 표처럼 부모 대비 자녀의 키(y)의 상태가 '크다'와 '작다'처럼 이산적이라면 분류(classification)라고 합니다.

부모의 키(x)	자녀의 키(y)
165	168
172	175
180	177
190	180

▲ y 값이 연속적이므로 회귀

부모의 키(x)	부모 대비 자녀의 키(y)
165	크다
172	크다
180	작다
190	작다

▲ y 값이 이산적이므로 분류

선형 회귀의 종류

선형 회귀는 데이터를 가장 잘 설명하는 직선으로, 종속변수 y와 하나 이상의 독립변수 x와의 선형 상관관계를 모델링하는 기법입니다.

- **단순 선형 회귀(Simple Linear Regression)**: $y = wx + b$

단순 선형 회귀는 독립변수 x가 1개이며, 독립변수 x에 곱해지는 w값을 가중치(weight), 상수항에 해당하는 b는 편향(bias)이라고 부릅니다. 그리고 한 개의 x속성에 y값을 예측하므로 직선으로 나타냅니다.

x (평균 온도)	y (와인 가격)
25	9.5
⋮	⋮

- **다중 선형 회귀(Multiple Linear Regression)**: $y = w_1x_1 + w_2x_2 + \cdots + w_nx_n + b$

다중 선형 회귀는 독립변수 x가 2개 이상인 경우를 말합니다. 예를 들어, 와인 데이터의 독립변수는 종속변수와 다음과 같은 선형 관계가 존재합니다.

x_1 (겨울 강수량)	x_2 (수확철 강수량)	x_3 (평균 온도)	y (와인 가격)
13	35	25	9.5
⋮	⋮	⋮	⋮

독립변수 x_1, x_2, x_3로, 종속변수 y를 예측하는 선형 회귀 알고리즘은 다음과 같습니다.

선형 회귀 알고리즘

와인 데이터셋에서 독립변수인 겨울 강수량(x_1), 수확철 강수량(x_2), 평균 온도(x_3)일 때, 종속변수인 와인 가격(y)을 선형 회귀 알고리즘으로 예측해 보자.

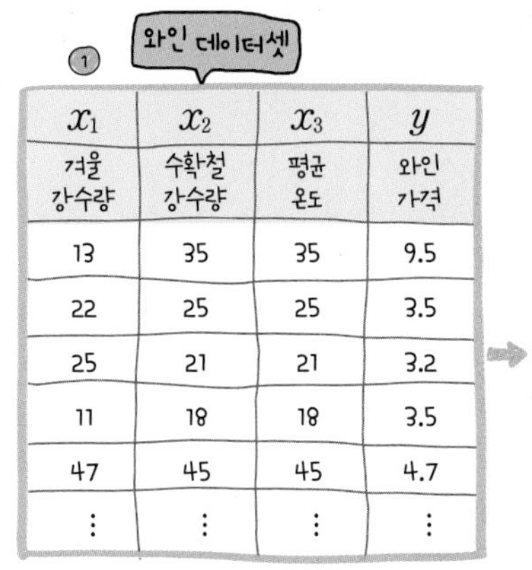

x_1	x_2	x_3	y
겨울 강수량	수확철 강수량	평균 온도	와인 가격
13	35	35	9.5
22	25	25	3.5
25	21	21	3.2
11	18	18	3.5
47	45	45	4.7
⋮	⋮	⋮	⋮

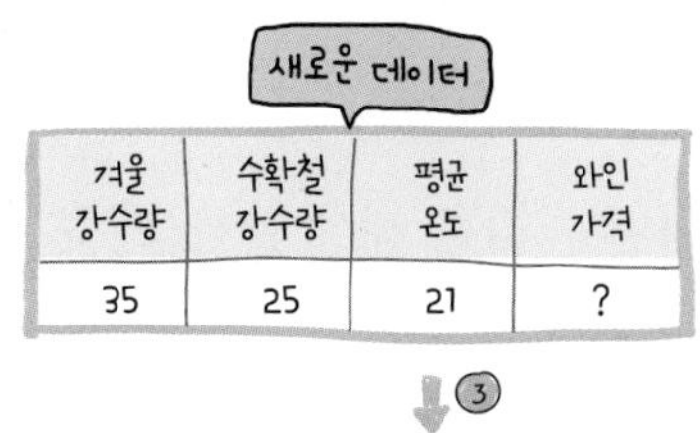

겨울 강수량	수확철 강수량	평균 온도	와인 가격
35	25	21	?

③ ② 학습 → 선형 회귀 모델 → 예측 12.3

$y = w_1x_1 + w_2x_2 + w_3x_3 + b$

① 와인 데이터셋은 3개의 독립변수와 1개의 종속변수로 이루어져 있다.

② 데이터를 학습시켜, 와인 가격을 예측하는 선형 회귀 모델을 생성한다.

③ 새로운 데이터로 와인 가격을 예측한다.

1 문제 정의하기

문제 상황 이해하기

광고 플랫폼에 따른 판매량은 얼마나 될까요?

기업은 소비자에게 기업에서 만든 제품을 알리기 위하여 다양한 광고 플랫폼을 이용하여 광고합니다. 전통적인 광고 플랫폼인 TV, 라디오, 신문은 판매량에 어떤 영향을 주는지 알아보고, 플랫폼별 광고비에 따른 판매량을 예측해 보겠습니다.

문제 해결에 필요한 정보 살펴보기

문제 해결 과정에서 필요한 정보를 미리 살펴봅시다.

1. 이 활동에 필요한 데이터셋은 무엇이고, 이 데이터셋은 어디에서 수집할 수 있나요?

   광고 데이터셋으로 캐글에서 다운로드할 수 있습니다.

2. 모델 학습에 사용할 알고리즘은 무엇인가요?

   선형 회귀 알고리즘을 사용합니다. 선형 회귀는 회귀에서 가장 일반적인 알고리즘입니다. 단순 선형 회귀와 다중 선형 회귀가 있으며, 선형 회귀는 직선을 그려 연속적인 값을 예측하는 방법입니다.

3. 모델 학습을 위해 어떤 처리를 해야 할까요?

   광고 데이터셋에서 속성 간의 차이와 어떤 속성이 판매량에 영향을 미치는지 탐색하고, 데이터를 학습시킵니다.

4. 선형 회귀 모델 성능을 나타내는 평가 지표는 무엇일까요?

   테스트 데이터의 예측값과 실젯값을 비교하여 얼마나 차이가 나는지를 평가하는 지표로 평균 제곱 오차와 결정계수를 사용합니다.

2 데이터 불러오기

데이터셋 소개하기

이번 활동에 사용할 광고 데이터셋은 캐글에서 제공하는 데이터입니다. 광고 데이터셋은 텔레비전(TV) 광고비, 라디오(Radio) 광고비, 신문(Newspaper) 광고비, 판매량(Sales) 4개의 속성이 있으며, 총 200개의 데이터가 있습니다. TV, Radio, Newspaper의 기본 단위는 1,000달러($)이며, Sales의 기본 단위는 1,000개입니다. 광고 데이터셋의 속성을 미리 살펴보겠습니다.

TV의 230.1은 230,100$이고, Sales의 22.1은 22,100개를 의미합니다.

	TV	Radio	Newspaper	Sales
0	230.1	37.8	69.2	22.1
1	44.5	39.3	45.1	10.4
2	17.2	45.9	69.3	12.0
3	151.5	41.3	58.5	16.5
4	180.8	10.8	58.4	17.9

광고 데이터셋 다운로드하기

캐글에서 검색어 'advertising'을 입력하여 Ashish가 등록한 'Advertising Dataset'을 선택합니다.

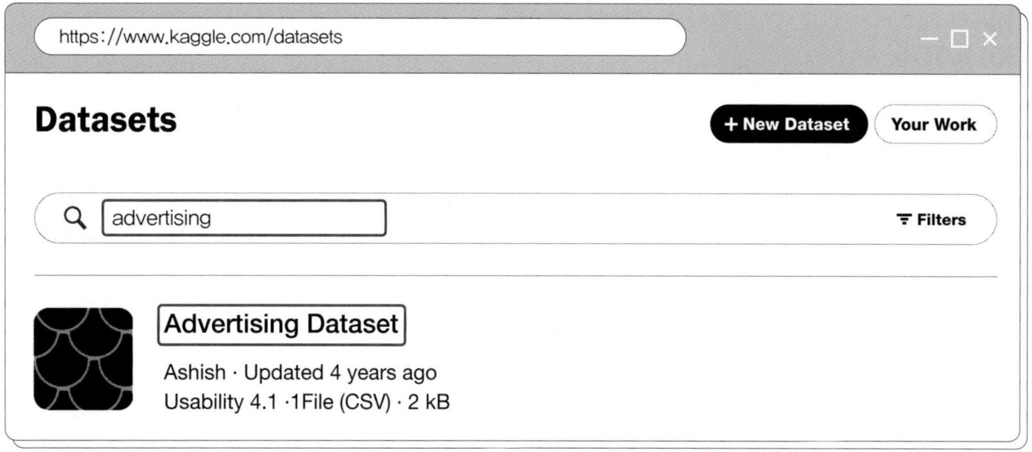

하단의 데이터셋 미리보기 부분에서 다운로드 아이콘(⤓)을 클릭하여 'advertising.csv' 파일을 다운로드합니다.

2 데이터 불러오기

데이터셋 불러오기

코랩으로 파일을 업로드하기 위해 컴퓨터에 저장된 파일('advertising.csv')을 코랩으로 불러오는 방법을 사용하겠습니다.

파일 업로드하기

1 google.colab 라이브러리에서 파일을 처리하는 데 사용하는 files를 불러온 후, 파일 선택 창에서 파일을 업로드합니다.

```
from google.colab import files
filename = list(files.upload().keys())[0]
```

```
파일 선택  선택된 파일 없음                Cancel upload
```

2 파일 선택 버튼을 클릭하여 파일을 다운로드받은 경로에서 'advertising.csv' 파일을 선택하면 자동으로 코랩의 저장 폴더로 업로드됩니다.

```
파일 선택  advertising.csv
•advertising.csv(text/csv)-4062 bytes, last modified: 2023. 6. 24.-100% done
Saving advertising.csv to advertising.csv
```

파일 읽어 들이기

판다스 라이브러리를 사용하여 read_csv()로 업로드한 파일을 데이터프레임으로 읽어 들이고, sample() 메소드를 사용하여 3개의 데이터를 임의로 추출하여 출력합니다.

```
데이터프레임 객체 = 판다스 객체.read_csv('파일명.csv')
# '파일명' 대신 파일을 저장할 변수로 설정 가능

데이터프레임 객체.sample()
# 임의의 데이터 샘플을 보여 주는 메소드
```

sample() 함수를 이용하면 랜덤한 샘플 데이터를 읽어올 수 있고, 매번 읽어올 때마다 데이터가 달라집니다.

```
import pandas as pd
advertising = pd.read_csv(filename)  # CSV 파일 읽어오기
advertising.sample(3)  # 랜덤하게 데이터 3개 읽어오기
```

	TV	Radio	Newspaper	Sales
59	210.7	29.5	9.3	18.4
141	93.7	35.4	75.6	19.2
66	31.5	24.6	2.2	11.0

3 데이터 탐색하기

Linear Regression

데이터를 불러온 후 어떤 속성이 포함되어 있는지, 각 속성의 값은 어떤 유형의 데이터인지, 결측치나 이상치가 없는지 등을 파악하고, 속성 간의 상관관계와 속성값의 분포를 시각화하는 작업을 합니다.

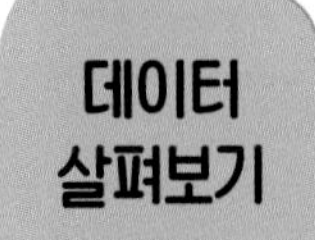

판다스 라이브러리의 info() 메소드를 사용하여 광고 데이터의 기초 정보를 확인해 봅니다.

```
데이터프레임 객체.info()
# 데이터 개수, 속성 개수, 속성명, 결측치, 속성의 데이터 유형 등 확인
```

데이터 기초 정보 확인하기

```
advertising.info()
```

```
<class 'pandas.core.frame.DataFrame'>
RangeIndex: 200 entries, 0 to 199
Data columns (total 4 columns):
 #   Column     Non-Null Count  Dtype
---  ------     --------------  -----
 0   TV         200 non-null    float64
 1   Radio      200 non-null    float64
 2   Newspaper  200 non-null    float64
 3   Sales      200 non-null    float64
dtypes: float64(4)
memory usage: 6.4 KB
```

속성명	의미
TV	TV 광고비
Radio	라디오 광고비
Newspaper	신문 광고비
Sales	판매량

해석

이 데이터셋은 총 200개의 데이터로 구성되어 있으며, 속성은 4개입니다. 각 속성이 200개의 값을 가진 것으로 보아 결측치가 없음을 확인할 수 있습니다. 그리고 속성별 데이터 유형은 모두 실수형(float64)으로 구성되어 있습니다.

데이터 통계치 살펴보기

광고 데이터 속성들의 통계치를 파악하기 위해 describe() 메소드를 사용합니다. 수치형 데이터에 대해서만 통계치를 출력하며 결측치는 제외됩니다.

```
데이터프레임 객체.describe( ).T
# 속성별 개수, 평균값, 표준편차, 최솟값, 사분위수, 최댓값을 한눈에 살펴봄.
# 데이터프레임 객체 T는 행과 열을 바꾸는 데 사용됨.
```

3 데이터 탐색하기

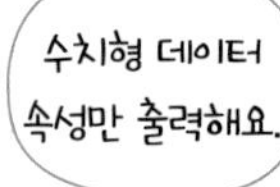

광고 데이터의 4개 속성에 대한 통계치를 출력합니다.

```
1  advertising.describe().T  # 데이터프레임의 행과 열 교환하기
```

	count	mean	std	min	25%	50%	75%	max
TV	200.0	147.0425	85.854236	0.7	74.375	149.75	218.825	296.4
Radio	200.0	23.2640	14.846809	0.0	9.975	22.90	36.525	49.6
Newspaper	200.0	30.5540	21.778621	0.3	12.750	25.75	45.100	114.0
Sales	200.0	15.1305	5.283892	1.6	11.000	16.00	19.050	27.0

해석

TV 광고비는 700$부터 296,400$의 범위이고, Radio 광고비는 0$부터 49,600$입니다. 0$인 것은 Radio 광고를 하지 않은 것으로 예상됩니다. Newspaper 광고비는 300$부터 114,000$까지입니다.

상관관계 분석하기

판매량 예측을 위하여 판매량(Sales)과 관련 있는 속성은 어떤 것들이 있는지 상관관계 분석을 통해 살펴보겠습니다.

속성별 상관관계 알아보기

판다스 라이브러리의 corr() 메소드를 사용하여 각 속성 간의 상관관계를 파악합니다.

```
데이터프레임 객체.corr()
# 상관관계(correlation) 분석
```

```
1  corrMatrix = advertising.corr()  # 상관관계 분석
2  corrMatrix
```

	TV	Radio	Newspaper	Sales
TV	1.000000	0.054809	0.056648	0.901208
Radio	0.054809	1.000000	0.354104	0.349631
Newspaper	0.056648	0.354104	1.000000	0.157960
Sales	0.901208	0.349631	0.157960	1.000000

해석

대각선을 기준으로 위, 아래 비율이 같습니다. 어느 쪽을 기준으로 확인하든 상관이 없으며 우리는 가로를 기준으로 확인해 보면, Salse를 기준으로 상관관계가 가장 큰 것은 TV입니다. 상관계수가 1에 가까울수록 높은것이므로 Sales와 TV와의 관계는 약 0.9로 1에 상당히 가까운 것을 볼 수 있습니다.

히트맵으로 표현하기

각 속성 간의 관계를 색으로 나타내어 그 관계를 쉽게 파악할 수 있도록 히트맵을 사용합니다. 히트맵은 시본(seaborn) 라이브러리를 사용하여 쉽게 구현할 수 있습니다.

```
시본 객체.heatmap(데이터프레임, annot = True/False, cmap = '색상명')
# annot: 히트맵에 값(여기서는 상관계수) 포함 여부, 기본값은 False
# cmap: matplotlib colormap 이름 또는 객체
```

```python
import seaborn as sns
import matplotlib.pyplot as plt
sns.heatmap(corrMatrix, annot = True, cmap = 'RdPu')
plt.show()
```

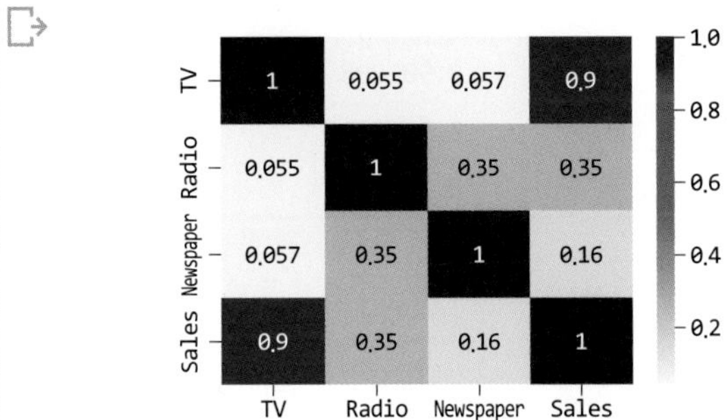

값	상관관계 값의 의미
−1.0 ~ −0.7	강한 음의 상관관계
−0.7 ~ −0.3	음의 상관관계
−0.3 ~ −0.1	약한 음의 상관관계
−0.1 ~ 0.1	상관관계 거의 없음
0.1 ~ 0.3	약한 양의 상관관계
0.3 ~ 0.7	양의 상관관계
0.7 ~ 1.0	강한 양의 상관관계

해석

히트맵을 살펴보면 판매량(Sales)은 TV 광고비가 0.9로 가장 높은 상관관계를 나타내고 있으며, Radio 광고비는 0.35, Newspaper 광고비는 0.16 순으로 나타납니다.

보충 cmap의 다양한 색상 종류

히트맵의 옵션 중 cmap은 맷플롯립의 색상 종류를 설정합니다. 다음과 같이 코드를 입력하면 cmap의 종류를 출력해 볼 수 있습니다.

```python
import matplotlib.pyplot as plt
from matplotlib import cm
cmaps = plt.colormaps()
print(len(cmaps))
print(cmaps)
```

```
178
['magma', 'inferno', 'plasma', …, 'flare', 'flare_r', 'crest', 'crest_r']
```

속성 기준으로 데이터 정렬하기

히트맵을 기준으로 상관관계가 높은 속성을 내림차순으로 정렬하여 시각화합니다. 데이터를 정렬할 때는 sort_values() 메소드를 사용합니다.

```
데이터프레임 객체.sort_values(by = '정렬 기준이 되는 속성명', ascending = True/False)
# 정렬 기준이 되는 속성명을 기준으로 정렬
# 기본은 오름차순 정렬(ascending = True)이며, 내림차순 정렬은 ascending = False로 설정
```

```
corr_sort = corrMatrix[['Sales']].sort_values(by = 'Sales', ascending = False)
corr_sort
```

	Sales
Sales	1.000000
TV	0.901208
Radio	0.349631
Newspaper	0.157960

해석

실행 결과를 통해 판매량(Sales) 속성을 기준으로 내림차순으로 정렬된 속성들을 확인할 수 있습니다.

내림차순으로 정렬된 속성 간의 관계를 히트맵을 사용하여 색으로 출력해 봅시다.

```
heatmap = sns.heatmap(corr_sort, annot = True, cmap = 'YlGn')
heatmap.set_title('Features Correlating with Sales')  # 히트맵의 제목
plt.show()
```

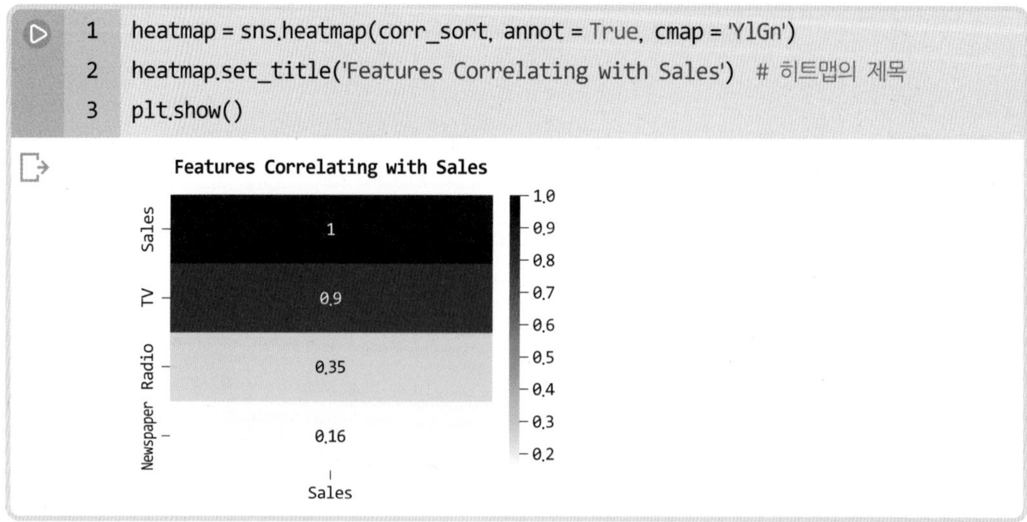

해석

· 실행 결과를 통해 판매량(Sales)과 높은 상관관계를 갖는 속성을 시각적으로 확인할 수 있습니다.

속성별 상관관계 알아보기

시본의 pairplot() 메소드를 사용하여 여러 개의 그래프로 속성 관계를 살펴봅시다.

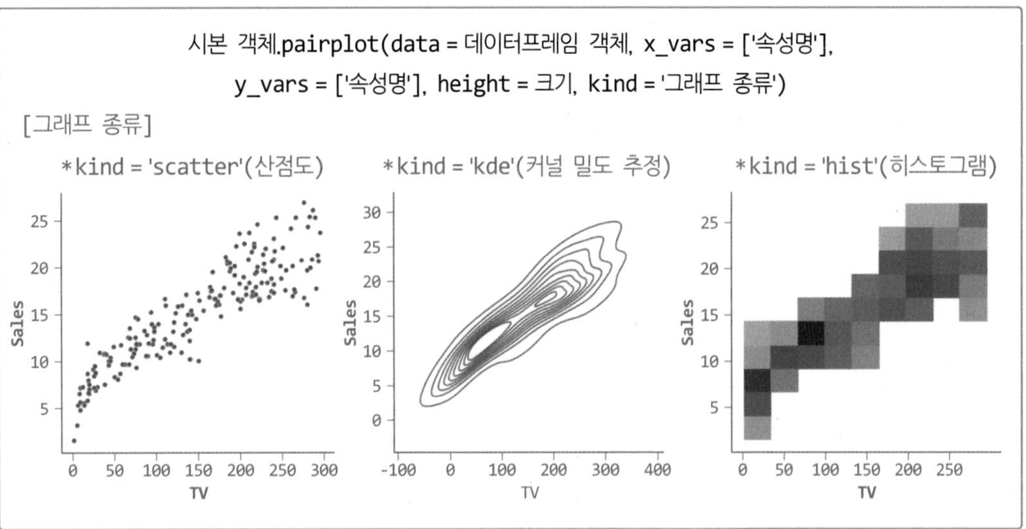

x축은 'TV', 'Radio', 'Newspaper'로 각각 놓고, y축은 'Sales'로 높으면 다음과 같은 그래프를 그릴 수 있습니다.

kind = 'reg'는 kind = 'scatter'의 경우에 추세선을 포함한 경우입니다.

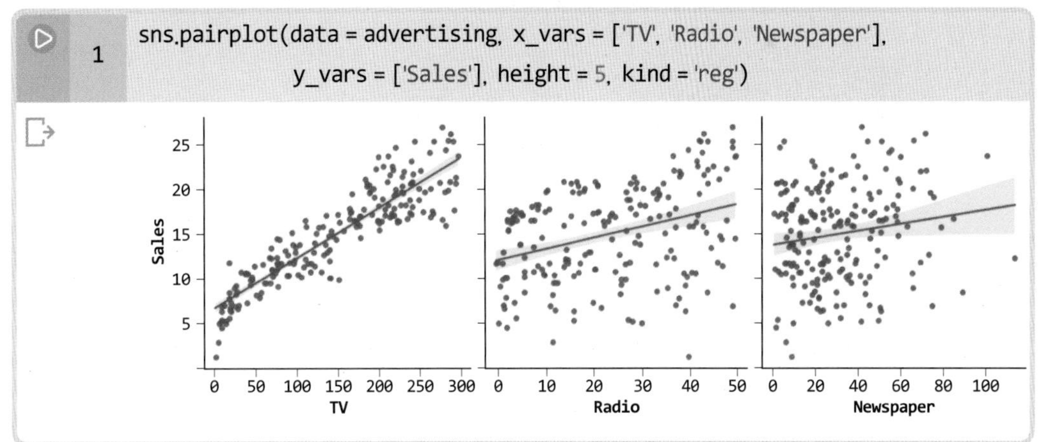

```
sns.pairplot(data = advertising, x_vars = ['TV', 'Radio', 'Newspaper'],
             y_vars = ['Sales'], height = 5, kind = 'reg')
```


밀도가 촘촘하다

밀도가 느슨하다

해석

상관관계가 높은 TV와 Sales는 직선 부분에 데이터가 많이 몰려 있고 밀도가 촘촘합니다. 이 '밀도를 표현한 숫자'를 '상관계수'라고 부릅니다.

상관관계는 −1부터 1사이의 값을 가지며 −1에 가까울수록 음(−)의 상관관계가 강하며, +1에 가까울수록 양(+)의 상관관계가 강하다는 의미입니다.

선형 회귀는 한 개의 독립변수 x와 한 개의 종속변수 y의 선형 상관관계를 단순 선형 회귀라고 하고, 둘 이상의 독립변수 x를 가지는 경우는 다중 선형 회귀라고 합니다. 단순 선형 회귀와 다중 선형 회귀로 나누어 모델을 학습하고 평가해 봅시다.

4 모델 학습하기

단순 선형 회귀 데이터 나누기

단순 선형 회귀는 $y = wx + b$ 형태로 주어지며 TV 광고비(TV) 속성을 독립변수로, 판매량(Sales) 속성을 종속변수로 사용하겠습니다.

> 독립변수 객체 = 데이터프레임 객체[['속성명1', '속성명2', …]]
> 종속변수 객체 = 데이터프레임 객체['속성명']

독립변수와 종속변수로 구분하기

```
X_data1 = advertising[['TV']]  # 독립변수
y_data1 = advertising['Sales']  # 종속변수
display(X_data1)
display(y_data1)
```

	TV
0	230.1
1	44.5
2	17.2
3	151.5
..	...
198	283.6
199	232.1

[200 rows x 1 columns]

```
0      22.1
1      10.4
2      12.0
3      16.5
       ...
198    25.5
199    18.4
Name: Sales, Length: 200, dtype: float64
```

해석

독립변수 X_data1과 종속변수 y_data1을 설정합니다.

속성값의 차이가 있으므로 속성값의 범위를 일정하게 맞춰 주는 방법으로 표준화를 적용하겠습니다.

표준화에 대한 설명은 49쪽을 참고하세요.

```
from sklearn.preprocessing import StandardScaler
scaler = StandardScaler()
X_scaled1 = scaler.fit_transform(X_data1)  # 표준화 데이터
X_scaled1
```

```
array([[ 0.96985227],
       [-1.19737623],
       ⋮
       [ 1.59456522],
       [ 0.99320602]])
```

해석

표준화를 이용하여 평균이 0이고, 표준편차가 1인 정규분포로 만들었습니다.

훈련 데이터와 테스트 데이터 나누기

인공지능 모델을 학습시키기 위해서 광고 데이터셋을 훈련 데이터와 테스트 데이터로 나눕니다. 여기서는 훈련 데이터와 테스트 데이터를 7:3 비율로 나눕니다. 그리고 random_state 옵션을 사용하여 훈련 데이터와 테스트 데이터를 동일한 패턴으로 추출합니다.

random_state를 설정하면 실행할 때마다 동일한 데이터로 분할하므로 동일한 성능이 출력됩니다.

```
from sklearn.model_selection import train_test_split
X_train1, X_test1, y_train1, y_test1 = train_test_split(X_scaled1, y_data1,
                                        test_size = 0.3, random_state = 10)
print(X_train1.shape, X_test1.shape, y_train1.shape, y_test1.shape)
```

```
(140, 1) (60, 1) (140, ) (60, )
```

데이터	독립변수(70%)	종속변수(30%)
훈련 데이터	X_train1 (140, 1)	y_train1 (140,)
테스트 데이터	X_test1 (60,1)	y_test1 (60,)

해석

독립변수 X, 종속변수 Y로부터 훈련 데이터 : 테스트 데이터 = 7 : 3으로 분할하였으므로 훈련용 독립변수 데이터의 개수는 140, 테스트용 독립변수는 60개입니다. 데이터를 추출하는 패턴(random_state)은 10으로 설정하였으며, 이 패턴에 따라 훈련 데이터와 테스트 데이터를 분할할 때마다 동일하게 분할됩니다.

모델 생성 및 학습하기

사이킷런 라이브러리에서 제공하는 LinearRegression()을 통해 선형 회귀 모델을 생성합니다. 그리고 훈련용 독립변수(X_train1)와 종속변수(y_train1)를 사용하여 fit() 메소드로 학습합니다.

```
from sklearn.linear_model import LinearRegression
lr_model1 = LinearRegression()  # 선형 회귀 모델 생성
lr_model1.fit(X_train1, y_train1)  # 선형 회귀 모델 학습
```

```
LinearRegression()
```

해석

LinearRegression 모듈을 불러와 모델 생성, 모델 학습의 순서로 코드를 구현합니다.
지도학습이므로 독립변수(X_train1)와 종속변수(y_train1)를 같이 학습시킵니다.

5 모델 테스트 및 평가하기

모델 평가하기

회귀 모델의 평가 지표로 평균 제곱 오차(MSE: Mean Squared Error)와 결정계수(R^2)를 사용해 보겠습니다. MSE는 예측값이 실젯값과 얼마나 차이가 있는지를 평가하는 것으로 0에 가까울수록 좋은 모델입니다. R^2는 0부터 1 사이의 값을 가지며 1에 가까울수록 모델의 적합도가 좋음을 의미합니다.

실젯값과 예측값 시각화하기

60개의 테스트 데이터로 성능을 평가하고 예측해 보겠습니다. 먼저, 실젯값과 예측값을 그래프로 출력해 보겠습니다.

모델에 predict( ) 메소드를 사용하여 테스트용 독립 변수(X_test1) 값을 넣어 값을 예측합니다.

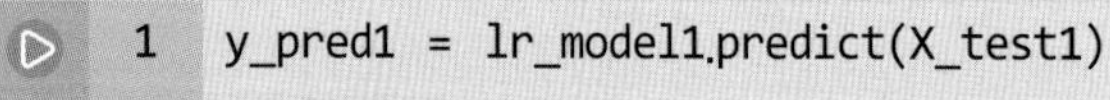

```
y_pred1 = lr_model1.predict(X_test1)
c = [i for i in range(1, 61, 1)]
plt.plot(c, y_test1, color = 'r')  # 실젯값
plt.plot(c, y_pred1, color = 'b')  # 예측값
plt.xlabel('index')  # X축 이름
plt.ylabel('Sales')  # Y축 이름
plt.title('Prediction')  # 그래프 제목
plt.show()
```

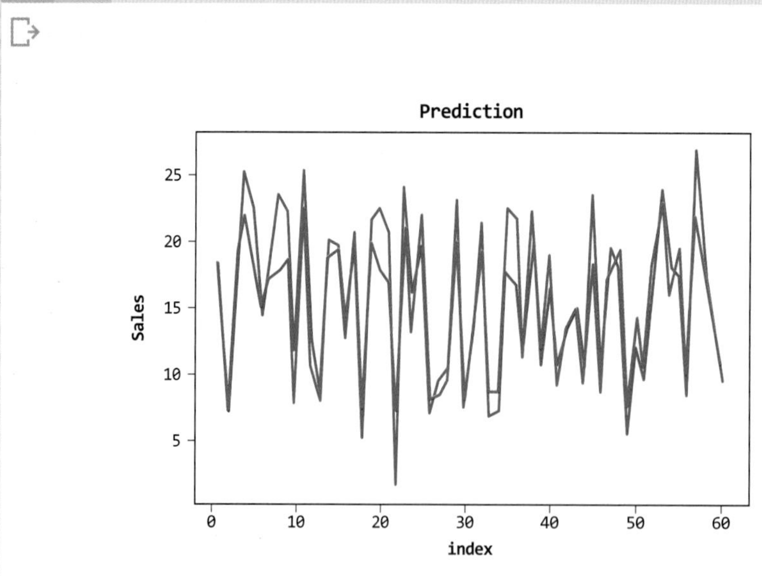

빨간선: 실젯값
파란선: 예측값

해석

c는 1번부터 60번까지 1씩 증가하는 리스트입니다. 빨간선 그래프는 y_test1로 실젯값이고, 파란선 그래프는 y_pred1로 선형 회귀 모델이 예측한 값입니다. 실젯값과 예측값 사이에 어느 정도 차이(오차)가 있는지 직관적으로 확인이 가능합니다.

오차 시각화하기

TV 광고비(TV)에 대한 판매량(Sales)의 실젯값과 예측값의 차이인 오차(error)를 그래프로 시각화해 보면 다음과 같습니다.

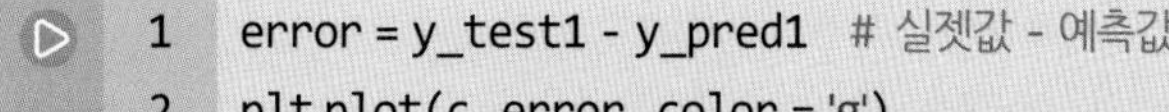

```
error = y_test1 - y_pred1  # 실젯값 - 예측값
plt.plot(c, error, color = 'g')
plt.xlabel('index')
plt.ylabel('error(residual)')
plt.title('Error')
plt.show()
```

오차를 에러(error) 또는 잔차(residual)로 부릅니다.

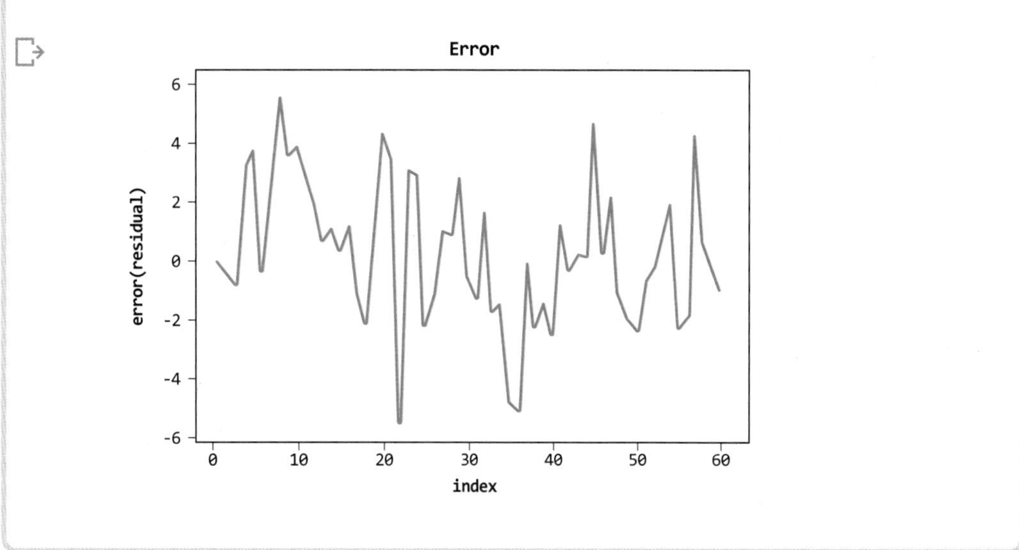

해석

이 그래프는 TV 광고비에 대한 판매량의 실젯값과 예측값 사이의 오차를 계산하여 index 별로 시각화한 그래프입니다. 오차가 0에 가까운 값도 있지만 +6과 -6에 가까운 차이를 보이는 값도 있습니다.

라디오 광고비(Radio)와 판매량(Sales)에 대해 실젯값과 예측값 사이에 어느 정도 오차가 있는지 시각화해 봅시다.

5 모델 테스트 및 평가하기

성능 평가하기

모델의 예측값(y_pred1)과 실젯값(y_test1)을 이용하여 성능 평가 지표인 MSE와 R^2를 구해 보겠습니다.

```
from sklearn.metrics import mean_squared_error
from sklearn.metrics import r2_score
print(f'MSE: {mean_squared_error(y_test1, y_pred1):.2f}')  # 평균 제곱 오차(MSE)
print(f'r2_score: {r2_score(y_test1, y_pred1):.2f}')  # 결정계수(R²)
```

```
MSE: 6.46
r2_score: 0.83
```

해석

MSE는 0에 가까울수록 성능이 좋은 것이고, r2_score는 1에 가까울수록 모형의 예측 능력이 좋다고 판단합니다.

판매량 예측하기

데이터를 잘 설명하는 선형 회귀선을 그리고, 회귀식을 구하여 TV 광고비와 판매량 사이의 관계를 표현해 보겠습니다.

```
파이플롯 객체.scatter(x, y, color = '점 색', label = 'scatter plot')
# x, y 모두 수치형 데이터인 산점도
파이플롯 객체.plot(x, y)  # 기본 그래프 그리기(직선)
```

단순 선형 회귀선 그리기

산점도와 선형 회귀선을 그려 보면 다음과 같습니다. X_scaled1은 X_data1(TV 광고비)을 표준화한 데이터이고 y_data1은 판매량(Sales) 데이터입니다.

218쪽 독립변수(TV 광고비)에 표준화를 적용한 것을 기억합시다.

```
plt.scatter(X_scaled1, y_data1, color = 'red', label = 'scatter plot')
plt.plot(X_test1, y_pred1, color = 'blue', linewidth = 2,
         label = 'Regression Line')
plt.show()
```

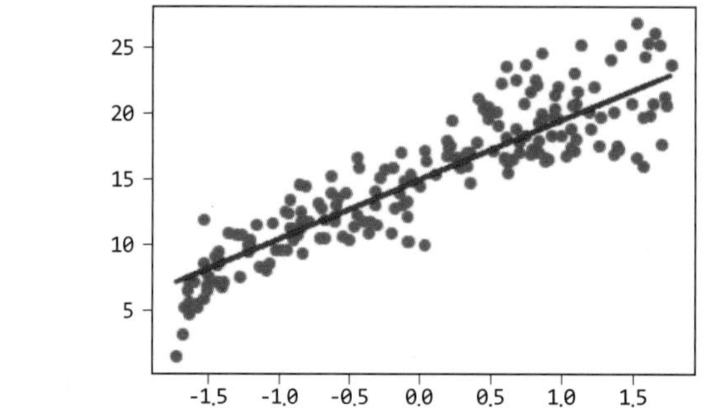

선형 회귀식 구하기

TV 광고비와 판매량의 관계를 설명하는 단순 선형 회귀식인 $y = wx + b$의 기울기 계수(w)와 절편(b)을 구하여 선형 회귀식을 완성해 보겠습니다.

```
# Slope Coefficients(기울기 계수)
w1 = lr_model1.coef_  # 기울기
print(f 'slopes of TV: {w1[0]:.2f}')

# Intercept(절편)
b1 = lr_model1.intercept_  # y 절편
print('Intercept is: ', b1.round(2))
```

```
slopes of TV: 4.57
Intercept is: 15.0
```

해석

선형 회귀식은 $y = 4.57x + 15$ 입니다.
이 회귀식에 새로운 x 를 입력하면 y 를 예측할 수 있습니다.

구한 회귀식에 TV 광고비(x)를 대입해 판매량(y)을 예측해 봅시다.

독립변수와 종속변수가 한 개인 단순 선형 회귀 알고리즘을 이용하여 TV 광고비에 대한 판매량을 예측해 보았습니다. 다음 활동으로 독립변수가 세 개(TV, Radio, Newspaper)이고 종속변수(Sales)는 한 개인 **다중 선형 회귀 알고리즘**을 이용하여 판매량을 예측해 보겠습니다.

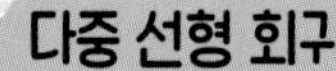

4 모델 학습하기

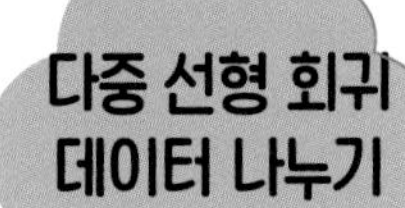

다중 선형 회귀 데이터 나누기

다중 선형 회귀는 $y = w_1x_1 + w_2x_2 + w_3x_3 + b$ 형태로 주어지며 여기서는 TV 광고비(TV), 라디오 광고비(Radio), 신문 광고비(Newspaper)의 3개 속성을 독립변수로, 판매량(Sales) 속성을 종속변수로 사용하겠습니다.

독립변수와 종속변수로 구분하기

```
X_data2 = advertising.drop(['Sales'], axis = 1)  # 독립변수
y_data2 = advertising['Sales']  # 종속변수
```

해석

X_data2 객체에는 advertising 데이터프레임에서 Sales 열 데이터를 삭제한 후, 나머지 TV, Radio, Newspaper 열 데이터를 저장합니다. y_data2 객체에는 Sales 열 데이터만 저장합니다.

데이터 표준화하기

단순 선형 회귀와 마찬가지로 속성값의 차이가 있으므로 범위를 일정하게 맞춰 주는 표준화를 적용하겠습니다.

```
from sklearn.preprocessing import StandardScaler
scaler = StandardScaler()
X_scaled2 = scaler.fit_transform(X_data2)
```

훈련 데이터와 테스트 데이터 나누기

훈련 데이터와 테스트 데이터를 7:3으로 나누고, random_state 옵션을 사용하여 훈련 데이터와 테스트 데이터를 동일한 패턴으로 추출합니다.

```
from sklearn.model_selection import train_test_split
X_train2, X_test2, y_train2, y_test2 = train_test_split(X_scaled2, y_data2,
                                          test_size = 0.3, random_state = 10)
print(X_train2.shape, X_test2.shape, y_train2.shape, y_test2.shape)
```

```
(140, 3) (60, 3) (140, ) (60, )
```

모델 생성 및 학습하기

단순 선형 회귀와 동일하게 모델을 생성하고 학습시킵니다.

```
from sklearn.linear_model import LinearRegression
lr_model2 = LinearRegression()
lr_model2.fit(X_train2, y_train2)  # 훈련 데이터
```

```
LinearRegression()
```

5 모델 테스트 및 평가하기

모델 평가하기

실젯값과 예측값을 구해 데이터프레임 형태로 만들어 보면 다음과 같습니다.

```
mlr = pd.DataFrame({'Actual_value':y_test2 ,
                    'Model prediction':lr_model2.predict(X_test2)})
mlr.head()
```

실젯값 → Actual_value, Model prediction → 예측값

	Actual_value	Model prediction
59	18.4	19.127479
5	7.2	10.658525
20	18.0	19.356496
198	25.5	24.315643
52	22.6	20.751037

실젯값과 예측값 시각화하기

단순 선형 회귀와 같이 다중 선형 회귀에서도 실젯값과 예측값의 오차를 그래프로 표현하는 코드가 동일합니다.

```
y_pred2 = lr_model2.predict(X_test2)
c = [i for i in range (1 , 61 , 1 )]
plt.plot(c, y_test2, color = 'r')
plt.plot(c, y_pred2, color = 'b')
plt.xlabel('index')
plt.ylabel('Sales')
plt.title('Prediction')
plt.show()
```

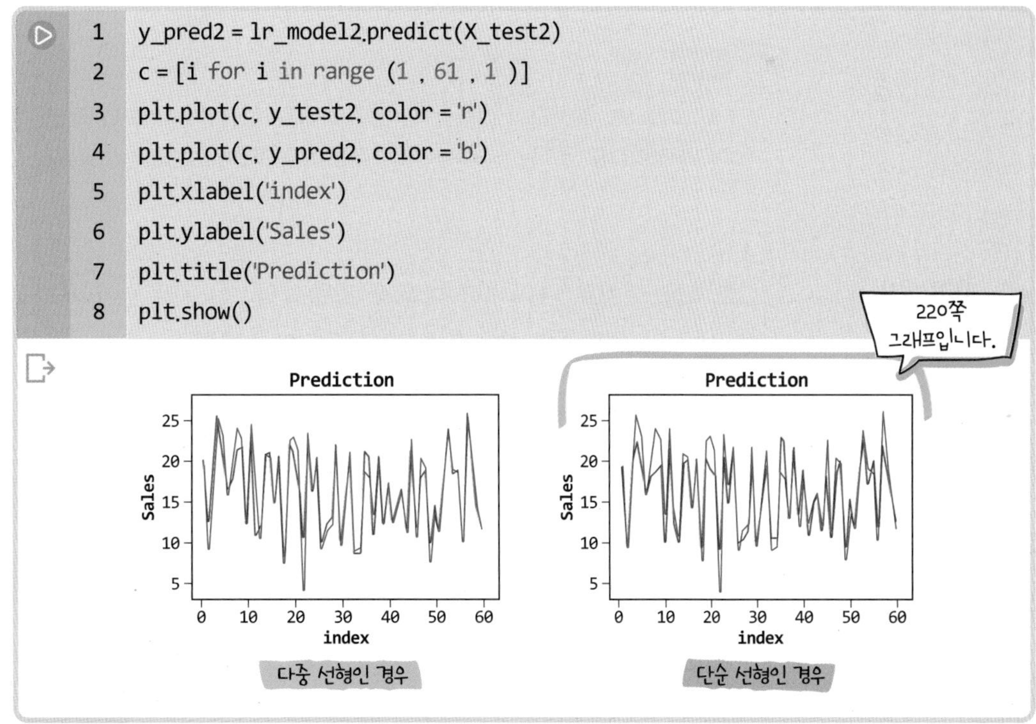

다중 선형인 경우

단순 선형인 경우

해석

단순 선형 회귀에 비해 오차가 다소 줄어든 것을 확인할 수 있습니다.

5 모델 테스트 및 평가하기

오차 시각화하기

실젯값과 예측값의 차이인 오차(error)를 구해 그래프로 시각화해 보면 다음과 같습니다.

```
error2 = y_test2 - y_pred2
plt.plot(c, error2, color = 'g')
plt.xlabel('index')
plt.ylabel('error(residual)')
plt.title('Error')
plt.show()
```

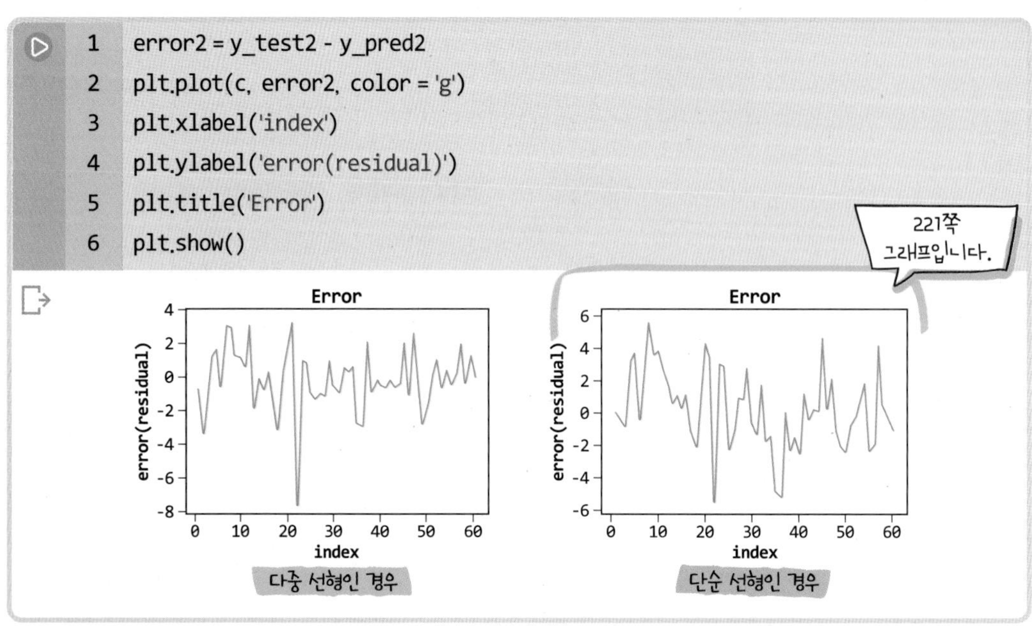

해석

이 그래프는 실젯값과 예측값 사이의 오차를 계산하여 index별로 시각화한 그래프입니다. 오차가 0에 가까운 값도 있지만 +4와 -8에 가까운 차이를 보이는 값도 있습니다.

성능 평가하기

오차를 수치로 나타내면 다음과 같습니다. MSE는 0에 가까울수록 성능이 좋은 것이고, r2_score는 1에 가까울수록 성능이 좋습니다.

MSE와 R^2는 <더 자세히>를 참고하세요.

```
print(f 'MSE: {mean_squared_error(y_test2, y_pred2):.2f}')
print(f 'r2_score: {r2_score(y_test2, y_pred2):.2f}')
```

```
MSE: 3.66
r2_score: 0.90
```

해석

단순 선형 회귀의 MSE는 6.46였는데 다중 선형 회귀에서는 3.66으로 줄어들었습니다. r2_score를 보면 단순 선형 회귀에서는 0.83이 나왔으나 다중 선형 회귀에서는 0.90으로 성능이 향상되었음을 알 수 있습니다.

판매량 예측하기

다중 선형 회귀식은 $y = w_1x_1 + w_2x_2 + w_3x_3 + b$의 형태로 주어진다고 했습니다. 여기서 기울기 계수와 절편을 구하면 다음과 같습니다.

```
# 기울기 계수
w2 = lr_model2.coef_
print(f 'slopes of TV: {w2[0]:.2f}')
print(f 'slopes of Radio: {w2[1]:.2f}')
print(f 'slopes of Newspaper: {w2[2]:.2f}')

# 절편
b2 = lr_model2.intercept_
print('Intercept is:', b2.round(2))
```

```
slopes of TV: 4.49
slopes of Radio: 1.59
slopes of Newspaper: 0.01
Intercept is: 15.13
```

해석

$y = 4.49x_1 + 1.59x_2 + 0.01x_3 + 15.13$의 회귀식을 구할 수 있습니다. 다중 선형 회귀의 계수값을 보면 TV가 4.49로 가장 높고, Radio가 1.59, Newspaper가 0.01로 나옵니다. 즉, 판매는 계수값이 큰 TV의 영향을 가장 많이 받는 것을 확인할 수 있습니다. 이는 TV > Radio > Newspaper의 순으로 판매에 도움되는 광고 플랫폼임을 확인할 수 있습니다.

단순 선형 회귀에서는 회귀선을 2차원 평면상에 직선으로 그리기 쉬웠습니다. 하지만 다중 선형 회귀에서는 차원이 높아짐에 따라 시각화하기 어렵습니다.

1개의 독립변수를 갖는
단순 선형 회귀 알고리즘과 2개 이상의 독립변수를 갖는
다중 선형 회귀 알고리즘에 대해서 알아보았습니다.
〈더 자세히〉를 통해 회귀 모델의 성능 평가 지표에는
무엇이 있고, 오차를 최소화하는 경사 하강법은
무엇인지 알아보도록 합시다.

더 자세히 회귀 모델 성능 평가 지표와 경사 하강법

모델 성능 평가 지표

선형 회귀에 사용하는 성능 평가 지표와 경사 하강법에 대해 알아보겠습니다.

회귀 모델에 사용되는 성능 평가 지표는 무엇이 있을까?

실젯값과 예측값에 제곱을 한 이유는 음수의 오차값 때문에 합의 결과가 0이 되는 것을 방지하기 위해서입니다.

모델을 만드는 것은 일반화를 통해 예측하고자 하는 것입니다. 그래서 훈련 데이터로 학습을 시키고, 알고리즘을 계속 수정하여 최고의 성능을 발휘하는 모델을 선택함으로써 예측 성능을 높입니다.

본 활동에서 사용된 성능 평가 지표는 '평균 제곱 오차'와 '결정계수'입니다. 평균 제곱 오차(MSE: Mean Squared Error)는 오차 제곱합(RSS: Residual Sum of Squares)을 데이터의 개수로 나눠 평균값을 구한 것입니다. 그 밖에도 평균 제곱근 오차(RMSE: Root Mean Squared Error), 평균 절대 오차(MAE: Mean Absolute Error)도 회귀에서 많이 사용하는 성능 평가 지표입니다.

그럼 좀 더 자세히 알아보도록 하겠습니다.

• 평균 제곱 오차(MSE)

어떤 성능 평가 지표를 사용할지는 문제 상황에 따라 다소 다를 수 있지만, 수학적 계산의 용이성 때문에 MSE를 대표적으로 많이 사용합니다.

$$RSS = \sum_{i=1}^{n}(\text{오차})^2 = \sum_{i=1}^{n}(\text{실젯값} - \text{예측값})^2 \ (n: \text{데이터의 개수})$$

$$MSE = \frac{1}{n}\sum_{i=1}^{n}(\text{실젯값} - \text{예측값})^2$$

모델의 실젯값과 예측값 차이의 제곱은 면적을 의미하며 RSS는 면적의 합을 의미합니다. 이런 차이로 이상치가 존재하면 수치가 많이 높아집니다. 즉, 이상치에 민감합니다.

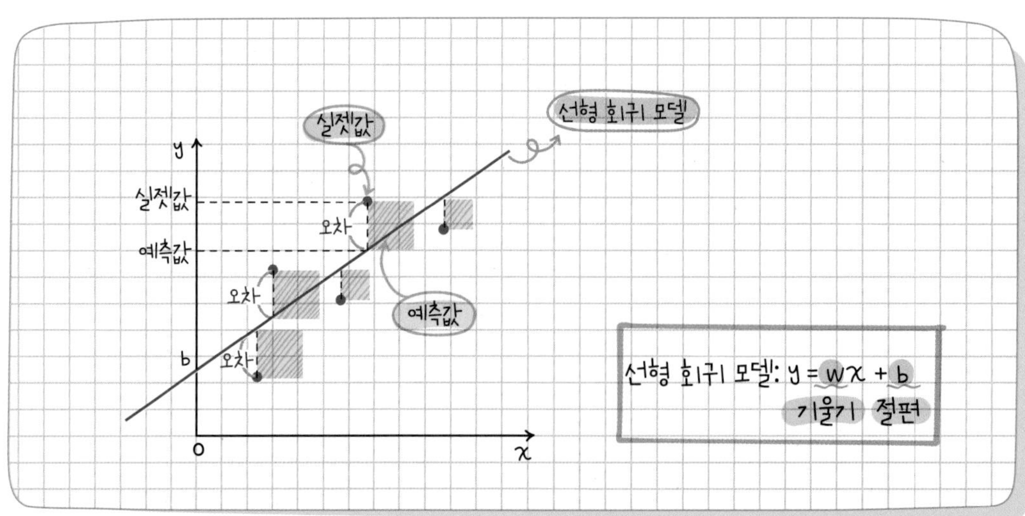

• **평균 제곱근 오차**(RMSE)

$$RMSE = \sqrt{\frac{1}{n}\sum_{i=1}^{n}(\text{실젯값} - \text{예측값})^2}$$

오차의 합이 매우 크게 나오는 경우에는 MSE의 값도 너무 커지게 됩니다. 이런 단점을 보완하기 위해 MSE인 오차의 평균에 제곱근을 씌운 형태가 RMSE입니다. RMSE도 MSE와 같이 각 오차는 오차의 제곱 크기에 비례합니다. 따라서 오차가 크면 RMSE에 불균형적으로 영향을 크게 미치므로, RMSE도 이상치에 민감합니다.

• **평균 절대 오차**(MAE)

$$MAE = \frac{1}{n}\sum_{i=1}^{n}|\text{실젯값} - \text{예측값}|$$

모델의 예측값과 실젯값 사이의 오차에 절대값을 취하여 모두 더하므로 가장 직관적으로 알 수 있는 지표입니다. 절대값을 취하기 때문에 모델이 실제보다 낮은 값을 예측하는지, 실제보다 높은 값을 예측하는지 알 수 없다는 단점이 있습니다.

• **결정계수**(R^2 Score)

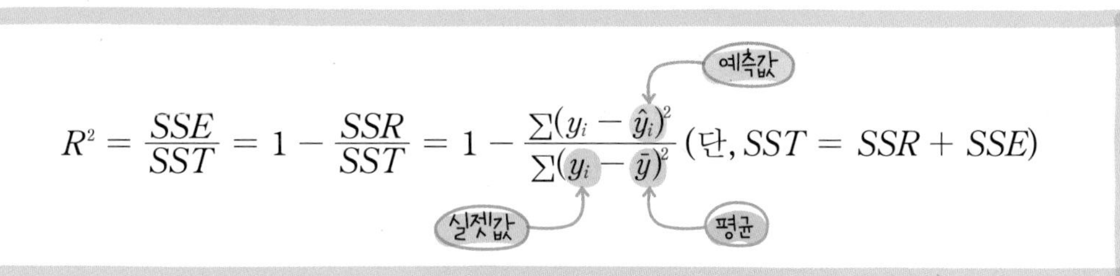

$$R^2 = \frac{SSE}{SST} = 1 - \frac{SSR}{SST} = 1 - \frac{\sum(y_i - \hat{y}_i)^2}{\sum(y_i - \bar{y})^2} \text{ (단, } SST = SSR + SSE)$$

• SST(Total Sum of Squares)
실젯값에서 실젯값의 평균을 뺀 결과의 총합

$$SST = \sum_{i=1}^{n}(y_i - \bar{y})^2$$

• SSE(Explained Sum of Squares)
예측값에서 실젯값의 평균을 뺀 결과의 총합

$$SSE = \sum_{i=1}^{n}(\hat{y}_i - \bar{y})^2$$

• SSR(Residual Sum of Squares) = RSS
잔차(오차)의 결과의 총합

$$SSR = \sum_{i=1}^{n}(y_i - \hat{y}_i)^2$$

상대적으로 얼마나 성능이 좋을지 측정하는 지표입니다. MSE나 RMSE의 scale에 따라 값이 천차만별이기 때문에 절대값만 보고 바로 성능을 판단하기가 어렵지만, 결정계수의 경우는 상대적인 성능이기 때문에 이를 직관적으로 알 수 있습니다.

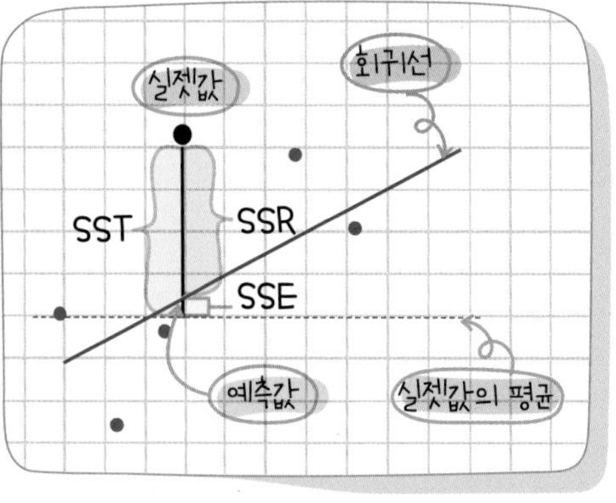

성능 평가는 오차에 대한 측정값으로 오차가 작을수록 성능이 좋음을 알 수 있었습니다. 그럼 어떻게 오차를 줄일 수 있을까요?

더 자세히 회귀 모델 성능 평가 지표와 경사 하강법

경사 하강법

오차를 최소로 만들기 위한 방법은 무엇일까요?

경사 하강법(Grandient descent)은 오차를 최소화하는 수학적 최적화입니다.

수학적 최적화란 인공지능이 예측하는 모델 $y = wx$의 직선에서 w^*라는 이상적인 값(오차를 최소화할 수 있는 w)을 찾는 방법입니다. 이때 임의의 값 w_0부터 시작해 여러 번 반복을 통해 이상적인 w^*값을 찾아야 합니다. 반복해서 찾는 이유는 한 번에 오차를 최소화할 수 없기 때문입니다.

$$w_0 \rightarrow w_1 \rightarrow w_2 \rightarrow \cdots \rightarrow w_n \rightarrow \cdots \rightarrow w^*$$

w^*는 오차가 작은 값이 존재할 것이라는 가정에서 시작합니다.
w_0는 선형 회귀 모델의 오차가 크지만 계속 반복하여 오차를 업데이트한다면 w^*에 다다를 수 있다는 가정입니다.

아래의 데이터셋을 이용하여 오차를 최소로 만드는 경사 하강법에 대해서 알아봅시다.

실제는 b도 고려해야 하지만 여기서는 w만 이용하여 계산해 봅니다.

	x	y
1	0.5	1.5
2	2	2
3	3	3.5

먼저, 단순 선형 회귀식인 $y = wx + b$에 $b = 1$로 고정합니다. 좌측의 데이터셋을 이용하여 $y = wx + 1$에서 w값을 0부터 1.6까지 0.2씩 변경하면서 측정해 보겠습니다.

경사 하강법 순서

- 1단계 3개의 데이터를 좌표평면에 표시하고, 예측 모델 그래프로 나타내기
- 2단계 모든 데이터의 오차 구하기
- 3단계 평균 제곱 오차(MSE) 값의 변화를 그래프로 나타내기

1단계 예측 모델 그래프로 나타내기

1 $w = 0$인 경우, 예측 모델 그래프를 나타내 봅시다.

예측값은 $\hat{y}$과 같이 표현하고, 실젯값은 y로 표현합니다.

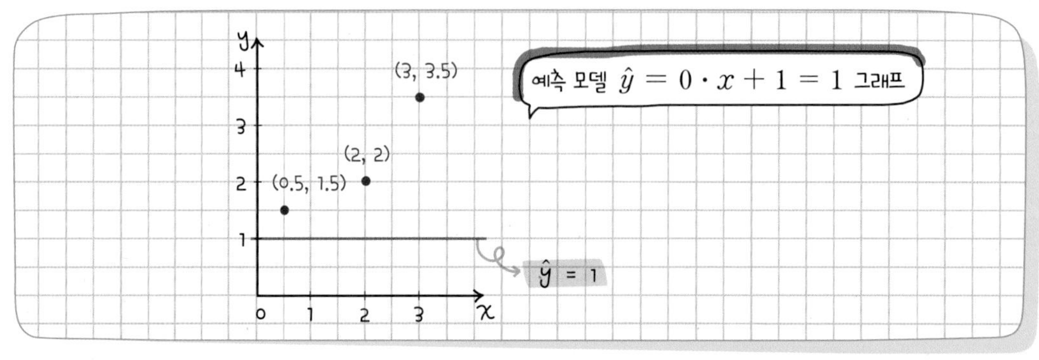

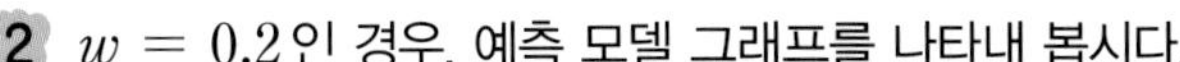

2 $w = 0.2$인 경우, 예측 모델 그래프를 나타내 봅시다.

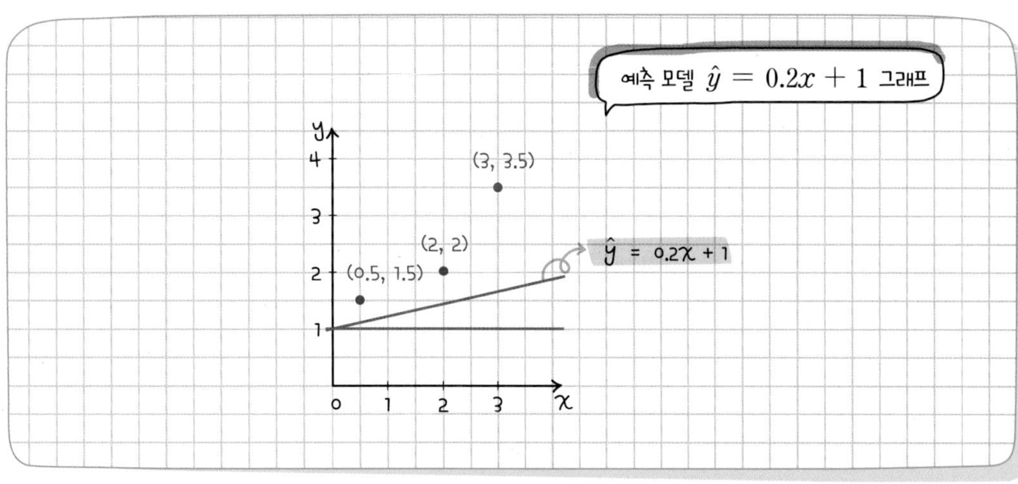

3 w 값을 0.4부터 1.6까지 0.2씩 변경하여 예측 모델 그래프를 나타내 봅시다.

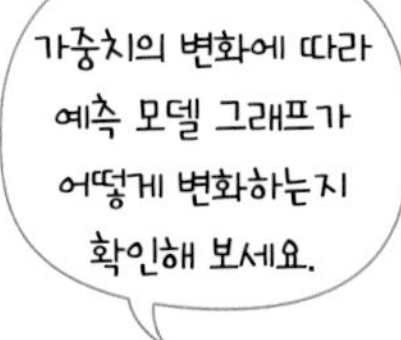

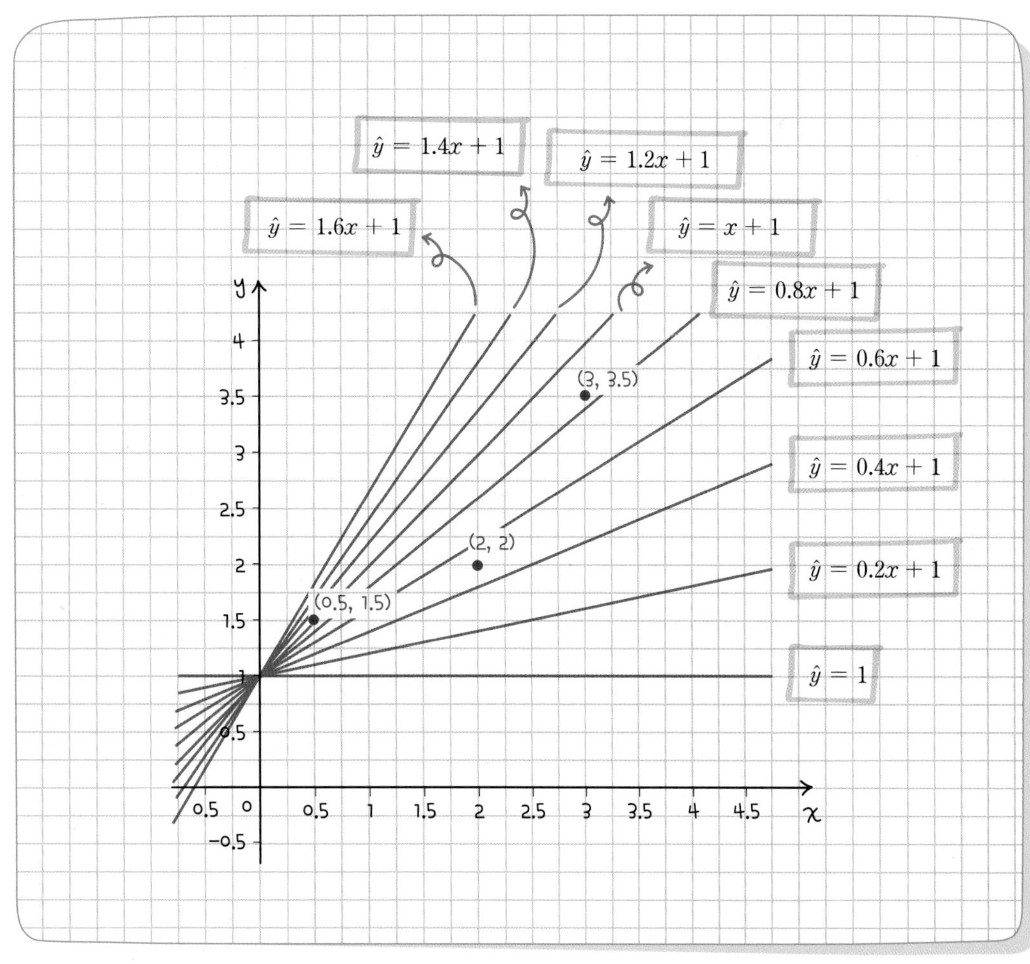

회귀 모델 성능 평가 지표와 경사 하강법

2단계

모든 데이터의 오차 구하기

3개 데이터 (0.5, 1.5), (2, 2), (3, 3.5)에 대해 오차(error)를 구합니다.

1 $w = 0$인 경우, 3개 데이터의 오차 구하기

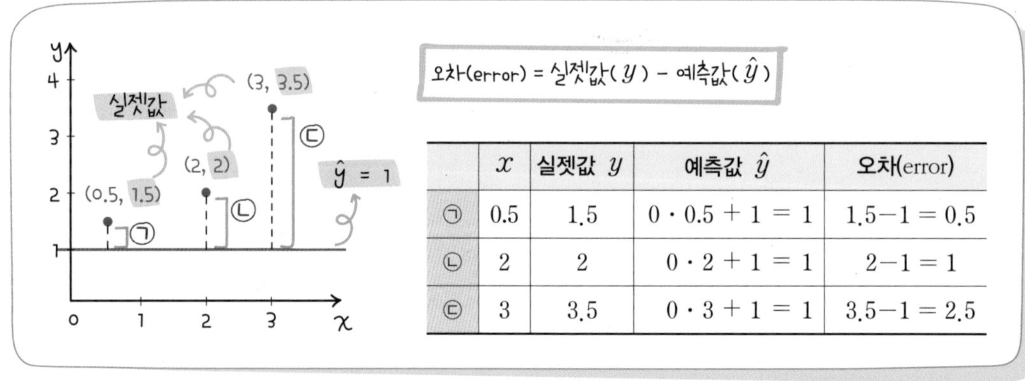

	x	실젯값 y	예측값 $\hat{y}$	오차(error)
㉠	0.5	1.5	$0 \cdot 0.5 + 1 = 1$	$1.5-1 = 0.5$
㉡	2	2	$0 \cdot 2 + 1 = 1$	$2-1 = 1$
㉢	3	3.5	$0 \cdot 3 + 1 = 1$	$3.5-1 = 2.5$

2 $w = 0.2$인 경우, 3개 데이터의 오차 구하기

	x	실젯값 y	예측값 $\hat{y}$	오차(error)
㉠	0.5	1.5	$0.2 \cdot 0.5 + 1 = 1.1$	$1.5-1.1 = 0.4$
㉡	2	2	$0.2 \cdot 2 + 1 = 1.4$	$2-1.4 = 0.6$
㉢	3	3.5	$0.2 \cdot 3 + 1 = 1.6$	$3.5-1.6 = 1.9$

3 3개 데이터의 오차와 평균 제곱 오차(MSE) 구하기

*오차는 예측 모델에 값을 대입하여 나온 예측값($\hat{y}$)을 계산하여 구합니다.

예를 들어, $w = 0$인 경우 예측 모델 $\hat{y} = 1$이라면, MSE는 $\frac{1}{3}(0.5^2 + 1^2 + 2.5^2) = 2.5$ 입니다.

w	예측 모델	오차(error) $= y - \hat{y}$			MSE
		$x = 0.5$	$x = 2$	$x = 3$	
		$y = 1.5$	$y = 2$	$y = 3.5$	
$w = 0$	$\hat{y} = 0x + 1$	$1.5-1 = 0.5$	$2-1 = 1$	$3.5-1 = 2.5$	2.5
$w = 0.2$	$\hat{y} = 0.2x + 1$	$1.5-1.1 = 0.4$	$2-1.4 = 0.6$	$3.5-1.6 = 1.9$	1.38
$w = 0.4$	$\hat{y} = 0.4x + 1$	$1.5-1.2 = 0.3$	$2-1.8 = 0.2$	$3.5-2.2 = 1.3$	0.61
$w = 0.6$	$\hat{y} = 0.6x + 1$	$1.5-1.3 = 0.2$	$2-2.2 = -0.2$	$3.5-2.8 = 0.7$	0.2
$w = 0.8$	$\hat{y} = 0.8x + 1$	$1.5-1.4 = 0.1$	$2-2.6 = -0.6$	$3.5-3.4 = 0.1$	0.13
$w = 1$	$\hat{y} = x + 1$	$1.5-1.5 = 0$	$2-3 = -1$	$3.5-4 = -0.5$	0.42
$w = 1.2$	$\hat{y} = 1.2x + 1$	$1.5-1.6 = -0.1$	$2-3.4 = -1.4$	$3.5-4.6 = -1.1$	1.1
$w = 1.4$	$\hat{y} = 1.4x + 1$	$1.5-1.7 = -0.2$	$2-3.8 = -1.8$	$3.5-5.2 = -1.7$	2.06
$w = 1.6$	$\hat{y} = 1.6x + 1$	$1.5-1.8 = -0.3$	$2-4.2 = -2.2$	$3.5-5.8 = -2.3$	3.41

성능이 가장 좋은 가중치

3단계

평균 제곱 오차(MSE) 값의 변화 그래프로 나타내기

w 값에 따른 평균 제곱 오차(MSE)의 변화를 그래프로 나타냅니다.

232쪽 3 번 표를 참고하세요.

1 $w = 0$ 인 경우, 평균 제곱 오차의 값 구하기

$$MSE = \frac{\sum(y - \hat{y})^2}{n} = \frac{1}{3}(0.5^2 + 1^2 + 2.5^2) = \frac{7.5}{3} = 2.5$$

2 $w = 0.2$ 인 경우, 평균 제곱 오차의 값 구하기

$$MSE = \frac{1}{3}(0.4^2 + 0.6^2 + 1.9^2) = \frac{14.13}{3} \fallingdotseq 1.38$$

3 w 값을 0.4부터 1.6까지 0.2씩 변경하면서 평균 제곱 오차의 값을 그래프로 나타내기

MSE를 손실함수로 가정하고, w에 대한 손실함수 값을 그래프로 나타내 봅니다.

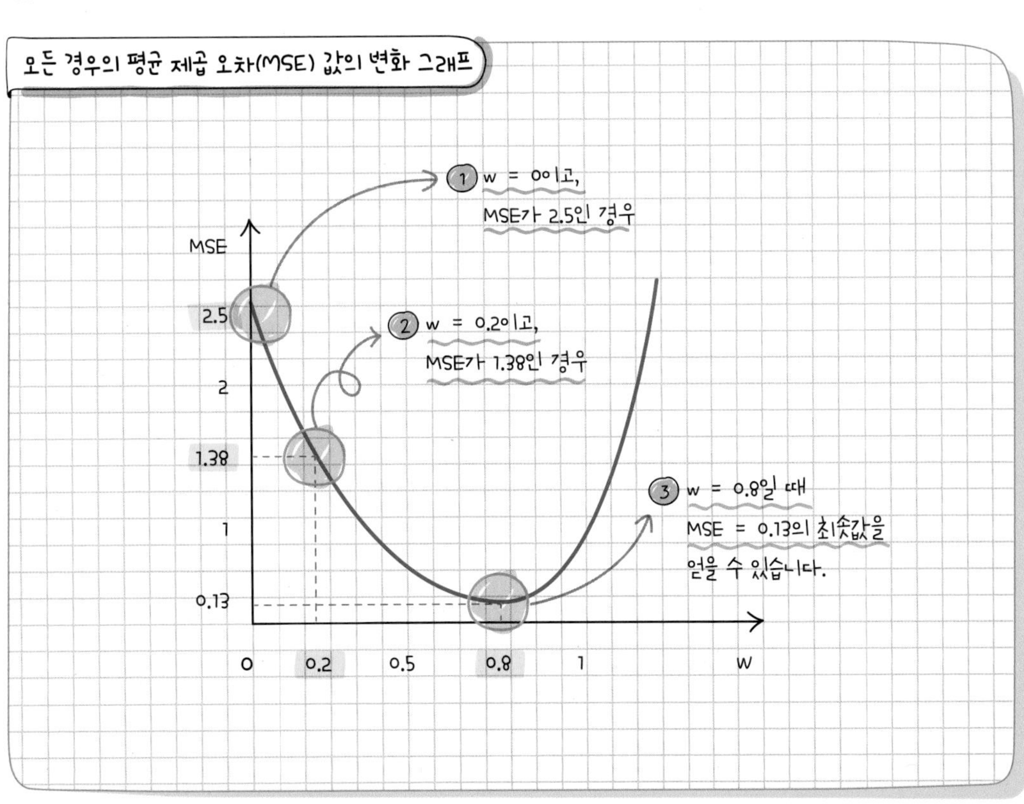

오른쪽 그래프는 W값에 따른 평균 제곱 오차의 변화를 대략 나타낸 그래프입니다. w = 0.8일 때 성능이 가장 좋아요.

더 자세히 회귀 모델 성능 평가 지표와 경사 하강법

결론

MSE는 모든 데이터의 오차를 측정하는 방법이며, 일반적인 수식으로 쓰면 아래와 같습니다. y_i와 같이 아래 첨자가 있으면 데이터 한 개를 의미하고, y와 같이 아래 첨자가 없으면 데이터 여러 개를 포함하는 벡터를 의미합니다.

$$MSE = \frac{1}{n}\sum_{i=1}^{n}(\hat{y}_i - y_i)^2 = \frac{1}{n}\sum_{i=1}^{n}(y_i - \hat{y}_i)^2$$

$(\hat{y} = wx$ 또는 $\hat{y} = wx + b)$ ($\hat{y}$: 예측값, y: 실젯값)

아래 그림과 같이 가중치(w)에 따른 손실함수 값(MSE)을 그릴 수 있습니다. 초기 가중치 값이란 임의의 위치(임의의 w값)에서 시작하는 상황을 나타냅니다.

- 손실함수 값이 작아지는 방향으로 w값을 조절할 것입니다.
- 학습률이란 w의 변화를 어느 정도로 크게 할 것인지 나타냅니다.
- w값의 변화량이 클수록 학습률이 크고, w값의 변화량이 작을수록 학습률이 작습니다.

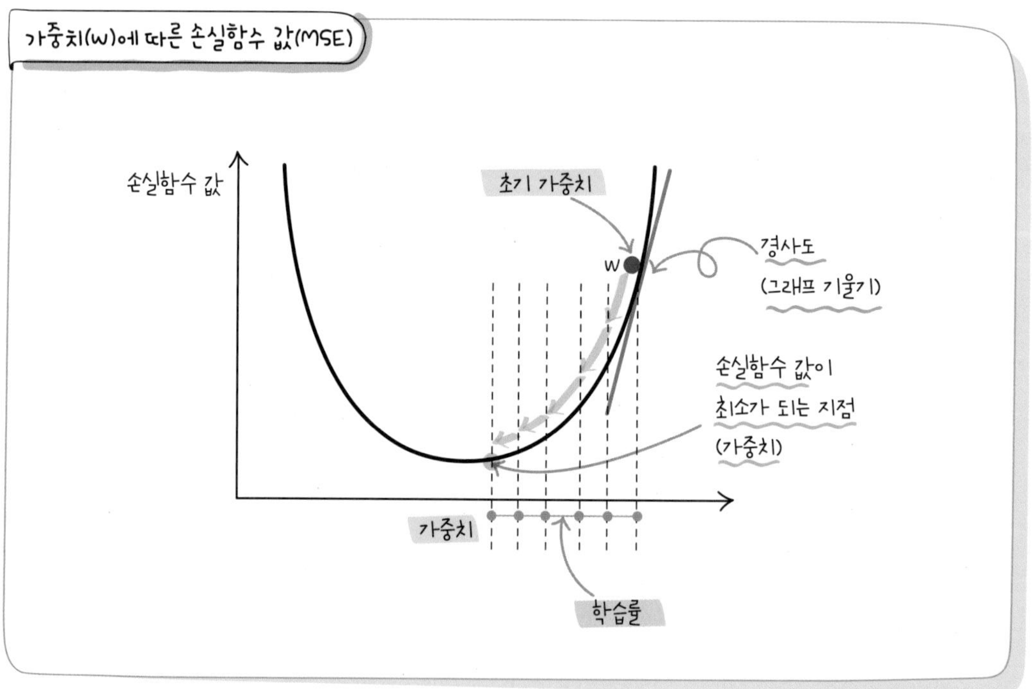

즉, 경사 하강법은 경사도(기울기)가 작아지는 방향으로 가중치(w)를 조절해가며 최솟값을 갖는 지점을 찾아내는 방법입니다. 이를 활용한 머신러닝에는 선형 회귀, 로지스틱 회귀, 신경망 등이 있습니다. 신경망에 대해서는 3권에서 자세히 다룹니다.

경사 하강법 소스 코드

앞서 학습한 내용을 바탕으로 실습해 보겠습니다. 실습 결과와 학습한 이론을 비교해 봅시다.

데이터 표시하기

• 데이터 표시하기

3개의 데이터를 scatter( ) 메소드를 이용하여 산점도를 출력해 봅니다.

```
import matplotlib.pyplot as plt
x = [0.5, 2, 3]
y = [1.5, 2, 3.5]
plt.scatter(x, y)
plt.ylim(0, 6)  # y축 범위 설정
plt.show()
```

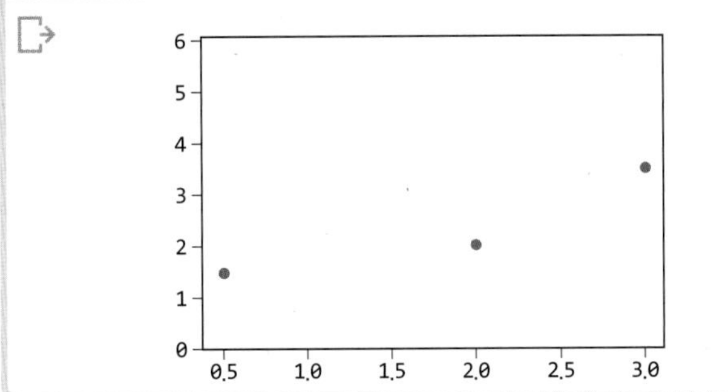

w값의 변화에 따른 직선 그래프 그려 보기

• w값의 변화에 따른 직선의 그래프 그려 보기

w값의 변화에 따라 직선의 기울기가 변화되는 것을 확인할 수 있습니다.

```
import numpy as np
plt.scatter(x, y)
x = np.arange(4)
w_range = [0.0, 0.2, 0.4, 0.6, 0.8, 1.0, 1.2, 1.4, 1.6]
for w in w_range:
    y = w * x + 1
    plt.plot(x, y, label = 'w = ' + str(w))
    plt.legend(loc = 'upper left')
```

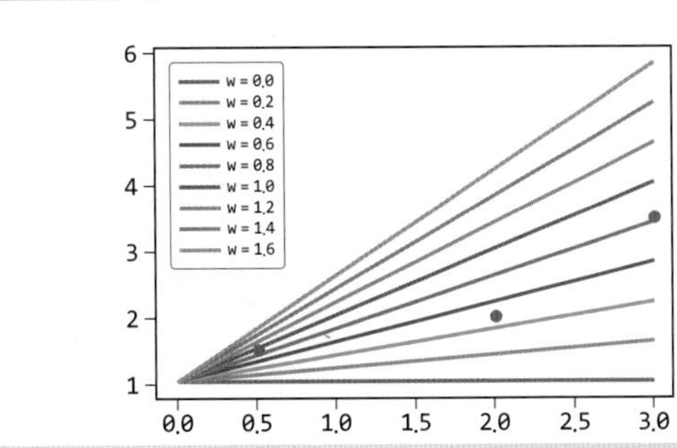

더 자세히 회귀 모델 성능 평가 지표와 경사 하강법

w값의 변화에 따른 MSE값 구하기

• w값의 변화에 따른 MSE값 구하기

```
data = [(0.5, 1.5),(2, 2), (3, 3.5)]  # 데이터 준비하기
# y_hat = wx + b의 식을 이용한 경사 하강법 실습하기
# w = 0일 때부터 0.2 간격으로 1.6까지 리스트 만들기
w_range = [0.0, 0.2, 0.4, 0.6, 0.8, 1.0, 1.2, 1.4, 1.6]
result = []  # 빈 리스트 생성하기
b = 1
# 이중 for문 만들기
for w in w_range:
    sum = 0
    n = 0
    for (x, y) in data:
        y_hat = w * x + b  # 모델의 예측값 계산하기
        n += 1
        sum += (y - y_hat)**2  # RSS 구하기
    sum /= n  # MSE 구하기
    result.append(round(sum, 3))  # sum값 리스트에 추가하기
    print(f 'w 값이 {w}일때 MSE 값: {sum:.3f}')
print(result)  # sum값을 추가한 리스트 출력하기
```

```
w 값이 0.0일때 MSE 값: 2.500
w 값이 0.2일때 MSE 값: 1.377
w 값이 0.4일때 MSE 값: 0.607
w 값이 0.6일때 MSE 값: 0.190
w 값이 0.8일때 MSE 값: 0.127
w 값이 1.0일때 MSE 값: 0.417
w 값이 1.2일때 MSE 값: 1.060
w 값이 1.4일때 MSE 값: 2.057
w 값이 1.6일때 MSE 값: 3.407
[2.5, 1.377, 0.607, 0.19, 0.127, 0.417, 1.06, 2.057, 3.407]
```

w값에 따른 MSE값의 변화 나타내기

• w값에 따른 MSE값의 변화를 산점도로 나타내기

```
import matplotlib.pyplot as plt
plt.scatter(w_range, result)
plt.xlabel('w')
plt.ylabel('MSE')
plt.show()
```

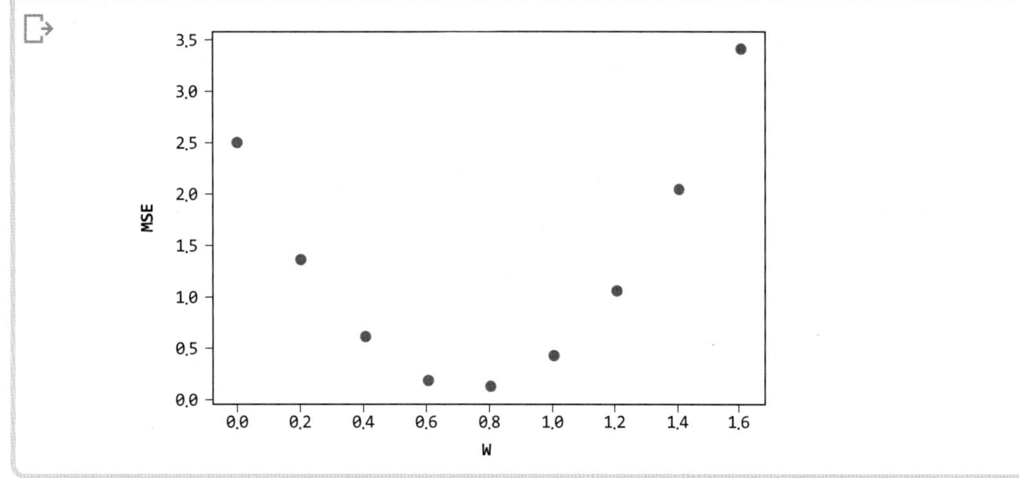

성능이 가장 좋은 w값에 ○를 표시해 보세요.

y_hat = wx + b에서 w값을 1로 고정하고, b값을 0~2까지 0.3 단위로 변하는 경사 하강법을 실습해 봅시다. b값이 얼마일 때 성능이 가장 좋을까요?

Linear Regression 문제 해결 과정

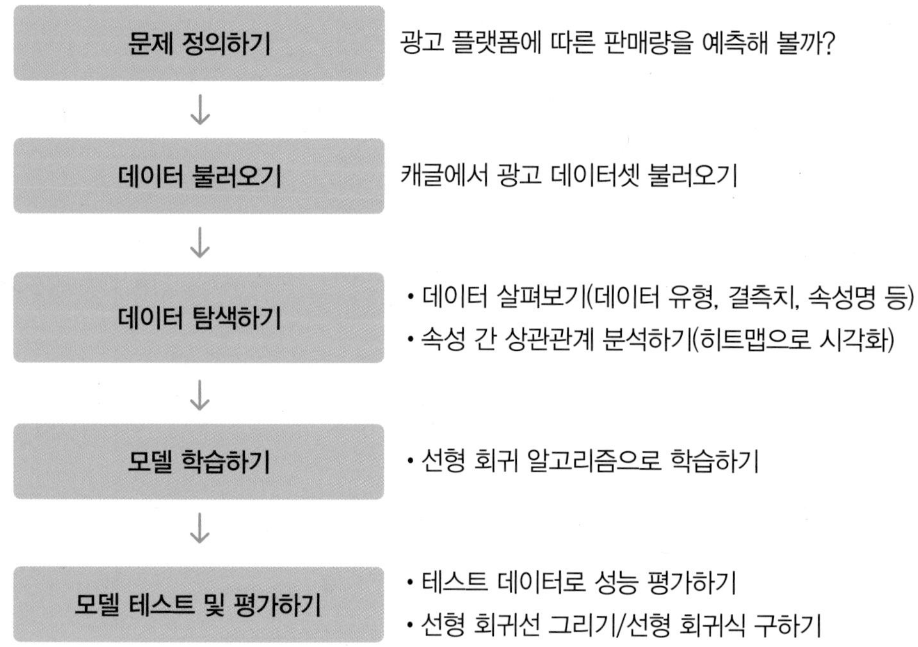

우리가 탐색한 정보

1. 이 활동에 필요한 데이터셋은 무엇이고, 이 데이터셋은 어디에서 수집할 수 있었나요?

   ▶ 데이터셋은 광고 데이터셋으로, 캐글에서 다운로드할 수 있습니다.

2. 모델 학습에 사용한 알고리즘은 무엇이었나요?

   ▶ 선형 회귀 알고리즘을 사용합니다. 선형 회귀는 회귀에서 가장 일반적인 알고리즘입니다. 단순 선형 회귀와 다중 선형 회귀가 있으며 단순 선형 회귀는 직선을 그려 연속적인 값을 예측하는 방법입니다.

3. 선형 회귀 모델 성능을 나타내는 성능 평가 지표는 무엇이었나요?

   ▶ 테스트 데이터의 예측값과 실젯값을 비교하여 얼마나 차이가 나는지를 평가하는 지표로 평균 제곱 오차와 결정계수를 산출합니다.

4. 이 활동에서 새롭게 알게 된 정보는 무엇이었나요?

   ▶ 경사 하강법(Gradient descent): 선형 회귀 알고리즘에서 실젯값과 예측값 사이의 오차를 최소화할 수 있는 이상적인 값을 찾는 방법입니다. 한 번에 오차를 최소화할 수 없기에 여러 번 반복을 통해 이상적인 값을 찾습니다.

단순 선형 회귀

소스 코드는 씨마스 에듀 홈페이지와 구글 드라이브에서 제공합니다.


```
from google.colab import files
filename = list(files.upload().keys())[0]

import pandas as pd
advertising = pd.read_csv(filename)
advertising.sample(3)

advertising.info()

advertising.describe().T

corrMatrix = advertising.corr()
corrMatrix

import seaborn as sns
import matplotlib.pyplot as plt
sns.heatmap(corrMatrix, cmap = 'RdPu', annot = True)
plt.show()

corr_sort = corrMatrix[['Sales']].sort_values(by = 'Sales', ascending = False)
corr_sort

heatmap = sns.heatmap(corr_sort, annot = True, cmap = 'YlGn')
heatmap.set_title('Features Correlating with Sales')
plt.show()

sns.pairplot(data = advertising, X_vars = ['TV', 'Radio', 'Newspaper'], y_vars = ['Sales'], height = 5,
             kind = 'reg')

# (1) 단순 선형 회귀
X_data1 = advertising[['TV']]
y_data1 = advertising['Sales']
display(X_data1)
display(y_data1)

from sklearn.preprocessing import StandardScaler
scaler = StandardScaler()
X_scaled1 = scaler.fit_transform(X_data1)
X_scaled1
from sklearn.model_selection import train_test_split
```

배운 내용 정리하기

단순 선형 회귀

```
X_train1, X_test1, y_train1, y_test1 = train_test_split(X_scaled1, y_data1, test_size = 0.3,
                                                        random_state = 10)
print(X_train1.shape, X_test1.shape, y_train1.shape, y_test1.shape)

from sklearn.linear_model import LinearRegression
lr_model1 = LinearRegression()  # 선형 회귀 모델 생성
lr_model1.fit(X_train1, y_train1)  # 선형 회귀 모델 학습

y_pred1 = lr_model1.predict(X_test1)
c = [i for i in range(1, 61, 1)]
plt.plot(c, y_test1, color = 'r')  # 실젯값
plt.plot(c, y_pred1, color = 'b')  # 예측값
plt.xlabel('index')  # X축 이름
plt.ylabel('Sales')  # Y축 이름
plt.title('Prediction')  # 그래프 제목
plt.show()

error = y_test1 - y_pred1  # 실젯값 - 예측값
plt.plot(c, error, color = 'g')
plt.xlabel('index')
plt.ylabel('error(residual)')
plt.title('Error')
plt.show()

from sklearn.metrics import mean_squared_error
from sklearn.metrics import r2_score
print(f 'MSE: {mean_squared_error(y_test1, y_pred1):.2f}')  # 평균 제곱 오차(MSE)
print(f 'r2_score: {r2_score(y_test1, y_pred1):.2f}')  # 결정계수(R²)

plt.scatter(X_scaled1, y_data1, color = 'red', label = 'scatter plot')
plt.plot(X_test1, y_pred1, color = 'blue', linewidth = 2, label = 'Regression Line')
plt.show()

# Slopes Coefficients(기울기 계수)
w1 = lr_model1.coef_  # 기울기
print(f'slopes of Radio: {w1[0]:.2f}')

# Intercept(절편)
b1 = lr_model1.intercept_  # y 절편
print('Intercept is: ', b1.round(2))
```

소스 코드 다중 선형 회귀


```
# (2) 다중 선형 회귀
X_data2 = advertising.drop(['Sales'],axis = 1)  # 독립변수
y_data2 = advertising['Sales']  # 종속변수

from sklearn.preprocessing import StandardScaler
scaler = StandardScaler()
X_scaled2 = scaler.fit_transform(X_data2)

from sklearn.model_selection import train_test_split
X_train2, X_test2, y_train2, y_test2 = train_test_split(X_scaled2, y_data2, test_size = 0.3,
                                                        random_state = 10)
print(X_train2.shape, X_test2.shape, y_train2.shape, y_test2.shape)

from sklearn.linear_model import LinearRegression
lr_model2 = LinearRegression()
lr_model2.fit(X_train2, y_train2)  # 훈련 데이터

mlr = pd.DataFrame({'Actual_value': y_test2,
                    'Model prediction':lr_model2.predict(X_test2)})
mlr.head()

# 예측값과 실젯값의 시각화
y_pred2 = lr_model2.predict(X_test2)
c = [i for i in range(1, 61, 1)]
plt.plot(c, y_test2, color = 'r')
plt.plot(c, y_pred2, color = 'b')
plt.xlabel('index')
plt.ylabel('Sales')
plt.title('Prediction')
plt.show()

error2 = y_test2 - y_pred2
plt.plot(c, error2, color = 'g')
plt.xlabel('index')
plt.ylabel('error(residual)')
plt.title('Error')
plt.show()
```

```python
print(f 'MSE: {mean_squared_error(y_test2, y_pred2):.2f}')
print(f 'r2_score: {r2_score(y_test2, y_pred2):.2f}')

# Slopes Coefficients(기울기계수)
w2 = lr_model2.coef_
print(f 'slopes of TV: {w2[0]:.2f}')
print(f 'slopes of Radio: {w2[1]:.2f}')
print(f 'slopes of Newspaper: {w2[2]:.2f}')

# Intercept(절편)
b2 = lr_model2.intercept_
print('Intercept is: ', b2.round(2))
```

지금까지 선형 회귀(Linear Regression)를 살펴보았습니다.

선형 회귀는 데이터를 가장 잘 설명하는 직선으로, 종속변수와 독립변수와의 선형 상관관계를 모델링하는 기법입니다. 선형 회귀에서 독립변수의 개수가 1개인 경우를 단순 선형 회귀, 2개 이상인 경우를 다중 선형 회귀라고 합니다.

이 활동에서는 광고 플랫폼에 따른 판매량을 예측하기 위하여 TV 광고비와 판매량에 대한 단순 선형 회귀 방법과 TV, Radio, Newspaper 광고비와 판매량에 대한 다중 선형 회귀 방법을 모두 다루어 보았습니다. 히트맵과 pairplot( ) 메소드를 이용한 시각화를 통하여 TV 광고비와 판매량이 강한 양의 상관관계가 있음을 확인할 수 있었으며, 실젯값과 예측값의 차이인 오차(error)를 그래프로 시각화하여 확인하였습니다.

성능 평가 지표로 평균 제곱 오차(MSE)와 결정계수(R^2)를 살펴보았을 때, 단순 선형 회귀보다 다중 선형 회귀의 성능이 좀 더 향상되었음을 보았습니다. 최적의 선형 회귀식을 구하기 위해서 오차를 최소화하는 이상적인 가중치(w) 값을 구하는 경사 하강법을 구현해 보며 마무리하였습니다.

Logistic Regression

회귀의 변신

스팸일까 아닐까?

이번 활동에서는 로지스틱 회귀(Logistic Regression) 알고리즘을 이용하여 스팸 데이터셋에서 스팸 문자를 분류해 봅시다. 스팸 문자 속에 숨겨진 패턴을 발견하여 분류해 내는 인공지능 모델을 만들어 보겠습니다.

이 장에서는 다음의 순서로 살펴봅시다.

- 맛보기 — 로지스틱 회귀의 이해
- 문제 해결하기
  - 문제 정의하기 — 스팸 문자일까요? 아닐까요?
  - 데이터 불러오기 — 캐글에서 스팸(Spam) 데이터셋 불러오기
  - 데이터 처리하기
    - 데이터 살펴보기
    - 데이터 시각화하기
    - 데이터 전처리하기
  - 모델 학습하기 — 로지스틱 회귀로 학습하기
  - 모델 테스트 및 평가하기 — 테스트 데이터로 평가하기
- 더 자세히 — 로짓 변환과 딥러닝의 원리 기초

맛보기 로지스틱 회귀의 이해

로지스틱 회귀란?

로지스틱 회귀는 종속변수가 0과 1과 같은 이진 분류에 많이 사용하는 분석 방법입니다. 예를 들어, 와인의 평균 온도에 따라 와인 품질 평가가 합격인지 아닌지를 판단하는 경우를 살펴보겠습니다. 다음 표는 평균 온도(x)와 범주형 종속변수인 와인 품질 합격 유무(y)를 나타냅니다.

평균 온도(x)	와인 품질 평가(y)
25	합격(1)
24.5	합격(1)
20.8	불합격(0)
18.2	불합격(0)
⋮	⋮

왼쪽 표와 같이 y값이 0과 1로 이루어진 데이터를 선형 회귀로 표현하면 아래 그림의 (a)처럼 그릴 수 있습니다. 그러나 (a)는 데이터와 직선 간의 오차가 매우 커서 데이터의 분포를 제대로 파악하기 힘듭니다. 이때 선형 회귀에 로짓(logit) 변환하면 종속변수가 범주형으로 변환되어 0 또는 1로 표현할 수 있는 분류 문제를 해결할 수 있습니다. 이를 그래프로 표현하면 (b)와 같습니다.

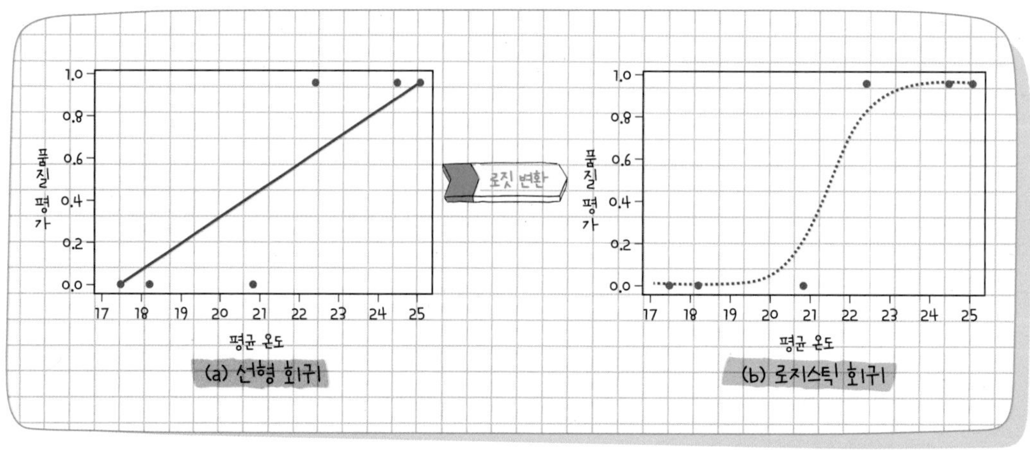

(a) 선형 회귀
(b) 로지스틱 회귀

앞서 학습한 선형 회귀는 독립변수와 종속변수 사이의 선형적 관계를 그래프로 나타낸 것이라면, 로지스틱 회귀는 독립변수와 종속변수 사이의 관계를 선형이 아닌 S자 곡선의 특성으로 나타냅니다. 데이터를 잘 예측하기 위해서는 직선이 아니라 S자 모양의 곡선이 필요합니다. S자 모양의 곡선은 직선보다 오차가 작고 데이터의 분포를 잘 파악하는 곡선이기 때문입니다. 이렇게 직선을 S자 모양의 곡선으로 변환하는 것을 로짓 변환이라고 합니다. 즉, 로지스틱 회귀는 직선이 선형 회귀를 S자 곡선의 형태로 바꿔 주는 로짓 변환을 통해 이진 분류의 문제를 해결할 수 있습니다.

로짓 변환은 〈더 자세히〉에서 알아보아요.

"로지스틱 회귀는 종속변수가 범주형이며 0 또는 1인 경우에 사용, 선형 회귀에 로짓 변환하여 분류 문제를 해결할 수 있다."

로지스틱 함수

로지스틱 함수는 일반적으로 S자 모양의 곡선을 나타내는 수학 함수로 쓰임새가 많아 통계학, 딥러닝, 생물학 등 여러 분야에서 사용합니다. 앞서 말한 것처럼 로지스틱 함수의 출력값은 보통 0과 1 사이의 값을 갖습니다.

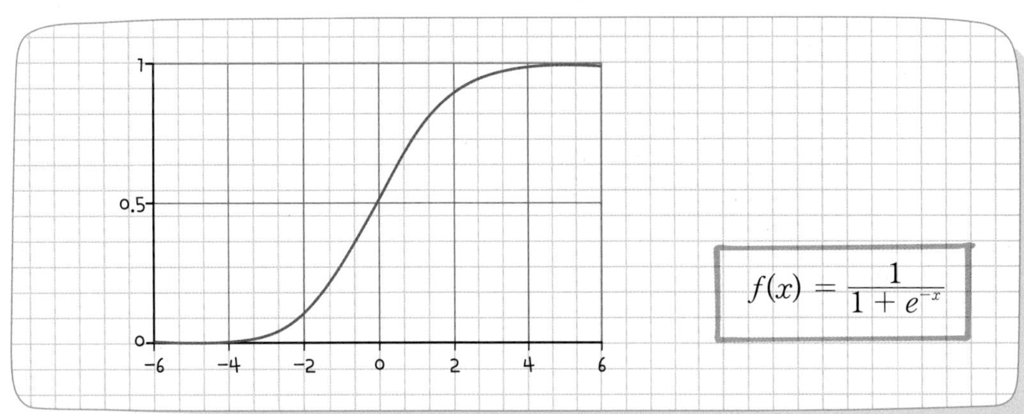

$$f(x) = \frac{1}{1 + e^{-x}}$$

로지스틱 회귀 알고리즘

로지스틱 회귀 알고리즘으로 와인 품질 데이터셋에서 와인의 고정 산도(x_1), 잔여 설탕의 양(x_2), 와인의 밀도(x_3)로 와인의 품질(y)을 분류해 보자.

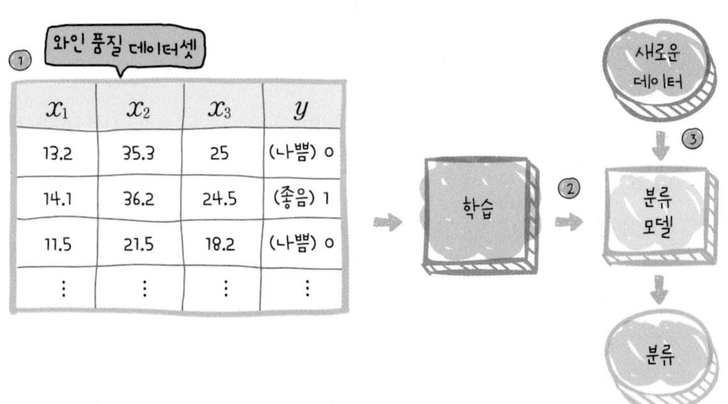

x_1	x_2	x_3	y
13.2	35.3	25	(나쁨) 0
14.1	36.2	24.5	(좋음) 1
11.5	21.5	18.2	(나쁨) 0
⋮	⋮	⋮	⋮

① 와인 품질 데이터셋은 3개의 독립변수와 한 개의 종속변수로 이루어져 있다.

② 데이터를 학습시켜, 와인 품질을 분류하는 로지스틱 회귀 모델을 생성한다.

③ 새로운 데이터로 와인 품질을 분류한다.

Ⅰ 문제 정의하기

문제 상황 이해하기

스팸 문자일까요? 아닐까요?

우리의 메일함에 무수히 쏟아지는 광고성 스팸 메일은 정작 필요한 메일을 구분할 수 없게 만들기도 합니다. 그리고 불법적인 이득을 취하려는 목적을 가진 피싱 스팸 메일은 발신자가 원하는 행동을 유도하여 수신자에게 직접적인 피해를 줄 수도 있습니다. 이렇게 갈수록 교묘해지는 스팸 메일은 스팸 메일 속에 존재하는 문자의 패턴을 발견해 인공지능으로 분류해 내고 있습니다.

이번 활동에서는 스팸 문자를 구분해 내는 방법을 학습해 봅시다.

문제 해결에 필요한 정보 살펴보기

문제 해결 과정에서 필요한 정보를 미리 살펴봅시다.

1. 이 활동에 필요한 데이터셋은 무엇이고, 이 데이터셋은 어디에서 수집할 수 있나요?

   데이터셋은 스팸 데이터셋으로, 캐글에서 다운로드할 수 있습니다.

2. 모델 학습에 사용할 알고리즘은 무엇인가요?

   로지스틱 회귀 알고리즘을 사용합니다. 로지스틱 회귀는 결괏값을 0에서 1 사이의 범위로 예측하여 분류합니다.

3. 모델 학습을 위해 어떤 처리를 해야 할까요?

   데이터는 텍스트 데이터로 구성되어 있습니다. 텍스트 데이터의 시각화 방법인 워드 클라우드를 사용하고, 학습시키기 위해 텍스트를 숫자로 바꾸는 벡터 변환을 사용합니다.

2 데이터 불러오기

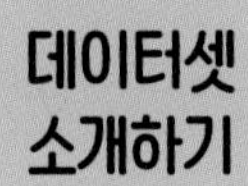

데이터셋 소개하기

이번 활동에서 사용할 스팸 데이터셋은 ham과 spam 레이블로 이루어진 속성과 텍스트 문자열로 이루어진 속성을 포함하고 있습니다.

스팸 데이터셋의 속성을 미리 살펴보면 아래와 같습니다.

	v1	v2	Unnamed: 2	Unnamed: 3	Unnamed: 4
0	ham	Go until jurong point, crazy.. Available only ...	NaN	NaN	NaN
1	ham	Ok lar... Joking wif u oni...	NaN	NaN	NaN
2	spam	Free entry in 2 a wkly comp to win FA Cup fina...	NaN	NaN	NaN
3	ham	U dun say so early hor... U c already then say...	NaN	NaN	NaN
4	ham	Nah I don't think he goes to usf, he lives aro...	NaN	NaN	NaN

스팸 데이터셋 다운로드하기

1 스팸 데이터셋은 캐글(kaggle.com)에서 수집할 수 있습니다. 캐글의 검색창에 'spam'을 입력한 후 결과 중 'SMS Spam Collection Dataset'을 선택합니다.

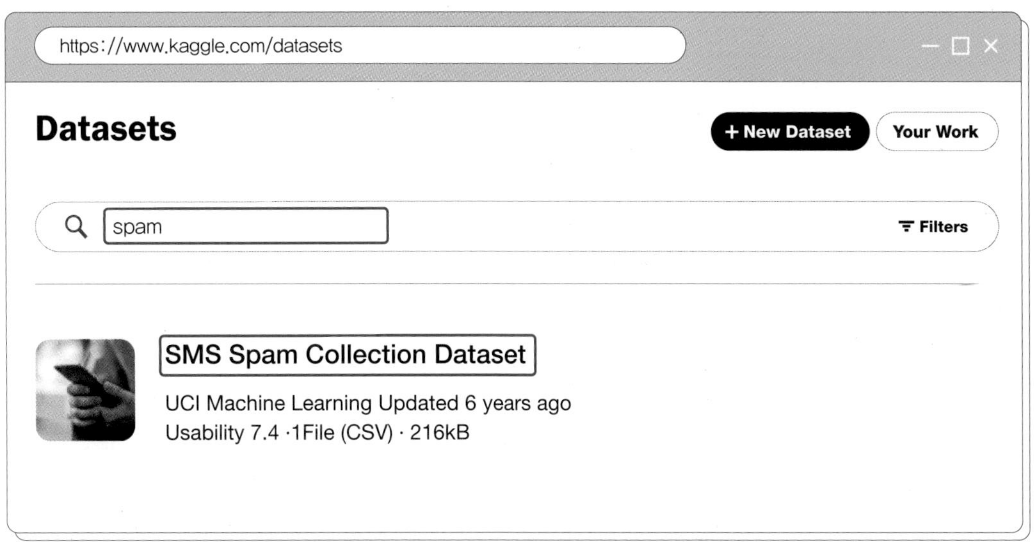

2 하단의 데이터셋 미리보기 부분에서 다운로드 아이콘( )을 클릭하면 자신의 컴퓨터에 다운로드되고, 다운로드된 파일의 압축을 풀면 'spam.csv' 파일을 확인할 수 있습니다.

2 데이터 불러오기

데이터셋 불러오기

다운로드한 스팸 데이터셋을 코랩의 파일 업로드 기능을 이용하여 구글 드라이브에 업로드합니다.

파일 업로드하기

1 아래의 코드를 실행한 후 [파일 선택] 버튼을 클릭하고, 다운로드한 'spam.csv' 파일을 선택하여 업로드합니다.

```
from google.colab import files
filename = list(files.upload().keys())[0]
```

```
파일 선택  선택된 파일 없음          Cancel upload
```

2 업로드가 완료되면 'spam.csv로 저장되었다'는 안내 메시지가 출력됩니다.

```
파일 선택  spam.csv
•spam.csv(text/csv)-489242 bytes, last modified: 2023. 7. 1.-100% done
Saving spam.csv to spam.csv
```

파일 읽어 들이기

3 판다스 라이브러리를 이용하여 파일을 데이터프레임으로 읽어 들입니다. 이제 불러온 스팸 데이터셋을 sms라는 이름으로 사용하고, 최상위 5개의 데이터를 출력해 보겠습니다.

'latin-1'은 csv 파일에 사용되는 문자 인코딩 방식으로 텍스트가 깨지지 않게 하기 위함입니다.

```
import pandas as pd
sms = pd.read_csv(filename, encoding = 'latin - 1')  # CSV 파일을 읽어오기
sms.head()  # 데이터 상단의 5개 데이터 출력하기
```

	v1	v2	Unnamed: 2	Unnamed: 3	Unnamed: 4
0	ham	Go until jurong point, crazy.. Available only ...	NaN	NaN	NaN
1	ham	Ok lar... Joking wif u oni...	NaN	NaN	NaN
2	spam	Free entry in 2 a wkly comp to win FA Cup fina...	NaN	NaN	NaN
3	ham	U dun say so early hor... U c already then say...	NaN	NaN	NaN
4	ham	Nah I don't think he goes to usf, he lives aro...	NaN	NaN	NaN

해석

스팸 데이터셋을 확인해 보면 5개의 속성으로 이루어져 있습니다. 이 속성에는 ham과 spam 레이블로 이루어진 v1 열과 SMS 텍스트 문자열을 포함하는 v2 열을 확인할 수 있습니다.

3 데이터 처리하기

데이터 살펴보기

데이터를 불러온 후 어떤 속성이 포함되어 있는지, 각 속성의 값은 어떤 유형의 데이터인지, 불필요한 데이터는 없는지 등을 파악합니다.

```
데이터프레임 객체.drop(데이터프레임 객체.columns[[열의 번호]], axis = 1, inplace = True)
# drop( ) 함수는 데이터프레임에서 한 개 이상의 열 삭제

데이터프레임 객체.rename(columns = {'현재 칼럼명':'새로운 칼럼명', …}, inplace = True)
# rename( ) 함수는 칼럼명을 변경할 때 사용
```

axis=1은 열을 의미하고, inplace=True는 변경된 내용을 원본 데이터에 바로 반영한다는 의미입니다.

불필요한 열 삭제하기

1 3개의 불필요한 Unnamed 열을 삭제하고, v1, v2의 열 이름을 'target'과 'message'로 변경합니다.

```
sms.drop(sms.columns[[2, 3, 4]], axis = 1, inplace = True)
sms.rename(columns = {'v1':'target', 'v2':'message'}, inplace = True)
sms.head()
```

	target	message
0	ham	Go until jurong point, crazy.. Available only ...
1	ham	Ok lar... Joking wif u oni...
2	spam	Free entry in 2 a wkly comp to win FA Cup fina...
3	ham	U dun say so early hor... U c already then say...
4	ham	Nah I don't think he goes to usf, he lives aro...

데이터 통계량 살펴보기

2 판다스 라이브러리의 info( ) 메소드를 사용하여 데이터 기초 정보를 확인해 봅시다.

```
sms.info()
```

```
<class 'pandas.core.frame.DataFrame'>
RangeIndex: 5572 entries, 0 to 5571
Data columns (total 2 columns):
 #   Column    Non-Null Count   Dtype
---  ------    --------------   -----
 0   target    5572 non-null    object
 1   message   5572 non-null    object
dtypes: object(2)
memory usage: 87.2+ KB
```

속성명	설명
target	ham 또는 spam을 나타내는 레이블 속성
message	SMS 텍스트 내용

해석

스팸 데이터셋은 총 5,572개의 데이터로 구성되어 있고, 불필요한 데이터를 삭제하여 최종 속성은 2개입니다. 결측치가 없는 데이터 수는 5,572개로 총 데이터 수와 같습니다. 속성별 데이터 유형은 모두 문자형(object)으로 구성되어 있습니다.

데이터 시각화하기

워드 클라우드 표현하기

message 속성의 텍스트 내용에서 단어 빈도수를 파악하여 어떤 단어의 중요도가 높은지 워드 클라우드로 시각화해 보겠습니다.

워드 클라우드(word cloud)는 시각적으로 강조하기 위해 중요도를 글자의 색상이나 굵기 등의 형태로 표현합니다. 보통 중요도는 단어의 빈도수를 이용하며, 단어의 빈도수가 많으면 글자의 크기가 커지고, 빈도수가 작으면 글자의 크기가 작아지는 방법입니다.

```
WordCloud(colormap, width, height, max_words).generate(생성 대상)
# max_words가 50이면 빈도수 상위 50개만 출력
# 이밖에 max_font_size, min_font_size와 같은 속성도 사용 가능
```

1 필요한 워드 클라우드 라이브러리와 맷플롯립 라이브러리를 불러옵니다.

```
from wordcloud import WordCloud
import matplotlib.pyplot as plt
```

spam 워드 클라우드

2 워드 클라우드에 사용할 문장은 target 속성값이 'spam'일 때의 message 속성의 텍스트를 합친 문장으로 만들어 봅시다.

```
' '.join()  # 띄어쓰기 단위(' ')로 문자열을 합치는 함수입니다.
```

```
spam_words = ' '.join(sms.loc[sms['target'] == 'spam']['message'])
```

(① sms['target'] == 'spam' ② sms.loc[...] ③ [...]['message'] ④ ' '.join(...))

보충 문자열 합치는 과정 알아보기

위의 코드에 대한 이해를 돕기 위해 아래와 같이 간단한 예시를 들어, 단계별로 알아봅시다.

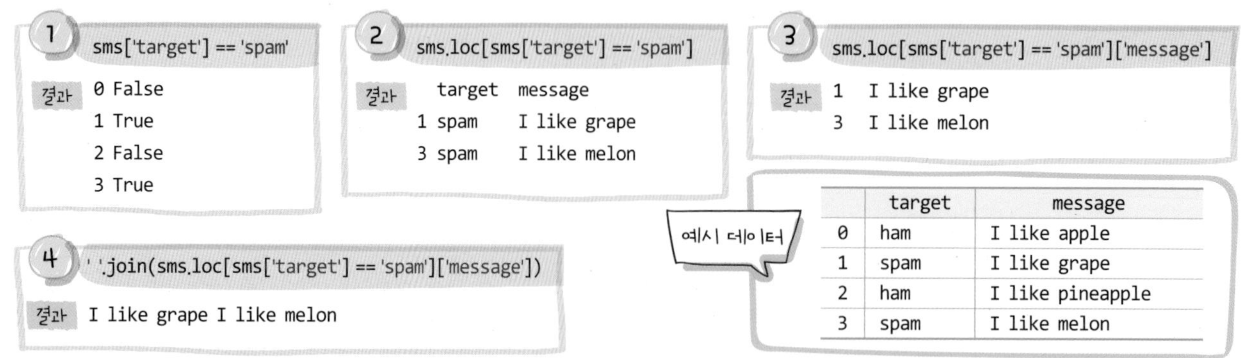

① `sms['target'] == 'spam'`

결과
```
0 False
1 True
2 False
3 True
```

② `sms.loc[sms['target'] == 'spam']`

결과
```
  target  message
1 spam    I like grape
3 spam    I like melon
```

③ `sms.loc[sms['target'] == 'spam']['message']`

결과
```
1  I like grape
3  I like melon
```

④ `' '.join(sms.loc[sms['target'] == 'spam']['message'])`

결과
```
I like grape I like melon
```

예시 데이터

	target	message
0	ham	I like apple
1	spam	I like grape
2	ham	I like pineapple
3	spam	I like melon

3 합친 문장을 워드 클라우드로 출력해 봅시다.

```
spam_wc = WordCloud(colormap = 'plasma', max_words = 50).generate(spam_words)
plt.figure(figsize = (24, 6))  # 그림의 너비와 높이(인치)
plt.axis('off')  # x, y축의 눈금 제거하기
plt.imshow(spam_wc)  # 워드 클라우드 출력하기
```

a, u, c와 같이 한 글자나 it, I, you와 같은 주어는 불용어이므로 제거해 주는 것이 원칙이지만, 이 활동에서는 고려하지 않았습니다.

해석

target 속성값이 'spam'일 때의 message 속성값을 합친 문장을 워드 클라우드로 출력했더니 FREE, call, text와 같은 단어가 많이 등장함을 알 수 있습니다. 랜덤으로 발생합니다.

ham 워드 클라우드

4 같은 방법으로 target 속성값이 'ham'일 때의 message 속성의 텍스트를 합친 문장으로 만들어 워드 클라우드로 출력해 봅시다.

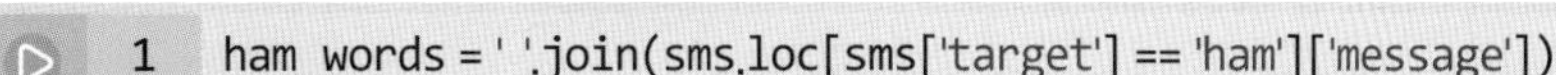

```
ham_words = ' '.join(sms.loc[sms['target'] == 'ham']['message'])
ham_wc = WordCloud(colormap = 'plasma', max_words = 50).generate(ham_words)
plt.figure(figsize = (24, 6))
plt.axis('off')
plt.imshow(ham_wc)
```

I, it, u와 같은 단어는 불용어로 제거하여 해야 하지만, 이 활동에서는 고려하지 않았습니다.

해석

target 속성값이 'ham'일 때를 워드 클라우드로 출력하면 will, go, ok와 같은 단어가 많이 등장함을 알 수 있습니다. 랜덤으로 발생합니다.

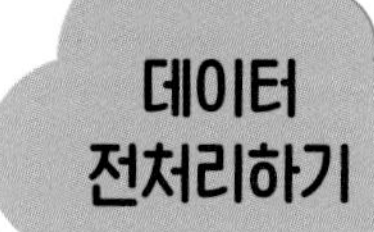

머신러닝 모델을 학습시키기 위해서는 텍스트를 숫자로 바꾸는 데이터 전처리가 필요합니다.

텍스트를 숫자로 변환하기

단어의 빈도수에 따라 여러 문장을 숫자로 변환하는 방법은 사이킷런 라이브러리에서 제공하는 단어 카운트(CountVectorizer)를 이용합니다. 전체 텍스트에서 생성되는 고유 단어의 빈도수를 기준으로 주어진 문장을 벡터로 변환하는 데 사용됩니다.

단어별로 분리한 후 빈도수에 따라 숫자로 표현한 형태를 독립변수인 feature로 사용합니다.

```
CountVectorizer(max_features = 값)
# max_feature = 2500을 넣으면 최대 단어의 개수가 2500으로 제한한다는 의미

단어 카운트 객체.fit_transform(feature).toarray()
# feature 속성으로부터 각 단어의 빈도수를 배열 형태로 변환
```

예를 들어, 아래와 같이 3개의 문장이 있을 때, 3개의 문장 안에 들어 있는 단어의 종류는 [good, movie, not, a, did, like]이다. 각 문장에서 해당 단어가 포함되는 개수를 숫자로 표시한 단어 카운트는 오른쪽 표와 같습니다.

	good	movie	not	a	did	like
document[0]	2	1	0	0	0	0
document[1]	1	1	1	1	0	0
document[2]	0	0	1	0	1	1

이처럼 단어 카운트(CountVectorizer)는 고유 단어를 열로 표시하고, 각 문장은 행으로 표시하여 행렬로 만듭니다. 이때 행렬값은 문자열로 저장되지 않고, 특정 인덱스 값으로 지정됩니다. 예를 들어, 'good'은 인덱스 0, 'movie'는 인덱스 1, … 이며, 아래 표처럼 표현됩니다.

	0 (good)	1 (movie)	2 (not)	3 (a)	4 (did)	5 (like)
0	2	1	0	0	0	0
1	1	1	1	1	0	0
2	0	0	1	0	1	1

1 문서의 단어별 빈도수를 수치화하기 위해 단어 카운트 라이브러리를 불러옵니다.

```
from sklearn.feature_extraction.text import CountVectorizer
```

2 문자열을 수치화합니다.

```
X = sms['message']  # feature(독립변수 X)
y = sms['target']  # target(종속변수 y)
cv = CountVectorizer(max_features = 2500)
X = cv.fit_transform(X).toarray()  # 텍스트(단어) 수치화(배열 형태)
X  # 독립변수 출력하기
```

```
array([[0, 0, 0, ..., 0, 0, 0],
       [0, 0, 0, ..., 0, 0, 0],
       [0, 0, 0, ..., 0, 0, 0],
       ...,
       [0, 0, 0, ..., 0, 0, 0],
       [0, 0, 0, ..., 0, 0, 0],
       [0, 0, 0, ..., 0, 0, 0]])
```

해석

문자열로 이루어진 message 속성의 텍스트를 입력받아 fit_transform( ) 메소드를 사용하여 단어를 수치화합니다.

훈련 데이터와 테스트 데이터 나누기

스팸 데이터셋을 모델 학습에 사용할 훈련용 데이터와 모형 성능 평가에 사용할 테스트용 데이터로 나눕니다. 여기서는 훈련 데이터와 테스트 데이터를 9:1 비율로 나눕니다.

random_state를 지정하지 않으면 코드를 실행할 때마다 새로운 무작위 값이 생성되어, 훈련 및 테스트 데이터는 매번 다른 값을 갖게 돼요. 그러나 random_state = 0, 1, 42 또는 다른 정수와 같은 고정값을 지정하면 코드를 몇 번 실행해도 결과는 동일합니다.

```
from sklearn.model_selection import train_test_split
X_train, X_test, y_train, y_test = train_test_split(X, y, test_size = 0.1,
                                                    random_state = 0)
print(X_train.shape, X_test.shape, y_train.shape, y_test.shape)
```

```
(5014, 2500) (558, 2500) (5014, ) (558, )
```

해석

독립변수 X, 종속변수 y로부터 훈련 데이터 : 테스트 데이터 = 9 : 1로 분할하였습니다. 따라서 훈련용 데이터의 개수는 5014, 테스트용 데이터의 개수는 558개입니다. 데이터를 추출하는 패턴(random_state)은 0으로 고정값을 지정하여 코드를 몇 번 실행해도 결과가 동일하게 나오도록 하였습니다.

4 모델 학습하기

모델 생성하기

분류를 위한 머신러닝 모델에는 다양한 종류가 있으며 각 모델마다 데이터를 학습하는 방식과 분류 정확도가 조금씩 다릅니다. 이 활동에서는 스팸인지 아닌지를 이진 분류하기 위해 '로지스틱 회귀' 모델을 사용합니다. 로지스틱 회귀 라이브러리를 불러오는 방법은 사이킷런 라이브러리를 사용하면 아주 간단합니다.

1 사이킷런 라이브러리에서 로지스틱 회귀 라이브러리를 불러옵니다.

```
from sklearn.linear_model import LogisticRegression
```

2 사이킷런 라이브러리에서 제공하는 LogisticRegression( )을 통해 로지스틱 회귀 모델을 생성합니다. 앞으로 생성한 모델을 LR_model이라는 이름으로 사용하겠습니다. 여기서 생성한 모델은 사람에 비유하면 아직 학습하지 않은 뇌 구조에 해당합니다.

```
LR_model = LogisticRegression(solver = 'liblinear')
```

```
LogisticRegression(solver = 'liblinear')
# solver는 모델의 최적화에 사용할 알고리즘 지정
# 'liblinear'는 작은 데이터셋에 적합한 경사 하강법 기반의 최적화 알고리즘
# 작은 데이터셋에서 이진 분류 또는 다중 클래스 분류 문제에 로지스틱 회귀 모델을 학습할 때 사용하는 옵션
```

훈련 데이터로 모델 학습하기

이제 훈련 데이터를 사용하여 모델을 학습시켜 제 기능을 할 수 있도록 하겠습니다. 머신러닝에서 모델 학습을 할 때 모델이 학습할 훈련 데이터(독립변수)와 훈련 데이터의 레이블(종속변수)을 설정해야 합니다.

X_train을 훈련 데이터로, y_train을 훈련 데이터의 레이블로 설정합니다. fit() 함수를 사용하면 쉽게 학습할 수 있습니다.

```
LR_model.fit(X_train, y_train)  # 훈련 데이터
```

훈련용 독립변수로 훈련시킨 후, 훈련용 종속변수로 얼마나 학습을 잘했는지 확인해 봅시다.

5 모델 테스트 및 평가하기

테스트 및 평가하기

accuracy_score() 함수를 사용하여 테스트 데이터의 독립변수값을 넣어 실제 테스트 데이터의 종속변숫값과 예측값이 얼마나 일치하는지 정확도를 확인합니다.

먼저 테스트 데이터(X_test)를 사용하여 예측값을 생성합니다.

```
from sklearn.metrics import accuracy_score
y_pred = LR_model.predict(X_test)  # 테스트 데이터 예측값
```

•정확도 계산
(464+82)/cm.sum( )
0.978494623655914

생성한 예측값과 실젯값 사이의 정확도를 계산합니다.

```
print('Accuracy:{:.3f}'.format(accuracy_score(y_test, y_pred)))
```

```
Accuracy:0.978
```

해석

테스트 데이터를 예측할 샘플 데이터로 입력하여 클래스 레이블을 예측하여 벡터로 나타냅니다. 테스트 데이터의 클래스 레이블과 예측한 클래스 레이블과는 약 98% 일치합니다.

혼동 행렬 출력하기

예측 결과 분포를 표로 정리하여 쉽게 알아볼 수 있는 혼동 행렬은 사이킷런 내에서 confusion_matrix() 함수로 지원합니다.

```
from sklearn.metrics import confusion_matrix
cm = confusion_matrix(y_test, y_pred)
cm
```

```
array([[464,   1],
       [ 11,  82]])
```

혼동 행렬은 랜덤 포레스트에서 다루었어요. 120쪽을 참고하세요.

해석

혼동 행렬		예측	
		True	False
실제	True	TP 464	FN 1
	False	FP 11	TN 82

$$\text{정확도} = \frac{TP + TN}{TP + FP + FN + TN} = \frac{464 + 82}{464 + 1 + 11 + 82} \fallingdotseq 0.98$$

$$\text{정밀도} = \frac{TP}{TP + FP} = \frac{464}{464 + 11} \fallingdotseq 0.98$$

$$\text{재현율} = \frac{TP}{TP + FN} = \frac{464}{464 + 1} \fallingdotseq 0.998$$

정확도(accuracy)는 모델이 실제로 True인 경우를 True로 예측하고, 실제로 False인 경우를 False로 예측한 비율로 테스트 데이터의 정확도는 accuracy_score 함수를 이용하여 구한 값과 같이 0.98입니다. 그리고 정밀도(precision)는 모델이 True라고 분류한 것 중 실제 True인 비율이며, 재현율(recall)은 실제 True인 것 중 모델이 True로 예측한 비율입니다. 정밀도와 재현율은 서로 상호 보완적으로 사용할 수 있으며, 두 지표가 모두 높을수록 좋은 모델입니다.

더 자세히

로짓 변환과 딥러닝의 원리 기초

오즈

로지스틱 회귀는 오즈(odds)를 로짓(logit) 변환하여 얻을 수 있습니다. 로지스틱 회귀에서 사용되는 주요 용어에는 오즈(odds), 로짓(logit), 로그 오즈(log odds)가 있습니다. 그럼 먼저 오즈에 대해서 알아보도록 하겠습니다.

승산이란 특정 결과의 가능성을 나타냅니다.

오즈(odds)란 단순한 확률을 나타내는 것이 아닌 어느 정도의 승산이 있는지를 나타냅니다.

예를 들어, 야구 선수가 10번의 경기를 하였고, 그중 7번은 이기고 3번은 졌다고 합시다. 경기에서 이길 확률은 전체 경기 횟수에 대한 이긴 경기 횟수의 비율로 0.7입니다. 반면, 경기에서 이길 승산을 비율로 나타내면 진 경기 횟수에 대한 이긴 경기 횟수의 기댓값으로 2.33입니다.

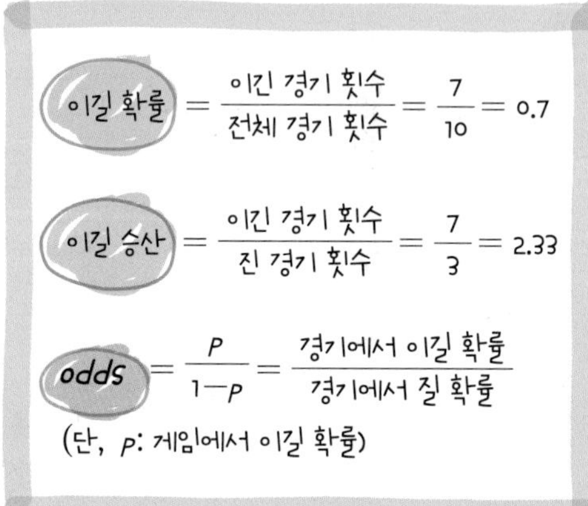

오즈의 직관적인 해석은 상대 위험도(relative risk)입니다. 오른쪽 예시에서 경기에 이길 확률이 2.33배 높다고 할 수 있습니다.

이처럼 이길 확률과 경기에서 이길 승산은 서로 다른 값인 것을 알 수 있습니다. 즉 경기에서 질 확률에 대해 경기에서 이길 확률을 비율로 보는 것을 오즈라고 할 수 있습니다.

수학적으로 오즈를 구하면,

게임에서 질 확률이 $\frac{3}{10}$ 이고 게임에서 이길 확률이 $\frac{7}{10}$ 일 때,

오즈(odds)는 $\frac{7/10}{3/10} = \frac{7}{3} \fallingdotseq 2.33$ 입니다.

이는 게임에서 이길 확률이 질 확률보다 2.33배 높다는 것을 의미합니다.

만약, 이길 확률과 질 확률이 같다면 오즈는 $\frac{5/10}{5/10} = \frac{5}{5} = 1$ 이 됩니다.

오즈를 사용하는 이유

확률로 나타내기 위해서는 전체 집단(모집단)의 수를 정확히 알아야 하지만 데이터는 보통 전체 집단의 수를 모르는 경우가 대부분이에요. 이렇게 정보를 얻고자 하는 대상이 되는 집단 전체의 수를 알 수 없을 때 오즈를 사용해요.

확률값은 0~1 사이의 범위로 확률이 매우 작아지거나 매우 큰 경우는 의미 전달이 잘되지 않습니다. 다시 말해, 확률이 99%일 경우와 99.99%일 경우는 비슷하다고 생각합니다. 하지만 오즈로 계산하면 다릅니다.

99%일 때의 오즈 $= \frac{99/100}{1/100} = 99$

99.99%일 때의 오즈 $= \frac{9999/10000}{1/10000} = 9999$

99% 확률로 이겼다는 것은 100번 경기 중 99번 이기고 1번 진 것인데, 99.99%의 확률로 이겼다는 것은 10,000번 경기 중 9,999번 이기고 1번 진 것으로 매우 큰 차이가 있음을 알 수 있습니다. 따라서 확률값이 0과 1에 매우 가까워 구분하기 어렵다면 오즈는 그 차이를 명확히 구분하는 데 도움이 됩니다.

로짓 변환

로짓 변환에 대해 알아보기 전에 로그 오즈는 왜 필요한지 알아봅시다. 오즈는 확률값이 1에 가까울수록 오즈 값은 1부터 무한대까지 엄청나게 상승하며 확률값과 오즈 값은 비대칭성을 띄게 됩니다. 그래서 결과를 직관적으로 이해하기 어려워질 뿐만 아니라 수학적인 계산에도 문제가 발생합니다.

이러한 한계를 극복하기 위해서 오즈에 로그함수를 취하면, 로그 오즈(log odds)의 범위는 $-\infty$에서 ∞로 발산하며, 0을 기준으로 대칭성을 가지게 됩니다.

로그 오즈를 이용하여 0을 기준으로 대칭인 함수를 만들면 더 좋은 성능의 로지스틱 함수를 만들 수 있습니다.

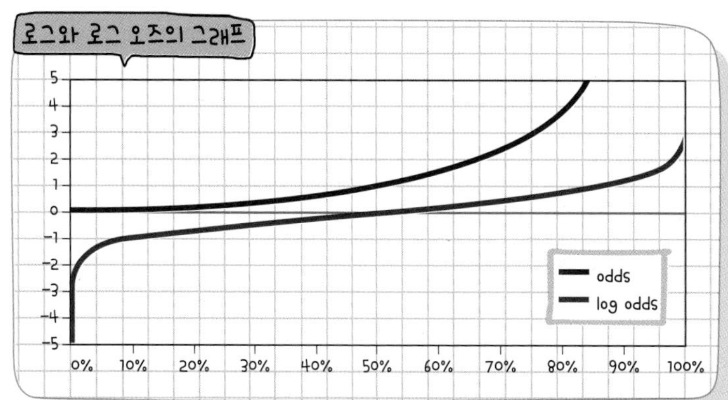

로그 오즈와 선형 회귀를 수식으로 풀어 놓은 것을 로짓 변환이라 하며, 식은 오른쪽과 같습니다.

이 식에서 선형 회귀식을 적용하면 S자 모양의 곡선을 만들 수 있습니다.

로지스틱 회귀에서 로짓 변환은 연속적인 입력값을 확률로 나타내는 기능을 가진 함수로 변환하는 것을 의미합니다. 이 변환은 로지스틱 함수 또는 시그모이드 함수라고도 하며, 그 출력값의 범위는 0과 1 사이입니다. 이것은 분류 문제에 유용하게 쓰이는데, 특히 이진 분류 모델에 활용됩니다.

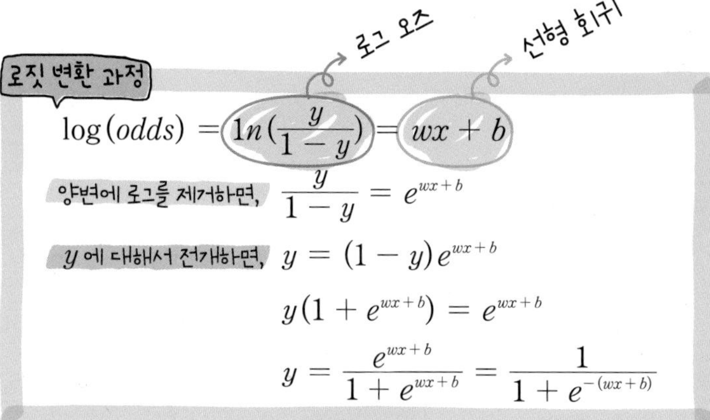

$$\log(odds) = 1n\left(\frac{y}{1-y}\right) = wx + b$$

양변에 로그를 제거하면, $\frac{y}{1-y} = e^{wx+b}$

y에 대해서 전개하면, $y = (1-y)e^{wx+b}$

$$y(1+e^{wx+b}) = e^{wx+b}$$

$$y = \frac{e^{wx+b}}{1+e^{wx+b}} = \frac{1}{1+e^{-(wx+b)}}$$

$w = 1,\ b = 0$을 대입하면 다음과 같은 식을 만들 수 있습니다.

로짓 변환 결과

$y = \frac{1}{1+e^{-(wx+b)}}$ 에서 $w = 1,\ b = 0$ 일 때 $y = \frac{1}{1+e^{-x}}$

로지스틱 회귀 함수 그래프

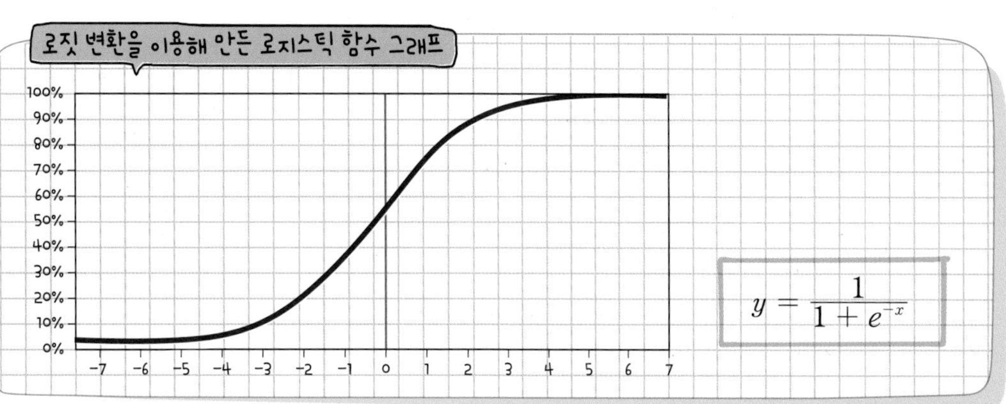

로짓 변환을 이용해 만든 로지스틱 함수 그래프예요. 이렇게 대칭을 이루게 되면 직관적으로 이해하기 쉬워지게 돼요.

Logistic Regression

더 자세히 로짓 변환과 딥러닝의 원리 기초

로지스틱 회귀에서 경사 하강법을 이용하여 w, b 값을 조절합니다.

그림(a)와 같이 w값이 작아질수록 완만한 S자 모양이 되고, 오차는 증가하게 됩니다. 반대로 w값이 커질수록 오차는 감소하게 됩니다. 그림(b)와 같이 b값이 너무 크거나 작으면 오차가 증가하게 됩니다. 따라서 로지스틱 회귀는 학습을 통해 w, b값을 적절하게 조정하게 됩니다.

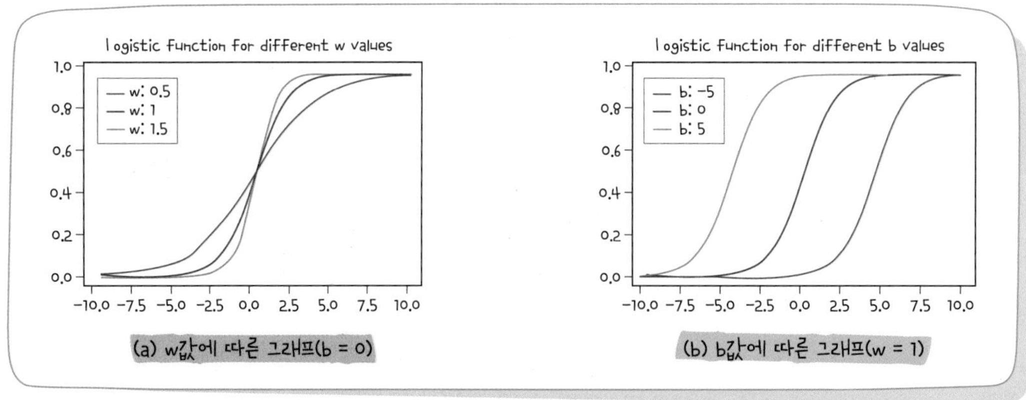

(a) w값에 따른 그래프(b = 0)

(b) b값에 따른 그래프(w = 1)

로지스틱 회귀는 딥러닝의 기본 구조와 학습 원리를 이해하는 데 도움이 될 수 있습니다.

로지스틱 함수 코드로 구현하기

w에 따른 로지스틱 함수를 코드로 구현해 보겠습니다.

```
# 라이브러리 불러오기
import numpy as np
import matplotlib.pyplot as plt

# 로지스틱 함수 정의하기
def logistic_function(x, w, b = 0):
    return 1/(1 + np.exp( - (w*x + b)))

x = np.linspace( - 10, 10, 1000 )   ❶

w_values = [0.5, 1, 1.5]  # w값을 리스트로 정의하기
colors = ['red', 'blue', 'green']  # 각 w값에 대한 그래프 색상 정의하기

plt.figure(figsize = (10, 6))   ❷
# 여기서 w 값을 변경하면서 그래프 변화 확인하기
for w, color in zip(w_values, colors):   ┐
    y = logistic_function(x, w)          │ ❸
    plt.plot(x, y, color = color, label = f 'w: {w}')   ┘
```

```
# 그래프 제목 설정하기
plt.title('Logistic function for different w values')
plt.legend( )  # 범례 표시하기
plt.show( )  # 그래프를 화면에 출력하기
```

❶ numpy 라이브러리의 linspace( ) 함수를 사용하여 −10에서 10까지의 범위를 균일하게 1,000개로 나눈 배열을 생성합니다. 이 배열은 로지스틱 함수의 입력값으로 사용됩니다.

❷ 새로운 그래프 창을 생성하는 코드입니다. figsize 인수를 통해 그래프의 크기를 설정합니다.

❸ zip( ) 함수를 사용하여 w_values와 colors를 한 쌍씩 가져옵니다. 이를 통해 각각의 w값에 대해 로지스틱 함수를 계산하고 그래프를 그립니다. color 인수를 통해 선의 색상을 정하고, label 인수를 통해 선의 레이블을 지정합니다.

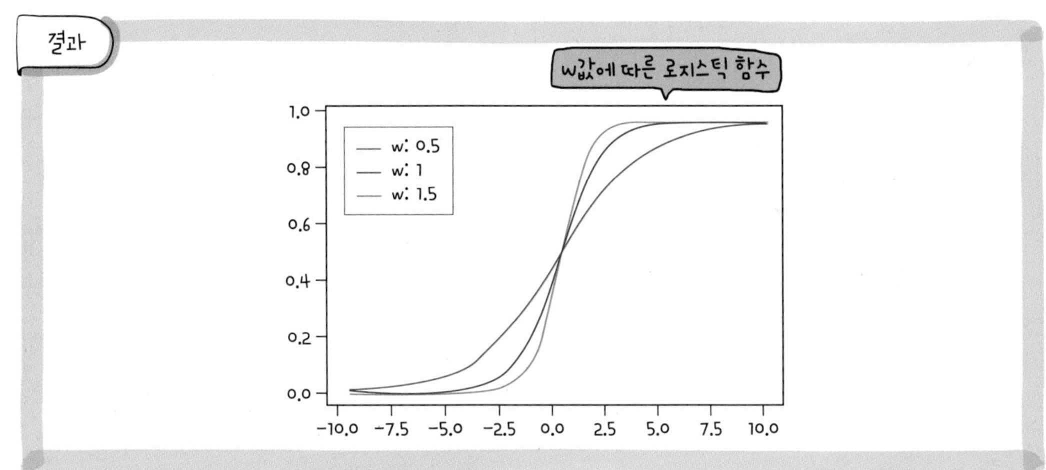

앞에서 작성한 w값에 따른 로지스틱 함수를 구현하는 코드를 수정하여 아래와 같이 b값에 따른 로지스틱 함수 그래프를 출력해 봅시다.

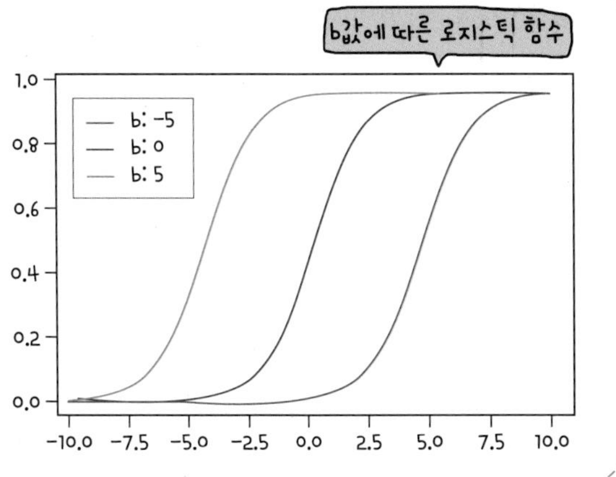

더 자세히

로짓 변환과 딥러닝의 원리 기초

딥러닝의 원리 기초

선형 회귀를 이해하면, 데이터 간의 관계를 모델링하고 예측하는 방법에 대한 기본적인 이해가 된 것으로 볼 수 있습니다. 또한 가중치(weight)와 편향(bias)과 같은 중요한 개념과 그것들을 최적화하는 방법, 즉 경사 하강법에 대해서도 배울 수 있습니다.

로지스틱 회귀는 분류 문제를 다루는 기법으로, 선형 회귀와는 다르게 이산적인 출력값을 예측합니다. 로지스틱 회귀를 이해하면, 딥러닝에서 분류 문제를 어떻게 해결하는지, 학습을 어떤 단계로 진행하는지 이해하게 됩니다.

경사하강법은 선형 회귀 분석의 230쪽을 참고하세요.

이런 방식으로, 선형 회귀와 로지스틱 회귀를 이해하는 것은 딥러닝의 중요한 기본 개념을 파악하는 데 큰 도움이 될 것입니다.

인공신경망 모델의 기본이 되는 선형 회귀와 로지스틱 함수

인공신경망의 기본이 되는 퍼셉트론은 선형 회귀와 로지스틱 함수의 개념을 자주 사용합니다. 입력층의 x_1, x_2가 가중치 w_1, w_2와 곱해져서 가중합(Σ) $= w_1x_1 + w_2x_2$를 계산하고, 활성화 함수(f)가 로지스틱 함수라고 하면 출력값 $y = \frac{1}{1+e^{-(w_1x_1+w_2x_2)}}$로 계산됩니다. 이는 앞서 배운 선형 회귀와 로지스틱 회귀의 개념이 포함되어 있음을 알 수 있습니다.

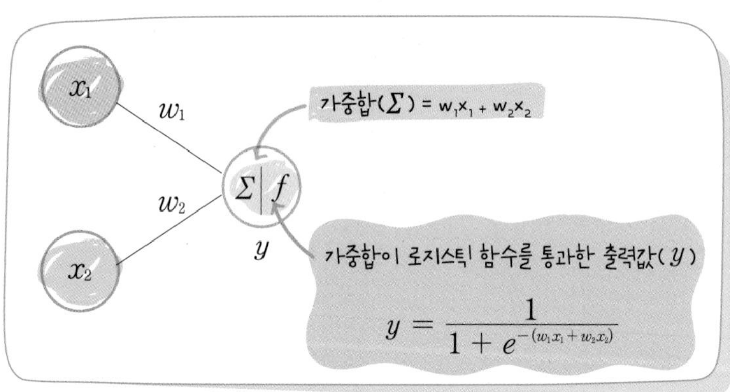

딥러닝과 퍼셉트론

- **딥러닝:** 오른쪽 그림과 같이 여러 개의 은닉 계층을 가진 인공신경망을 사용한 인공지능 기법으로, 컴퓨터 비전, 음성 인식, 자연어 처리 등과 같은 다양한 분야에 활용되고 있습니다. 비정형 데이터(이미지, 소리, 텍스트 등)의 성능이 우수하여 널리 쓰이며 현재 챗GPT와 같은 거대 언어 모델도 딥러닝을 이용하였습니다.
- **퍼셉트론:** 인공신경망의 가장 간단한 형태로 여러 개의 입력과 한 개의 출력을 가지는 알고리즘입니다. 왼쪽의 그림은 두 개의 입력으로 한 개의 출력을 가진 퍼셉트론입니다.

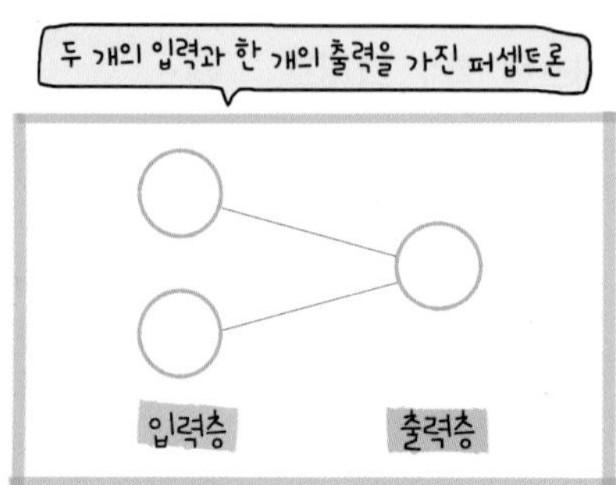

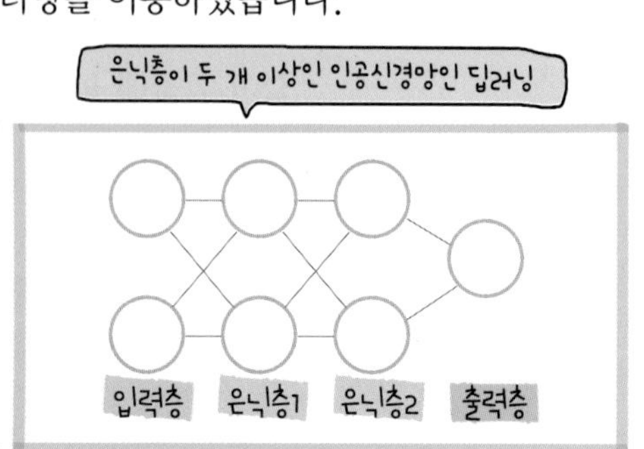

딥러닝의 활성화 함수 중 하나인 로지스틱 함수

입력 신호의 총합인 가중 합을 출력 신호로 변환하는 함수를 일반적으로 활성화 함수라고 합니다.

• 활성화 함수 역할을 하는 로지스틱 함수

로지스틱 함수는 딥러닝에서 사용되는 가장 기본적인 활성화 함수 중 하나이며 시그모이드 함수라고 합니다. 활성화 함수는 딥러닝 모델에서 뉴런의 출력을 결정하는 역할을 합니다. 로지스틱 함수는 입력값을 0과 1 사이로 스케일링하는 특성을 가지므로, 이를 통해 출력값을 확률로 해석하는 것이 가능해집니다.

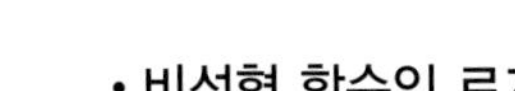

• 비선형 함수인 로지스틱 함수

선형 함수는 그래프를 그렸을 때 직선의 형태를 갖는 함수이다. 반면에 비선형 함수는 그래프를 그렸을 때 S자와 같이 직선의 형태를 갖지 않는 것을 말합니다.

로지스틱 함수는 S자 모양의 비선형 함수입니다. 비선형 함수는 딥러닝 모델이 복잡한 패턴을 학습하고, 복잡한 함수를 근사하는 데 중요합니다. 만약, 활성화 함수가 없거나 활성화 함수가 선형 함수인 경우, 딥러닝 모델은 복잡한 패턴을 학습할 수 없게 됩니다. 이처럼 비선형 함수를 사용하지 않으면 은닉층을 여러 개 쌓는 이점을 살릴 수 없습니다.

은닉층
입력층과 출력층 사이에 위치한 층을 은닉층이라고 합니다. 이 은닉층은 딥러닝에서 복잡한 패턴을 학습하는 데 중요한 역할을 합니다.

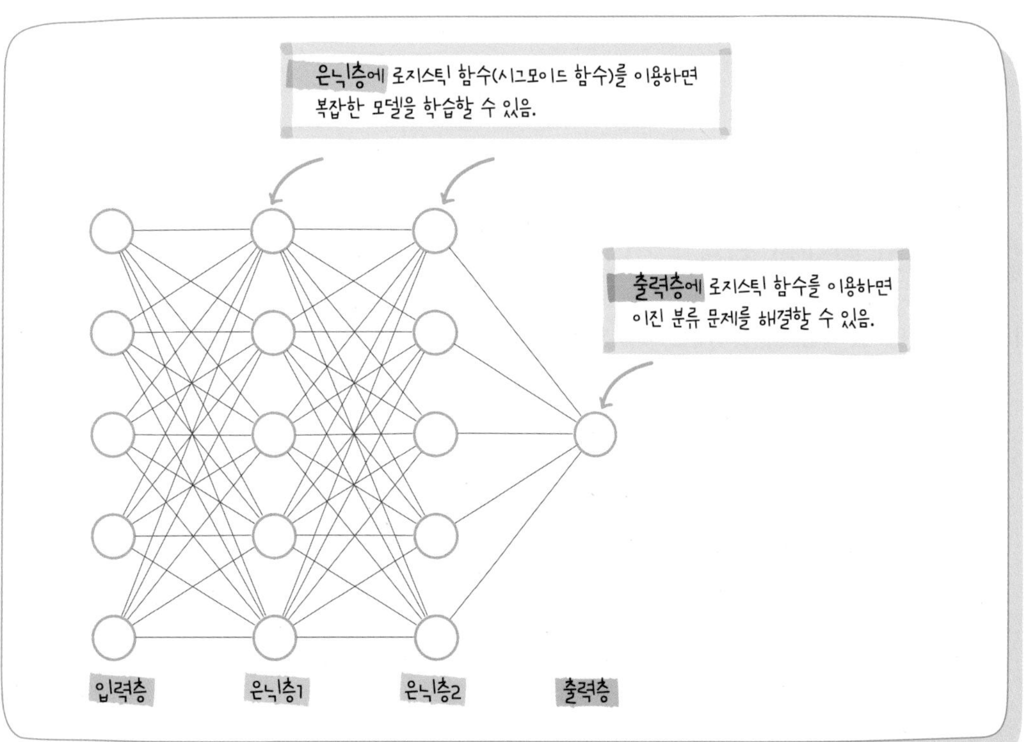

"선형 회귀와 로지스틱 회귀는 딥러닝 원리를 이해하는 기초가 된다."

Logistic Regression 문제 해결 과정

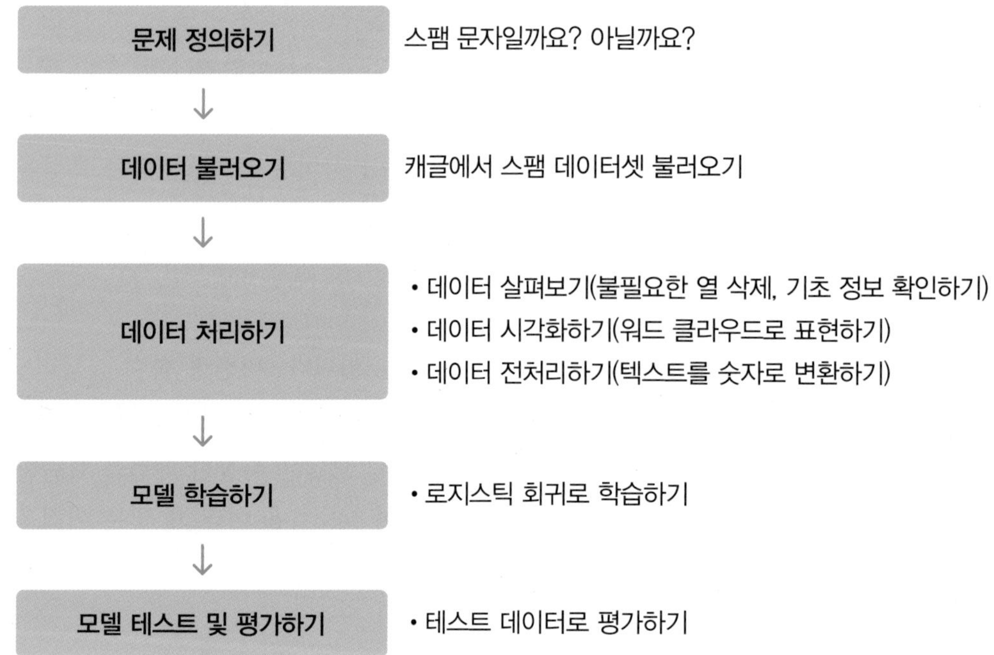

우리가 탐색한 정보

1. 이 활동에 필요한 데이터셋은 무엇이고, 이 데이터셋은 어디에서 수집할 수 있었나요?

   ▶ 데이터셋은 스팸 데이터셋으로, 캐글에서 다운로드할 수 있습니다.

2. 모델 학습에 사용한 알고리즘은 무엇이었나요?

   ▶ 로지스틱 회귀 알고리즘을 사용합니다. 로지스틱 회귀는 연속적인 값을 갖는 독립변수와 0과 1의 범주형 값을 갖는 종속변수로 이루어져 있어, 데이터를 분류하는 알고리즘입니다.

3. 모델 학습을 위해 우리가 해야 할 작업은 무엇이었나요?

   ▶ 스팸 데이터셋에 불필요한 속성을 삭제하여 새로운 데이터셋을 만들어 사용합니다.

4. 이 활동에서 새롭게 알게 된 정보는 무엇이었나요?

   ▶ 로짓 변환: 선형 회귀와 같은 직선을 S자 곡선의 형태로 변환해 주는 것을 로짓 변환이라 하며, 이를 통해 선형 회귀보다 오차를 줄이고 데이터 분포를 잘 파악하여, 분류 문제를 해결할 수 있습니다.

소스 코드

소스 코드는 씨마스 에듀 홈페이지와 구글 드라이브에서 제공합니다.

```
from google.colab import files
filename = list(files.upload().keys())[0]

import pandas as pd
sms = pd.read_csv(filename, encoding = 'latin - 1')  # CSV 파일을 읽어오기
sms.head( )  # 데이터 상단이 5개 데이터 출력하기

sms.drop(sms.columns[[2, 3, 4]], axis = 1, inplace = True)
sms.rename(columns = {'v1':'target', 'v2':'message'}, inplace = True)
sms.head()

sms.info( )

from wordcloud import WordCloud
import matplotlib.pyplot as plt
spam_words = ' '.join(sms.loc[sms['target'] == 'spam']['message'])

spam_wc = WordCloud(colormap = 'plasma', max_words = 50).generate(spam_words)
plt.figure(figsize = (24, 6))  # 그림의 너비와 높이(인치)
plt.axis('off')  # x, y축의 눈금 제거하기
plt.imshow(spam_wc)  # 워드 클라우드 출력하기

ham_words = ' '.join(sms.loc[sms['target'] == 'ham']['message'])
ham_wc = WordCloud(colormap = 'plasma', max_words = 50).generate(ham_words)
plt.figure(figsize = (24, 6))
plt.axis('off')
plt.imshow(ham_wc)

from sklearn.feature_extraction.text import CountVectorizer

X = sms['message']  # feature(독립변수 X)
y = sms['target']  # target(종속변수 y)
cv = CountVectorizer(max_features = 2500)
X = cv.fit_transform(X).toarray()  # 텍스트 수치화
X  # 독립변수 출력하기

from sklearn.model_selection import train_test_split
```

```
X_train, X_test, y_train, y_test = train_test_split(X, y, test_size = 0.1, random_state = 0)
print(X_train.shape, X_test.shape, y_train.shape, y_test.shape)

from sklearn.linear_model import LogisticRegression

LR_model = LogisticRegression(solver = 'liblinear')
LR_model.fit(X_train, y_train)  # 훈련 데이터

from sklearn.metrics import accuracy_score
y_pred = LR_model.predict(X_test)  # 테스트 데이터 예측값

print('Accuracy:{:.3f}'.format(accuracy_score(y_test, y_pred)))

from sklearn.metrics import confusion_matrix
cm = confusion_matrix(y_test, y_pred)
cm
```

활동 정리하기

지금까지 로지스틱 회귀(Logistic Regression)를 살펴보았습니다.

로지스틱 회귀는 범주형 데이터의 분류 문제에 사용되는 분석 방법입니다. 주로 이진 분류에 사용되며, 입력된 데이터를 기반으로 해당 데이터가 어떤 클래스에 속할 확률을 추정하여 예측합니다.

이 활동에서는 입력받은 텍스트 문자열이 스팸인지 아닌지를 분류하기 위하여 텍스트를 숫자로 바꾸는 데이터 전처리를 합니다. 전체 텍스트에서 생성되는 고유 단어의 빈도수를 기준으로 주어진 문장을 벡터로 변환하는 데 사용되는 사이킷런 라이브러리에서 제공하는 단어 카운트(CountVectorizer)를 이용합니다. 벡터로 변환된 데이터를 로지스틱 회귀 라이브러리를 이용하여 모델을 생성하고, 테스트 데이터를 이용하여 평가합니다. 분류 모델의 성능 평가 지표인 혼동 행렬을 이용하여 모델의 성능을 확인합니다.

로지스틱 회귀는 오즈(odds)를 로짓(logit) 변환하여 얻을 수 있습니다. 오즈는 단순한 확률을 나타내는 것이 아닌 어느 정도의 승산이 있는지 나타내는 비율을 말합니다. 로짓 변환은 오즈에 로그 함수를 취한 로그 오즈와 선형 회귀를 수식으로 풀어 놓은 것을 의미합니다. 로그 오즈를 이용하여 0을 기준으로 대칭인 함수를 만들면 더 좋은 성능의 로지스틱 함수를 만들 수 있습니다. 또한 로지스틱 함수는 딥러닝의 활성화 함수에 해당합니다. 이러한 내용을 바탕으로 선형 회귀와 로지스틱 회귀가 딥러닝의 원리를 파악하는 데 도움이 될 것으로 예상합니다.

실습 노트

실습 노트는 Part 1, 2, 3에서 배운 내용을 실습해 볼 수 있는 문제로 구성하였습니다.

예시 답안은 씨마스에듀 홈페이지와 구글 드라이브에서 제공합니다.

1 사이킷런의 'Breast Cancer' 데이터셋을 불러와서 문제 해결 과정에 따라 유방암 여부를 분류하는 모델을 만들어 보시오.

필요한 라이브러리

```
import pandas as pd
from sklearn.model_selection import train_test_split
from sklearn.neighbors import KNeighborsClassifier
from sklearn.ensemble import RandomForestClassifier
from sklearn.metrics import accuracy_score, confusion_matrix
from sklearn.datasets import load_breast_cancer
```

문제 해결 과정

1 문제 정의하기

- 해결해야 할 문제가 무엇인지 정의한다.

2 데이터 불러오기

- 사이킷런에 내장된 'Breast Cancer' 데이터셋을 load_breast_cancer( )로 불러온다.

3 데이터 탐색 및 전처리하기

- 데이터셋의 feature_names와 target을 각각 독립변수 X, 종속변수 y에 저장한다.
- Pandas의 info( ), describe( )를 사용하여 데이터의 기초 정보와 통계량을 출력한다.

4 모델 학습하기

- 사이킷런의 train_test_split( )을 사용하여 훈련 데이터와 테스트 데이터를 분리한다.
- 위 데이터로 k-NN(또는 랜덤 포레스트) 모델을 생성하고 학습시킨다.

5 모델 테스트 및 평가하기

- 테스트 데이터에 대한 모델의 정확도와 혼동행렬을 출력한다.

※ 다양한 분류 모델을 선정하여 학습시킨 결과와 비교하여 어떤 모델이 우수한 성능을 보이는지 확인해 봅시다.

호텔 예약 취소 여부 분류

예시 답안은 씨마스에듀 홈페이지와 구글 드라이브에서 제공합니다.

캐글의 'Hotel booking demand' 데이터셋을 불러와서 문제 해결 과정에 따라 호텔의 취소 여부를 예측하는 분류 모델을 만들어 보시오.

필요한 라이브러리

```
import numpy as np
import pandas as pd
import matplotlib.pyplot as plt
import seaborn as sns
from sklearn.preprocessing import MinMaxScaler
from sklearn.model_selection import train_test_split
from sklearn.tree import DecisionTreeClassifier
from sklearn.tree import plot_tree
```

문제 해결 과정

1 문제 정의하기

- 해결해야 할 문제가 무엇인지 정의한다.

2 데이터 불러오기

- Pandas의 read_csv( )를 사용하여 데이터셋을 불러온 후 상단 5개 데이터를 출력한다.

3 데이터 탐색 및 전처리하기

- 데이터의 기초 정보와 통계치를 출력한다.
- 중복치, 결측치를 삭제하고, 범주형 데이터는 수치형 데이터로 변환하는 전처리 작업을 한다.
- 데이터를 탐색하여 상관관계가 높은 속성을 찾는다.

4 모델 학습하기

- 사이킷런의 train_test_split( )을 사용하여 훈련 데이터와 테스트 데이터를 분리한다.
- 위 데이터로 의사결정트리 분류 모델을 생성하고 학습시킨다.

5 모델 테스트 및 평가하기

- 테스트 데이터에 대한 의사결정트리 분류 모델의 정확도를 출력하고, 의사결정트리를 그린다.

※ 다양한 분류 모델을 선정하여 학습시킨 결과와 비교하여 어떤 모델이 우수한 성능을 보이는지 확인해 봅시다.

3 캐글의 'Mall Customer Segmentation Data' 데이터셋을 불러와서 문제 해결 과정에 따라 유사한 고객군을 클러스팅하는 모델을 만들어 보시오.

필요한 라이브러리

```
import numpy as np
import pandas as pd
import matplotlib.pyplot as plt
import seaborn as sns
from sklearn.cluster import KMeans
```

문제 해결 과정

1 문제 정의하기

- 해결해야 할 문제가 무엇인지 정의한다.

2 데이터 불러오기

- Pandas의 read_csv( )를 사용하여 데이터셋을 불러온 후 상단 5개 데이터를 출력한다.

3 데이터 탐색 및 전처리하기

- 데이터의 기초 정보와 통계치를 출력한다.
- 칼럼의 이름을 변경하거나 필요없는 칼럼을 삭제하는 전처리 작업을 한다.
- 데이터를 탐색하여 상관관계가 높은 칼럼을 찾는다.

4 모델 학습하기

- Customer ID와 명목형 속성은 제외하고 Age, Annual Income, Spending Score를 이용한다.
- 3개의 속성 중 'Age'와 'Spending Score' 2개를 이용하여 k-means 모델을 생성하고 학습시킨다.

5 모델 테스트 및 평가하기

- elbow method로 파라미터 k값을 찾아본다.
- 찾은 k값을 이용하여 각각의 군집에 데이터가 어떻게 분포되어 있는지 산점도를 이용하여 시각화해 본다.

※ 4단계에서 2개의 속성을 다음과 같이 변경하여 추가로 각각 모델 학습, 모델 테스트 및 평가를 해 봅시다.
'Age' vs 'Annual Income',
'Annual Income' vs 'Spending Score',
'Age' vs 'Annual Score' vs 'Spending Score'

자전거 대여 수 예측

예시 답안은 씨마스에듀 홈페이지와 구글 드라이브에서 제공합니다.

캐글의 'Seoul Bike Sharing Demand Prediction' 데이터셋을 불러와서 문제 해결 과정에 따라 날씨에 따른 자전거 대여 수를 예측하는 선형 회귀 모델을 만들어 보시오.

필요한 라이브러리

```
import pandas as pd
import numpy as np
import matplotlib.pyplot as plt
import seaborn as sns
from sklearn.model_selection import train_test_split
from sklearn.linear_model import LinearRegression
```

문제 해결 과정

문제 정의하기

- 해결해야 할 문제가 무엇인지 정의한다.

데이터 불러오기

- Pandas의 read_csv( )를 사용하여 데이터셋을 불러온 후 상단 5개 데이터를 출력한다.

데이터 탐색 및 전처리하기

- 데이터의 기초 정보와 통계치를 출력한다.
- 속성의 이름을 변경하거나 필요없는 속성을 삭제하는 전처리 작업을 한다.
- 데이터를 탐색하여 상관관계가 높은 속성을 찾는다.

모델 학습하기

- 사이킷런의 train_test_split( )을 사용하여 훈련 데이터와 테스트 데이터를 분리한다.
- 위 데이터로 선형 회귀 모델을 생성하고 학습시킨다.

모델 테스트 및 평가하기

- 테스트 데이터에 대한 선형 회귀 모델의 MSE와 결정계수를 출력하고, 기울기와 절편을 구하여 수요량을 예측한다.

※ 단순 선형 회귀와 다중 선형 회귀로 나누어 학습을 시킨 후 성능을 비교해 봅시다.

찾아보기

나는 파이썬으로 머신러닝한다 2

초판발행 2023년 9월 1일
2쇄발행 2024년 5월 1일

지 은 이 장병철, 이지항, 박지훈, 최정원
펴 낸 이 이미래
펴 낸 곳 (주)씨마스
주 소 07706(우) 서울특별시 강서구 강서로33가길 78 씨마스빌딩
등록번호 제2021 – 000078호

내용문의 02)2274-1590~2 | 팩스 02)2278-6702
편 집 권소민, 이은경, 서경숙, 윤예영, 허진영
디 자 인 표지: 이기복, 내지: 곽상엽, 이여비
마 케 팅 김진주

홈페이지 www.cmass21.co.kr | **이메일** cmass@cmass21.co.kr
이 책에 대한 의견이나 잘못된 내용에 대한 수정 정보는 씨마스 홈페이지나 이메일로 알려 주시기 바랍니다.
잘못된 책은 구매처 또는 본사에서 교환해 드립니다.

I S B N 979-11-5672-504-6

- 무료 동영상 **씨마스에듀**
- 소스 코드 · 학습 플래너 **씨마스에듀 홈페이지**